生态视阈下的语言
与翻译理论建构与诠释

欧 燕 著

中国水利水电出版社
www.waterpub.com.cn
·北京·

内 容 提 要

随着知识全球化的到来,人们对语言学、翻译学内部的许多根本问题需要进行重新定位和思考。

本书首先论述了语言、生态、翻译以及生态语言学的基础内容,其次从翻译理论、文学翻译、文学翻译生态系统等多个层面来审视生态与翻译结合的意义。最后说明了生态翻译研究的前景非常可观。

本书围绕生态、语言、翻译来展开论述,具有系统性与全面性,并将理论与实践紧密结合,具有实用性价值。

图书在版编目(CIP)数据

生态视阈下的语言与翻译理论建构与诠释/欧燕著
. —北京:中国水利水电出版社,2018.9(2024.10重印)
ISBN 978-7-5170-7023-8

Ⅰ.①生… Ⅱ.①欧… Ⅲ.①语言学－研究②翻译学
－研究 Ⅳ.①H0

中国版本图书馆 CIP 数据核字(2018)第 238535 号

书 名	生态视阈下的语言与翻译理论建构与诠释
	SHENGTAI SHIYU XIA DE YUYAN YU FANYI LILUN JIANGOU YU QUANSHI
作 者	欧 燕 著
出版发行	中国水利水电出版社
	(北京市海淀区玉渊潭南路 1 号 D 座 100038)
	网址:www. waterpub. com. cn
	E-mail:sales@waterpub. com. cn
	电话:(010)68367658(营销中心)
经 售	北京科水图书销售中心(零售)
	电话:(010)88383994、63202643、68545874
	全国各地新华书店和相关出版物销售网点
排 版	北京亚吉飞数码科技有限公司
印 刷	三河市华晨印务有限公司
规 格	170mm×240mm 16 开本 16.5 印张 214 千字
版 次	2019 年 3 月第 1 版 2024 年 10 月第 2 次印刷
印 数	0001—2000 册
定 价	79.00 元

凡购买我社图书,如有缺页、倒页、脱页的,本社营销中心负责调换

前　言

　　语言的多样性与生物的多样性之间关系密切。语言和人类以及其他生物共同存在于地球之上。人们对世界的认知离不开语言,而各种语言都代表着一个国家或民族的生态文化。生态与语言的问题是语言生态学所研究的重点问题之一。

　　另外,除了语言学与生态学的融合之外,翻译学也与生态学之间进行"联姻",出现了生态翻译学。生态翻译学是从生态学的视角出发,着眼于翻译生态系统的整体性,以译者作为中心,对翻译的本质、原则、过程、方法等问题进行诠释与描述。翻译的实质是一种跨文化交际活动,但如何通过翻译中文化的生态平衡来实现文化多样性,达到文化的可持续发展,是翻译界一直研究的问题,而生态翻译学的诞生恰好就是针对这些问题展开研究的。基于这两大层面,作者撰写了《生态视阈下的语言与翻译理论建构与诠释》一书,以期推动语言学与翻译学向更深层次发展。

　　本书共包含九章。第一章开篇明义,对生态、语言、翻译这三个基本术语进行解释,为后面章节内容的展开做铺垫。第二、三章对生态语言学与生态翻译学的基础知识进行探讨。第二章从起源、发展、研究现状、研究问题、性质、任务、研究方法、学科设立问题、与相关学科的关系这几大层面来研究生态语言学。第三章从背景、起源、发展、研究对象、研究方法、"生态范式"、理论基础、生态理性、伦理原则、理论应用这些层面来论述生态翻译学。第四章生态视阈下的语言理论,首先分析了生态语言新思维,进而探讨了语义的进化、生态与语言意义以及语用意义的生态问题。从第五章开始,作者从生态视角审视翻译问题。第五章分析了"何为译""为何译""谁在译""如何译"。第六章分析了文学文体的语言与翻译理论,包含文学文体的语言、文学生态学的国内外哲学根据、生态视阈下的文学翻译体裁与基本法则以及生态视阈下的文学翻译质量。第七章为文学翻译生态系统，包含生态系统的建造、构成、生态环境、主体构成与可持续发展。第八章从研究现状、研究体系、体系构建要素、体系架构、体系应用这几个层面分析了生态翻译批评。第九章作为结束章，论述了生态视阈下翻译研究的发展取向、趋势以及国际化进展情况。

在全球化大背景下，语言与翻译的地位与价值发生改变，逐渐凸显商业化、娱乐化，而本书从生态视阈研究语言与翻译问题，有助于语言与翻译实现多样性，同时也可以抑制外部环境的干扰与影响，保持语言学与翻译学的可持续发展。另外，本书语言通俗易懂，结构合理，并做到了理论与实践的结合。因此，本书对于读者而言不失为一本有价值的参考书。

由于作者水平有限，加之时间匆促，书中如有疏误实所难免，恳请同行专家和读者不吝指正。

作　者

2018 年 6 月

目 录

第一章 绪论

国外翻译界从"生态"视角描述翻译活动的相关研究日渐增多,国内的翻译生态研究的步伐也紧跟其后。将生物学中的概念引入翻译中,希望给翻译活动带来一种全新的考察视角,可以极大拓展翻译的研究视野。尽管如此,翻译首先还是从一种语言到另一种语言的转换,必须遵循语言和翻译本身的规律。

第一节 生态简述

一、生态

在当代社会里,"生态"是一个使用频率很高的词,由它和其他词语构成的一些富有时代特征的新词语常常出现在各种媒体文章中,如生态系统、生态平衡、生态农业、生态旅游、生态文明、生态文学、人文生态、语言生态等。

《现代汉语词典》对"生态"一词的解释是:"生物在一定的自然环境下生存和发展状态,也指生物的生理属性和生活习性。"[①]这个定义中需要强调几个关键词。

第一是生物,它是自然界中所有具有生长、发育、繁殖等能力的物体,包括动物和植物等。自然界的生物都是不断发展和变化的,各种生物的生长、发育和繁殖都具有自身的规律。

---

① 中国社会科学院语言研究所词典编辑室.现代汉语词典[M].5 版.北京:商务印书馆,2006:1220.

第二是自然环境,它是生物赖以生存和发展的最基本的条件。由此可见自然环境对于生物的重要性。任何生物都是在一定的自然环境中生存和发展的,环境可以决定一切。

第三是生物自身的生理和生活习性,这是一生物区别于另一生物的特性,或者说是生物的基本性质。

二、语言生态

豪根(Haugen)于 1971 年提出"语言生态"(Language Ecology,Linguistic Ecology)这个术语,它是指"特定语言与环境之间的相互作用关系"。要研究语言生态,必须牢牢把握语言和环境的互动关系。

(一)语言生态与自然生态的共性

语言生态与自然生态的共性主要体现在以下几个方面。

1.各要素之间相互联系

自然生态环境中的各种生物之间存在一种互相依赖、互相影响、互相制约的复杂关系。例如,自然生态环境中的生物有一个特殊的"生态链",其中不同生物之间的关系就是互相依存的关系。自然界的这种生态环境本身就是一个生态平衡器,它能够自动地调整自然生态,维持自然生态平衡。

在语言生态系统中,语言与语言之间的关系也是互相联系、互相影响的关系。荷兰学者艾布拉姆·德·斯旺(Swaan. A. D.)说:"尽管语言四分五裂,人类还是联系在了一起,因为有人能说不止一种语言,不同集团也因此可以相互交际。正因为有这种多语现象,原本被语言隔开的人们,又连成了一体。语言集团(language group)之间由兼通多语之人建立的这种联系,非但不是没有一定之规,还构成了一个超强高效的网络,直接或间接地把地球上的 60 亿居民连为一体。这种神奇的联系方式构成了全球语言系统。"①斯旺认为全球语言构成了一个互相联系的网络,构成了语言自身的生态系统。

2.各要素处于动态发展中

自然生态环境中的各种生物始终处在一个动态的发展过程之中,会因为某些原因朝着好的方面发展,也会朝着不好的方面发展,并且直接影响一个国家或地区的社会经济。例如,数千万年前的黄河流域曾是气候温暖湿润、生态环境极好的地方,它是我们中华民族的发源地,但是由于黄土高原植被被严重破坏,黄河挟带大量泥沙淤积河床,生态环境被严重破坏,随之经济发展受到严重破坏,中国经济发展中心也就从黄河流域转移到生态环境良好的长江流域东部和珠江流域东部。人类进行生态文明建设的目的是使自然生态环境朝着人们所希望的好的方面发展。

语言作为一种社会现象,更是与社会环境息息相关。语言生态系统中的各种语言也处在一个动态的发展过程之中。英国学者布赖恩·福斯特(Brian Foster)在《变化中的英语》(*The Changing English Language*)一书中通过事例说明了语言的发展变化。他讲述了一个名叫莫妮卡·鲍德温的年轻姑娘进入一座修道院隐居,28 年后她重新回到外界生活。在她隐居的这段时间里,欧洲发生的社会变革对她没有丝毫影响。但是,她重返世俗后立刻发现了自己对社会的种种不适应,甚至连人们的有些言谈也无法理解。读起报纸来,她感到如堕云雾中,因为对报纸上的一些词语感到迷惑,如 Jazz(爵士乐)、Lend-lease(租借法)等。语言在社会环境中的变化是十分复杂的,语言与语言之间的关系也会因为社会环境的不同而发生变化,语言的生态环境也因此而有所改变。

---

① [荷兰]艾布拉姆·德·斯旺.世界上的语言——全球语言系统[M].广州:广东省出版集团、花城出版社,2008:3.

3.各种要素相互竞争

自然生态环境中的各种生物时刻处在激烈的竞争中。例如，狼通过体力、智谋或者敏捷的速度捕食各种动物，假设在某个时期因为某些原因，狼的食物中只有最敏捷的鹿的数量增加了而其他动物数量减少了，那么只有速度最敏捷的狼才有捕食鹿的最大机会，因而狼就被保存或被选择下来。

语言生态系统中的各种语言同样竞争激烈。语言生态系统中的语言竞争是与语言和谐紧密相连的。著名语言学家戴庆厦先生指出，共存于一个系统中的不同事物既对立又统一，因为事物存在的差异必然带来矛盾，有矛盾就有竞争。无论是物种、人还是语言，都有竞争。这是世界中的普遍规律。共存于一个社会中的不同语言，相互间普遍存在着相互竞争的语言关系，语言竞争是语言关系的产物，是使语言服从社会需要的手段。

4.受制于人

无论是自然生态环境，还是语言生态系统，都受人的制约。恩格斯在《自然辩证法》一书中指出："动物仅仅利用外部自然界，而人则通过他所做出的改变来使自然界为自己的目的服务，来支配自然界，造成这一区别的还是劳动。但是，人类对自然界的胜利，自然界都报复了人类。每一次胜利，在第一步都确实取得了预期的结果，但是第二步和第三步把第一个结果又取消了。"阿尔卑斯山区的意大利人，在山南坡砍光了在北坡被十分细心地保护的松林，他们就这样把区域里的高山畜牧业的基础给摧毁了，导致山泉在一年中的大部分时间枯竭，而在雨季凶猛的洪水倾泻到平原上。

因此，人们统治自然界，决不像征服者统治异民族一样，决不像站在自然界以外的人一样，而是要将自身视为自然界的一种存在，要意识到自身比其他一切动物强的原因在于能够认识和正确运用自然规律。这就表明，人类对自然资源的开发和利用一定要有"生态意识"。人类一定要与自然和谐相处,否则将会付出沉重的代价。

(二)语言生态与自然生态的个性

语言生态与自然生态也有不同之处。

1.关于人的作用

人虽是大自然的主宰者,可以改造自然,利用自然,并且可以使自然生态发生变化,但绝对不能决定自然生态的一切,因为大自然的变化是不以人的意志为转移的。一般来说,如果不是人类的强行干预,自然生态是按自身规律成周期性地运行的,如太阳和地球的自转和公转、候鸟的迁徙、树木的生长等。大自然的力量是无穷无尽的,人不能做违背自然规律的事情,而要珍爱自然,与自然和谐相处,使自然生态朝着好的方向发展。

相对于自然生态,语言生态更多地受人的自主性的支配。人是语言的使用者,语言生态的发展走向如何,人起决定性作用。而语言生态的变化则完全是由人和人的一系列活动以及社会条件造成的,如人的语言态度、语言选择以及在语言运用中所表现出的语言能力,以及人口的迁移、不同民族的人群的聚居、语言使用的人数变化、语言政策和语言规划的调整等。

2.关于平等

在自然生态中,不同组成成分之间的关系不可能是平等的和谐关系。例如,非洲大草原上的自然生态,是靠各种动物和植物之间的杀戮关系、依赖关系或者利用关系构成的。"食肉动物-食草动物-草"相互之间构成了环环相扣的关系,没有丰茂的草,食草动物则不可能存活,没有食草动物,食肉动物必然饿死,没有食肉动物,食草动物就会无限繁殖,进而必然把草啃光。所以,每一种生物都必不可少,但每一种又不可过剩。在语言生态中,语言与语言之间的关系应该是平等的和谐的关系。

第二节 语言简述

一、语言的定义与起源

(一)语言的定义

关于语言的定义,《韦氏新世纪词典》(*Webster's New World Dictionary*)列出了"语言"一词最常用的几个,具体如下。

(1)①人类语言(human speech);②通过这一手段进行交际的能力(the ability to communicate by this means);③一种语言和语义相结合的系统,用来表达和交流思想感情(a system of vocal sounds and combinations of such sounds to which meaning is attributed,used for the expression or communication of thoughts and feelings);④系统的书写形式(the written representation of such a system)。

(2)①任何一种表达或交流的手段,如手势、标牌或动物的声音(any means of expressing or communication, as gestures, signs,or animal sounds);②由符号、数字及规则等组合成的一套特殊体系,用来传递信息,类似计算机信息传递(a special set of symbols, letters,numerals,rules etc. used for the transmission of information,as in a computer)。

此外,一些学者也提出了自己的观点,如施坦塔尔(Steinthal)提出,语言是对意识到的内部的心理的和精神的运动、状态和关系的有声表达。德国著名哲学家、语言学家洪堡特(Humboldt)认为,语言是构成思想的工具。萨丕尔(Sapir)则认为,语言是人类特有的,非本能地利用任意产生的符号体系来表达思想感情和愿望的方法。

现今,语言学界还没有给语言下一个统一的定义。这里我们认为,语言最简明、最直接的定义就是"语言是一种交际方式"。

(二)语言的起源

语言的起源指的是人类语言的起源,而不是某一种具体语言的起源,如英语等。关于语言起源的假说,大致可以分为两个阵营:一是特创论,它认为语言是神力创造并赋予人类的;二是进化论,它认为语言是人类进化的结果。以下将重点介绍进化论中几个有代表性的假说。

1. "哟嗨论"

弗里德里希·恩格斯(Friedrich Engels)提出的"哟嗨论"认为,人类在搭建棚屋、制造工具、觅食等劳动中创造了语言,所以语言产生于劳动。例如,人们在搭建棚屋时可能需要别人"拉",在制造工具时可能需要嘱咐别人"砸",在狩猎时可能需要吩咐伙伴"快跑!"等。人类发声器官的进化,带动了大脑的进化,而大脑的进化又促进了语言的进化。

2. "汪汪论"

德国学者麦克斯·缪勒(Max Mueller)提出的"汪汪论"声称,语言起源于人类对自然界声音的模仿。例如,人可能模仿布谷鸟的声音说"布谷",可能模仿风的声音说"呼呼",可能模仿鸭子的声音说"嘎嘎",可能模仿雷的声音说"轰隆隆",可能模仿雨的声音说"噼里啪啦"。久而久之,这些模仿的声音因重复而固化,最后成为发出那种声音的自然现象或动物的名字。

客观地说,"汪汪论"较好地解释了拟声词的由来。但是,该理论的弊端也是存在的,具体来说有以下两种:第一,拟声词在语言中的比例很小,并且不能解释非拟声词的由来。第二,假设语言的起源是人类对自然界声音的模仿,那么语言之间应该不存在明显的差别。事实上,对自然界中相同的声音,不同语言用不同的拟声词来模拟。因此,该理论不能恰当地解释这一现象。事实上,绝大多数拟声词都是在某种语言的声音系统的基础上,模拟自然界的声音。

3."噗噗论"

"噗噗论"声称,语言起源于人类表达情感的呼号。人类在遭受喜、怒、哀、乐等情感时,可能会不自觉地借助呼号来宣泄。例如,人类在遭受疼痛时,可能就会发出"哎哟!",这也是"哎哟"一词表达疼痛的由来。新的词汇就是这样不断被创造,它们最终形成了语言。这一理论的弊端在于它无法解释不同的语言用不同的声音来表达同一种感受,如感到疼痛时中国人喊"哎哟",英国人却喊 ouch。人们在激烈的情绪下会发出很多复杂的声音,它们大部分没有进入语言。所以,该理论对语言起源的假设不太可能是真的。

4."塔塔论"

"塔塔论"认为,语言起源于发声器官对身体动作的模仿。嘴巴一张一合来模仿手的动作时,就很容易发出"塔塔"声,这就是该理论名称的由来。该理论认为,人类习惯于用舌头、嘴唇和上下颌骨模仿手的动作,声音是这一模仿过程的副产品。该理论的代表人物佩吉特(Paget)猜测,人类祖先可能是用手势配合嘴部动作来进行无声的交流,后来因为嘴部动作发出的声音就足以应付日常交流,于是语言由此而生。

目前唯一明确的一点是:人类无法找到证据证实语言的起源。利伯曼(Lieberman,1971)等对新生儿、复原的尼安德特人和智人的口腔构造进行了细致的解剖研究。他们发现:尼安德特人的口腔构造在比例上接近新生儿,与智人则有很大不同。因此他们推论:因为进化过程中间阶段的种群的消亡,所以人类对语言的进化了解甚少。

二、语言的属性

动物也有语言,人类语言之所以区别于并优于动物语言,是因为人类语言具有以下几种属性。

(一)二层性

二层性是指语言拥有两层结构这种特征,上层结构的单位由底层结构的元素组成,每层结构又有各自的构成原则(Lyons,1982)。语音本身不传达意义,但是它们相互组合就构成了有意义的单位,如词语。底层单位是无意义的,而上层单位是有意义的,因此语音被视为底层单位,词被视为上层单位,二者是相对而言的。上层单位虽然有意义,却无法进一步分成更小的单位。二层性只存在于人类语言系统中,动物交际系统就没有这种结构特征,所以动物的交际能力就受到非常大的限制。语言的二层性特征,还使人们注意到语言的等级性。例如,当我们听一门完全不懂的外语时,流利的说话者像是在用持续的语流说话。其实,语言并不是不间断的。为了表达离散的意义,就要有离散的单位,所以要对一门新的语言解码,首先要找到那些单位。音节是最底层的单位,是由多个无意义的语音组成的片段。语言的二层性是"有限手段无限使用"的具体体现,为人类交际提供了大量的资源。大量的词可以组合生成大量的句子,大量的句子又可以生成大量的语篇。因此,语言的二层性使语言具有了强大的生产性。

(二)任意性

索绪尔(Saussure)最早提出语言的任意性,现在已被普遍接受,它是指语言符号的形式和意义之间没有自然的联系。下面我们从两个方面来具体了解语言的任意性。

1.语素音义关系的任意性

拟声词是一种依据对自然声响的模拟而形成的词类。例如，汉语中的"轰隆"是模拟打雷的声音而形成的。拟声词的形式很有可能是与生俱来的。同一种声音在汉语和英语中对应不同的拟声词，如英语中猫叫是 meow，而中文则是"喵喵喵"。事实上，任意性与拟声现象可以同时发生，对这一点人们或许还存在一些理解误区。下面以济慈（John Keats）的《夜莺颂》（*Ode to a Nightingale*）中的一句诗为例加以阐述。

The murmurous haunt of flies on summer eves

夏夜蝇子嗡嗡的出没其中

通过大声朗读这句诗，声音与意义之间的联系或许就可以被明显地感受到，但前提是人们了解词语语义。以下将通过一个假设来对这一点进行证明。很明显，murderous（谋杀）和 murmurous（嗡嗡声）发音类似，如果用前者替换后者，该词的语音与苍蝇飞动发出的嗡嗡声就毫无联系。所以，你要想对词语形式的合理性进行推理，只有先了解该词语的意义。这个观点对大量所谓的拟声词都适用。

2.句法层次的任意性

何谓句法（syntax），顾名思义，它是指根据语法建构句子的方法。一个英语句子包含多种成分，这些成分的排列要遵循一定的规则，并且小句的前后次序和事件真实的顺序有一定的对应关系。那也就意味着，句子的任意程度低于词语，尤其在涉及真实顺序时。例如：

（1）He sat down and came in.（他坐下进来）

（2）He came in and sat down.（他进来坐下）

（3）He sat down after he came in.（他进来后坐下）

就（1）句而言，读者会按与实际情况相反的顺序来理解——他可能是坐上轮椅再进入房间；（2）句排出了两个动作的先后；

（3）句中的 after 调换了两个小句的顺序。所以,在功能语言学家看来,只有在对立的语音单位里才具有最严格意义上的任意性,如 meat 和 beat,get 和 bet 这样成对的词语。

谈到任意性,必须提到规约性。任意性的对立面就是规约性,语言符号的形式和意义之间的关系是约定俗成的。在学习英语的过程中,教师经常向我们解释说"这是习惯用法或者习惯搭配",这就是约定俗成。即使它听起来有些不合逻辑,也不可以做任何改动。任意性带给语言潜在的创造力,而约定性又使学习语言变得困难。

（三）创造性

创造性就是指语言的能产性,它是由于二重性和递归性而形成的。一个词语只要在用法上做一些变化,它便可以表示不同的意义,并且这些创新的用法也能被人接受,此类的例子不胜枚举。而动物的交际系统允许其使用者发送的和接收的信息非常少,并且这些信息都是缺乏新意的。这也就是为什么人类语言具有动物交际系统无法比拟的优越性。因此,人们可以利用语言产生许许多多新的意义。例如,长臂猿的叫声就不具有创造性,因为它们的叫声都来自一个有限的指令系统,因此很容易耗尽,而不可能有任何新意。因为句子可以无限制地扩展下去,所以语言具有创造性。

Traveling is exciting.

I feel that traveling is exciting.

Bob thinks that you know that I feel that traveling is exciting.

Is it a fact that Bob thinks that you know that I feel that traveling is exciting?

…

（四）移位性

移位性是指语言可以使人类谈论与自己处于不同时间和空

间的事物。例如，人们可以很自然地说出"昨天风真大"这句话，或者身处北京的说话人说"杭州真的很美"。有些人已经将语言的这一特征看成理所当然，觉得没什么特别。但是，如果将人类的语言与动物的交流方式进行对比，语言的这一特征就更加清晰了。例如，一只猫会向另一只猫喵喵地叫，这是在交流情感和信息，但是人们不会看到一只猫会跟另一只猫谈论不在场的第三只猫："Kitty 那家伙真懒!"所有动物的语言表达都限于当时当地，具有时空的限制，只有人类的语言具有突破时空限制的移位性。

第三节　翻译简述

一、翻译的定义

关于"翻译"是什么，国内外众多专家学者见仁见智。

英国著名翻译理论家卡特福特(J. C. Catford)认为，语言文本材料可以用一定的量度来衡量价值，翻译是用译语的等值文本材料去替换源语的文本材料。[①]

彼得·纽马克(Peter Newmark)认为，翻译就是把一个文本的意义按作者所想的方式移译入另一种语言。

图里(Gideon Toury)认为，无论在什么情境之中，译义应当是并且事实上是一种目的语文本，它归属于目的语文化。

根据斯莱普(Slype)的观点，源语文本和目的语文本都在传递某种意义，翻译就是要使两个文本传递的意义一致。

美国著名翻译理论家尤金·奈达(Eugene A. Nida)认为，源语文本携带着某些信息，如风格和意义，翻译就是用自然的目的语来再现源语文本携带的那些信息。

---

① Catford, J. C. *A Linguistic Theory of Translation* [M]. London: Oxford University Press, 1965:121.

　　苏联翻译理论家巴尔胡达罗夫（Barkhudarov, M. R.）认为，文本是语言的产物，只有在内容或者意义对等的前提下，将一种语言转换为另一种语言，才算是翻译。

　　《辞海》中翻译的释义为，翻译是把一种语言文字的意义用另一种语言文字表达出来。

　　孙致礼认为，两种文化之间需要交流和碰撞，才能促进彼此的发展并推动社会文明的进步，要达到这种目的，就需要将源语文本转换为译语文本，而这就是翻译。

　　张今认为，操两种语言的社会之间要达成交际，必须通过翻译这一媒介，它将源语中的现实情景或艺术情景置于译语中，最终使得两个社会的政治、经济和文化都有所发展。

　　张培基指出，翻译是运用一种语言准确而完整地把另一种语言所表达的思维内容重新表达出来的语言活动。

二、可译性与不可译性

　　全球化不仅加速了各国民族语言文化的趋同，而且极大地扩大了人们对异质语言文化的接受空间，也就是增加了语言的可译性。

（一）对可译性与不可译性的理解

　　翻译研究中的可译性与不可译性是一个由来已久的话题。威尔斯认为，文本的可译性、部分可译性和不可译性直到19世纪才正式成为翻译理论讨论的话题，但文学的可译性问题源自欧洲文艺复兴时期。在14世纪，意大利诗人但丁强调，文学作品涉及不可译性的问题，也就是可译性限度。提出可译性问题，就是承认译文必须忠于原文，同时也怀疑译文能否完全再现原文。可见，可译性问题是翻译理论研究中一个带有本体论性质的问题。另外，人类翻译活动悠久的历史其实也就证明了可译性应该是一个不容置疑的问题。

1.洪堡特的观点

洪堡特(1997)是第一个系统又辩证地论述可译性与不可译性问题的学者,使"可译性"成为人们关注的焦点。他认为,语言既是普遍的,同时又是特殊的。他坚持"人类本性是统一的"的思想,所以认为人类语言具有普遍的认同。同时,他也承认普遍之中差异的客观存在。他指出,个别化和普遍性协调得非常美妙,因此"整个人类只有一种语言"以及"每个人都拥有一种特殊的语言"的言论都是正确的。语言的普遍性决定了语言的可译性,特殊性决定了语言的不可译性。

洪堡特认为,语言外在于主体,是主体与其他主体相互联系的工具。语言对于人是一个先他而在、不断传承的客体。语言的客观性,决定了它与个人的独立性并成为普遍的认知手段,表现为语言的可译性。他同时还认为,语言既是主观的又是客观的。语言是一种精神的存在甚至体现某种世界观,所以语言因人而异,表现出语言的不可译性。因为各个民族的精神特性有所不同,人类语言才会有各种各样的差异。

洪堡特认为没有完全等值的翻译,翻译都是无法完成的。翻译中存在两种困难:靠近原作而牺牲本民族的风格和语言;靠近本族语而牺牲原作。没有一种语言与另一种语言完全等值,每种语言在表达概念的形式上都各有不同。尽管如此,他充分肯定了翻译的可行性,他认为每种语言都具有无穷的创造力,因此具有无限变换的表达方式,而且翻译的只是言语,某个层面中细节上不能翻译的东西,在聚合的整体中却是可翻译的。

2.道安、玄奘的观点

国内学者很早就注意到了翻译中的可译性限度的问题,早在东晋时,道安就提出了"五失本""三不易"的理论。

所谓"五失本"是指梵文佛经翻译时容易失去原文本来面目的五个方面。

"一失本":梵文与汉文词序不同,汉译时必须改变词序。

"二失本":梵经质朴,而汉人喜欢华美,译文必须做一定的修饰。

"三失本":梵语佛经中表达同一个意思的词句经常反复,译成汉文时应进行必要的删减。

"四失本":梵文佛经每逢结尾之处,必做小结,将前面的话简述一遍,译成汉文时也应进行必要的删减。

"五失本":梵文佛经每论全文之后,往往要纵横牵扯,汉译时必须删除。

所谓"三不易"是指在翻译过程中不容易处理好的三种情况。

"一不易":过去和现在的情形不一样,要把过去的情况用现在的情形译出来,不容易。

"二不易":后人要完全理解古代圣贤深邃的思想,不容易。

"三不易":释迦牟尼死后,弟子阿难造经,非常慎重,现在要普通人来译不容易。

唐代玄奘认为译文应尽量做到忠实于原文且通顺流畅,并提出"五不翻"理论。

"秘密故不翻",即具有神秘色彩的词语不用意译,而应采用音译。

"多含故不翻",即具有多种含义的词语不用意译,而应采用音译。

"此无故不翻",即译入语文化中没有的词语不用意译,而应采用音译。

"顺古故不翻",即对以前已经存在并广泛使用的约定俗成的音译词语不用意译,而应遵循习惯沿袭其原有的音译。

"生善故不翻",即有些词语用音译能令人生尊重之念,否则容易等闲视之,所以对这类词语不用意译,而应采用音译。

3. 刘宓庆的观点

刘宓庆(1990)指出,"可译性"指的是双语转换中源语的可译程度。需要特别说明的是,可译性是有限度的。由于源语和译入语在语言结构和文化方面的差异,在语言的各个层次中并不是处处存在着信息相通的通道,这就限制了有效转换的完全实现,即可译性限度。从广义上来讲,可译性限度既包括语言层面的,也包括文化层面的。可见,可译性问题的实质是,用某种语言表达出来的作品的思想内容和精神风貌是否能够用另外一种语言完全确切地再现出来。

在《现代翻译理论》一书中,刘宓庆提出了可译性的理论依据,并从语言文字结构障碍、表现法障碍和文化障碍三个方面论述了可译性限度产生的根源,其中语言文字结构障碍是最常见也是最难跨越的障碍。

4. 贺麟与陈康的观点

贺麟的可译论与陈康的不可译论都是对翻译进行的抽象哲学的思辨。贺麟(1940)认为,要穷究翻译之理,就要考查翻译在理论上的可能性。他用心理学理念证明了自己的理论,认为心同理同的部分本是人类的本性、文化的源泉,因此也是可以翻译的部分,可以用无限多的语言去表达的部分。陈康(1985)指出,一种文字中习惯的词句只表示在这种文字里已产生了的思想,也就是说一种民族的语言只能表达该民族的思想,不可能用习惯的词句传达在本土从未产生过的思想。

很多翻译理论家、语言学家不仅看到了语言差异,而且充分坚持语言的普遍性和可译性。奈达指出,尽管语言之间存在差异,使人类融合的因素大大超出使其分裂的因素,因此存在交际的基础。翻译理论家斯坦纳(George Steiner)认为,普遍语法使人们之间有了真诚交流的可能性,使理性的语言科学有了存在的可能性。语言在差异之下存在着统一性、恒定性,这决定了人类语言特有的天赋。

概括而言,有关翻译问题的讨论既包括译者作为社会人所涉及的共性因素,也包括译者作为个体所涉及的个性因素。可译性的根据正是建立在基于这些因素各自的共性或个性基础上的语码意义的解读和表达。

(二)可译性前提与限度

1.可译性前提

虽然使用不同语言的人对客观事物有着不同认知,但是他们的认知依据是相似的,这种相似性促使他们在头脑中形成一个基本相同的概念系统框架,这个概念系统框架在语言学角度上就是语义结构。从宏观意义上讲,语码意义的解读和表达涉及"语义三角(Semantic Triangle)"关系的讨论。在"语义三角"中,观念对于事物是认知维度的问题,语言对于观念是表达维度的问题,语言对于外在事物则是语义维度的问题。观念是用来标记存在的符号,存在于心灵中;而语言是用来标记观念的符号,将观念外在化。在人类的认知活动中,观念或语言都充当着具体运作的中介。此外,由于人类在宏观意义上的知识构建和认识活动中共享的交际需求,语言在一定程度上的意义表达也就具有了相似之处。在运用语言时必定要遵照一定的规则,这就是作为语言共性在哲学层面上的"家族相似",表现为语言的同质性。

(1)相似的经验世界

人类知识观念的形成过程是一种共同经验的形成过程。人们在相同的外在世界中体验和生活,这就使得语言具备了可译的逻辑基础。对于观念形成过程,张岱年先生指出了三个论点:第一,人类在共同经验中获得知识;第二,语言或概念是基于共同经验而形成的;第三,共同经验是一种"指示"行为。这三个论点实际上也是对"语义三角"关系的解释,不同点在于更加关注观念形成的解释。因为语言的指示性,人类才可以将对外在世界的体验进行分享,隐藏于语言背后的观念才成为一种对同一外在世界的体验,进而才促成了人与人之间的交涉与合作。因为原文作者和译者面对文本中所指的同一外在世界,相应地,他们在翻译过程中也必然存在对同一外在世界的体验。

因为翻译的具体实施过程本身就是一种语言的行为,所以可译性问题也蕴含在翻译自身的语言条件中。总的来说,语言的差异体现为语形、语音和语义上的差异。例如,汉语属于汉藏语系,英语属于印欧语系,这两种语言在词汇、语音和语法等方面均存在巨大的差别,因此就具有不同的生命体验和世界观念。尽管语形和语音的差异给翻译造成了很多困难,但语义自身的因素使得翻译成为可能。这就是不同语言共同体的人们存在着相似的经验世界,也是可译性的依据。

(2)共同的生理与心理语言基础

当今世界上的语言有几千种,但是它们之间必然存在着相似之处,这是因为它们建立在人类相同的生理和心理基础之上。在解剖学的层面上,人类的发音器官是相同的,包括唇、牙齿、齿龈、腭部、声带等,并且声音都是来源于发音器官位置的调整和气流的控制。虽然人类的语言可以归属为不同的语系,并且语言符号与所指对象之间存在着随意的联系,但人类相同的语言生理基础使得各种语音、词汇和句法结构只能在一定范围内出现。并且,人类在生理上有着相同的限制性,如记忆力、语言习得速度等的限制性,使得他们为了提高语言习得效率,只能筛选出数量有限的音素、语素、组合方式和语法结构类型。

(3)共同的语言功能基础

正是因为人类所用的语言具有基本相同的功能,各民族之间才能交流、合作和共处。人类的生存愿望有着强大的推动力,他们因此会与自然抗争、与其他人类交往,而语言就在其中担当着交际工具的角色。并且由于人类有着大致相似的生态环境、目的、生活经历,都努力探究相同的困惑,所以人类语言有着大致相似的功能。纽马克指出功能分为表情、信息和呼吁功能,并吸收了雅可布森提出的诗学、寒暄和元语言三种功能,形成了他的语义翻译和交际翻译概念的重要理论根据。无疑,语言功能的普遍性是可译性坚实的理论基础。

（4）文化的相互融合

文化在不断进化，一种文化的某些因素被另一种文化所接受、吸收或摒弃，各民族文化在相互影响、相互渗透。因此，文化间的共性逐渐扩大，差异逐渐缩小。随着文化的发展，各种文化越来越趋向于统一，可见趋同是文化进化的主要趋势。趋同也就是融合，它源于文化交际活动。各民族文化在文化趋同中获得自我发展的活力。

文化因为传播才具备了源源不断的生命力，而语言是传播的重要工具，制约着文化传播。另外，文化的传播又为语言输入了新鲜的元素，如新的词语、表达方式等。所以，语言融合趋势是文化融合趋向的直接反映。在文化融合过程中，会产生文化互化，它是双向的，而且语言之间也发生着双向的影响。例如，西方语言中存在大量的显性连接词语，现代汉语对此的借鉴就大大冲击了汉语的意合传统；现代英语中越来越倾向于用名词作定语，这也体现了英语形合传统受到汉语意合传统的控制。所以说，文化融合促进了语言的发展和丰富。语言和文化的融合极大地扩大了语言文化间的共性，提高了语言的可译性。

2. 可译性限度

就宏观的情况而言，语言具有可译性，但这种可译性不是绝对的，而是有限的，这也可以称为"不可译性"。万德鲁兹卡（Wandruszka，1971）强调，人们只能在有共同点的范围内进行翻译，心智结构的差异还是未知的，如果差异极大，可译性就不复存在，因为总会存在不可译之处。

在语言的接触中，政治、经济和文化优势有着强烈的影响，促成了异化作用的倾向性，一般来讲，语言对邻近其他语言造成显著影响有较大的可能性。这种外来的异化作用通常是局部发生在另一语言系统框架内，而对整个语言系统没有太多的影响。在被强势语言侵袭的时候，弱小民族的语言还是会坚持自己独立的系统。语言要么生存，要么灭绝，不可能被征服或者在短期内完全接纳另一个语言系统。语言只能循序渐进的变化。显然,异化是受到制约的。任何自然语言都能通过规约和语言本身的内部机制产生一种对"超适度异化"的排斥力。所以,人类语言在频繁交往之后也并没有呈现出大同趋势,而是仍然保持着相互之间的差异,这就导致了可译性限度。

卡特福德认为,不可译性产生的原因包括语言和文化两个层面。

(1)语言上的可译性限度

说到语言的可译性限度,就不得不提语言的演变过程。在自给自足的小农经济模式时期,交通和通信技术落后,社会交往形态封闭,人们几乎不依赖外界条件。因此,远距离的民族根本没有交往的机会和条件,毗邻的民族交往也有局限性。不同的民族在自己疆域的范围内,以独特的形式形成自己独特的语言符号系统,并在相对稳定的框架结构内不断发展,这就是语言的异质性。虽然语言之间的交流使可译性的可能性大大增加了,但语言差异的客观存在使得语言大同不可能实现。语言的异质性就是双语之间不可译的根源所在。

虽然语言间存在同构现象,但同构只是在语言的宏观、抽象层面上出现。各种语言符号体现的实际情况是接近的,但不是等同的,只构成一种模糊的同构关系。在深层结构,存在较多的共同点;而在表层结构,存在较多的差异。威尔斯(Wilss,2001)甚至认为,语言在句法、词汇和社会文化方面不存在同构。雅各布逊(Jacobson)关注的是同构程度的高低是否会影响必须表达的内容,他认为语言结构的差异在于它们必须表达什么。因为有的语言范畴在一些语言中是强制性的,必须加以体现。所以,有些语言结构的差异在进行某一方向的语言转换时,不会构成障碍,而另外一些语言结构的差异在转换时则会构成转换障碍。

(2)文化上的可译性限度

文化与语言的共生关系已经成为普遍的共识。因此,文化与翻译的关系也十分重要。在翻译中,双文化甚至比双语能力更为重要,因为词语只有在文化关联中才具有意义。由于文化和语言的不可分割性,语言的转换必定受文化的制约。因为语言的产生和发展是伴随着民族文化的产生和发展的,所以应当把语言差异的根源纳入文化视野进行考察。文化是一个社会群体对事物的反映,不同的社会群体对事物有着不同的反映,因此无法保证一种文化中的现象也同样存在于另一种文化中,也就无法实现表达法的完全对应,而间接表达也会造成一定信息的损失,即某种程度上的不可译性。可见,语言的可译性和不可译性产生的来源都是文化。

可译性是某一民族语言文化对另一民族语言文化的认识局限性,这是从翻译的文化交融的本质来界定的。既然认识能力是有局限性的,不可译成分就包含在可译性中,并随着文化融合程度的加深、民族语言文化视野的开拓又转变为可译性。另外,现代语言学和人类学研究表明,当一种语言具备表达另一种语言的概念的能力时,即使没有现成的表达法,也能够通过间接方式表达出来。所以,翻译是可能的,这是基于语言的同等表达力这一事实,不可译的成分其实只是不可能译出语言符号的全部意义而已。可见,文化因素所造成的不可译性是相对的。

随着全球化进程的日益加快,各民族语言和文化的接触与交流也日益加强和深化。文化的渗透性压缩了文化的民族局限性,扩大了民族文化的共性。在开放性社会中,文化为语言表达法提供了更大的可容性。从长远来讲看,世界分离的多元化终将成为过去时,世界文化一体化终究是大势所趋。语言的相互接触使其不断受到外来语言异化的影响,因此语言的相似性不断增多。这将给语际的交互渗透提供极好的生态环境和条件,人们的审美水平和总的审美素质将得到提高,从而有利于语际转换越过可译性限度障碍,有利于不可译性转换为可译性。

人类科学技术的发展和社会的开放,会最终打破语言的封闭系统,但却难以使语言发生脱胎换骨式的变异。只要文化异质存在,语言之间的差异性也将长期存在,因此语言之间的某些可译性限度也将长期存在。但是,语言的可译性必然会增加,不可译性必然会降低,翻译的乐趣就在于怎样缩小可译性限度并超越这个限度以达到交流的目的。

第二章　生态语言学理论概述

在现代科学体系中,语言学和生态学早已有之。要认识生态语言学,首先必须对语言学和生态学有一定的了解。语言学是一门以语言为研究对象的学科,它的诞生和发展经历了一个漫长的时期。无论是在我国还是在外国,语言学的诞生和发展都体现了学科形成的曲折和艰难以及学科的不断演进。生态学是生物学的一个分支,它研究生物之间及生物与非生物环境之间的相互关系,不仅是生物资源开发与利用的基础学科之一,而且与农、林、牧、副、渔、医都有联系。生态学的发展很快,这门学科形成了很多分支学科,如人类生态学、环境生态学、人类环境生态学等。语言学与生态学相结合,构成生态语言学(生态语言学),是语言学发展到交叉语言学阶段的必然产物。

第一节　生态语言学的起源与发展

一、生态语言学的界定

生态语言学是以语言生态或生态语言为研究对象的一门学科。它的概念界定,在一些学术论著中还没有统一的说法。

R.R.K.哈特曼和 F.C.斯托克合著的《语言与语言学词典》(1972)即收有"生态语言学"这个术语,认为生态语言学是指"在人种语言学(Ethnolinguistics)、人类语言学(Anthropological Linguistics)和社会语言学(Sociolinguistics)这些领域中,对语言和环境之间相互作用的研究。这些相互作用是语言集团使用的交际手段之一"。

我国学者劳允栋编的《英汉语言学词典》(2005)也收有"生态语言学"这一术语,解释与上述词典基本一致。

李国正先生的《生态汉语学》给生态语言学下的定义是:"生态汉语学就是研究语言与环境关系的科学。但是我们所谓的环境,不只是通常提谈的'语言环境',通常的'语言环境'一般指特定语句的上下文,这至多只算'言语环境'或'书面言语环境'。生态语言学的'环境'是指'环境系统'。环境系统与语言系统所构成的生态语言系统,是生态语言学研究的核心内容。"

这些定义给我们提供了以下几个重要的信息。

第一,生态语言学既涉及语言学,又涉及生态学,无疑它是语言学和生态学这两门学科相融合、相交叉而产生的新的学科,而语言学和生态学都是十分成熟的学科,因此,生态语言学具有十分坚固的学科基础。

第二,生态语言学是人种语言学、人类语言学和社会语言学等学科的下位学科,它在某种意义上又从属于上述学科,因此生态语言学又是具有多级层次的学科。

第三,生态语言学所研究的核心问题是"语言和环境之间的相互作用(相互关系)",而这个问题本身既带有一定社会的宏观特征,又带有与具体客观事物息息相关的微观特征,因而生态语言学是一门内容十分丰富且又十分庞杂的学科,人们可以从不同的角度、用不同方法来研究它,建构它,从而形成不同的学科体系。

第四,生态语言学和语言使用、语言集团等密切相关,且涉及一定的交际手段或语用行为,这又使它与语言运用的实际联系在一起了,因此,生态语言学带有明显的应用语言学的特征。

总之,生态语言学是一门全新的复杂的交叉学科,随着学术界对它的研究的逐步深入,人们对它的理解将会逐步加深。

二、生态语言学的发展历程

生态语言学是一个由生态学与语言学结合而形成的交叉学科,是最近几十年发展起来的新兴的语言学分支。它的任务是通过研究语言的生态因素和语言与生态的关系,揭示语言与环境的相互作用。

语言学者关心语言的生态环境问题(包括语言与环境、语言与其使用者等问题)已经有很长的历史,洪堡特(Humboldt,1767—1835)、萨丕尔(1884—1939)、马林诺夫斯基(Malinowski,1884—1942)、弗思(Firth,1890—1960)、甘柏兹(Cumperz,1922—2013)、费希曼(Fishman,1926—2015)、海姆斯(Hymes,1927—2009)等已故著名语言学家在他们的著作中都有所涉及,很多健在的语言学家也有这些方面的论述。

过去的半个世纪,随着经济和科学技术的迅猛发展,人类社会也进步迅猛,人类的生活得到了很大的改善和提高,但这也给世界带来了诸如人与自然、人与动物和生物、人口、环境、资源等全球性问题,因此生态学的研究也日益深入,学科也有了迅速发展。越来越多的人开始用生态学的眼光看待世界,审视人类过去和现在的想法和行为,也预测人类对未来的期待,使得许多学科生态学化。

这样,生态学的原理和视角就被广泛应用于探讨人类的各种各样的活动中,出现了诸如环境生态学、人类生态学、社会生态学、伦理生态学、经济生态学、区域生态学、城市生态学、文艺生态学、教育生态学等新兴的交叉学科。对生态的关注和对生态问题的研究已经成为各个学科领域的重要课题。在人文学科领域出现了生态美学、生态文学、生态翻译学和生态语言学等新兴学科。

关于生态语言学,有隐喻(metaphor)和非隐喻(non-metaphor)两种说法。美国斯坦福大学教授、美籍挪威学者豪根(Haugen)所用的术语是"生态语言学"(ecology of language),他把语言和言语社团(speech community)的关系比喻为生物和自然环境的关系,生态语言学要研究的就是"任何特定的语言与其环境的相互作用"(interactions between any given language and its environments);豪根在这里所说的"环境"是指"使用某一语言作为语码的社会"(the society that uses a language as one of its codes)。其实,语言学界普遍所说的"语言是工具"和"语言有结构"也是隐喻。之所以说语言生态是隐喻,是因为语言不能呼吸,除了语言使用者之外语言本身没有生命,也没有一般生物所具有的"实在特性"(tangible qualities)。豪根认为,生态语言学的提出会促使语言学家和其他社会科学家研究语言与语言使用者的互动,更好地了解两者之间的关系。豪根提出生态语言学概念的动机之一是要引起人们对语言与语言环境关系的重视。

至于生态语言学的非隐喻说法,可以从这个角度看:人类本身就是大自然的一个必不可少的组成部分,人类在自然中就是社会的团体,我们的所作所为、所思所想都是由我们与其他人的关系和与自然的关系所决定的。既然人类是自然的一个重要组成部分,人类就不能离开自然环境而生存。语言是人类生存的一个重要部分,我们用语言来描述世界,建立人际关系,组织话语。语言使我们能够沟通,传递信息,继承文化。人类通过语言来反映现实,建构世界。因此,语言是我们人类在行星生态中所起作用的一个基本方面,是非常复杂的环境的一个部分,语言的本质和语言在人类社团中的角色是由生态因素决定的。

2001年,菲尔和缪尔豪斯勒合编了著名的《生态语言学读本:语言、生态与环境》,该书出版后影响很大,尤其是菲尔那篇生态语言学学科现状的综述,对中国学者影响很大,该文还被翻译成汉语。根据菲尔(2001)的说法,生态语言学的概念是由豪根提出来的。

1970年,豪根在奥地利参加一个学术会议,并做了题为 On the Ecology of Languages 的学术报告。他在报告中使用了"生态语言学"术语,将生态学概念引入语言学研究,1972年出版了论文集《生态语言学》,收进了这个报告。他将语言和环境与生物和生态环境作隐喻类比。

　　系统功能语言学家韩礼德于 1990 年在希腊举行的国际应用语言学会议上针对语言系统与生态因素作了精辟发言,他强调了语言与生长状况、种类特性以及物种形成之间的关系,之后更多的学者开始关注语言在生态和环境问题上的作用,从而推动了语言与生态问题研究的深入。因此,一般认为,生态语言学有两种研究模式,一种叫作"豪根模式",另一种叫作"韩礼德模式"。①

　　"豪根模式"认为,语言有自己的生态环境,所用语言的社会以及所用语言之人的态度决定了语言生存环境;语言的生存发展状态,语言多样性,语言世界系统(language world system),语言的生存、发展、消亡,濒危语言保护,语言进化,语言活力,语言规划,语言与现实世界的互变互动关系,语言多样性与生物多样性的关系,生态系统与文化系统等都成为研究热点。生态环境是语言发展的基本条件,有了良好的生态环境,语言发展和语言保护就有了基本的保障,语言生态的平衡就会保证文化生态的平衡,人类社会的可持续发展就有了保障。因此,生态语言学通过研究向人们呼吁:人类要安家乐业和幸福生活,首先是有生态平衡,生态平衡中的一个基本要素是语言生态平衡。"豪根模式"也常常被理解为"语言的生态学"(linguistic ecology)。

　　"韩礼德模式"则强调语言在各种生态问题中的重要作用,突出语言学家的"社会责任"(social accountability),提醒语言学家要记住自己在环境保护方面能做哪些工作和贡献。韩礼德明确指出,等级主义(clasaism)、增长主义(growthism)、物种灭绝、污染及其他类似的问题并不只是生物学家和物理学家所要关心的问题,它们也是应用语言学家要关注的问题。由于语言对人类生存的大环境所产生的影响,因此使用什么样的语言就会直接影响人类社会的生态,包括文化生态、社会生态、经济生态、城市生态、文艺生态、教育生态等。

---

　　① 黄国文.生态语言学的兴起与发展[J].中国外语,2016(1):1.

　　"韩礼德模式"把语言的体系和语言的运动与自然生态联系起来,认为语言体系、语言政策和语言规划必须以维护人类社会良好的生存环境为出发点和终结点。采用"韩礼德模式"的学者中,有相当一部分人从话语批评角度审视人们赖以生存的话语,包括对日常生活中语言的使用的批评性研究和语言系统的生态特征和非生态特征研究,同时通过改变语言系统模式和语言使用方法,使得语言更适合于自然生态系统,使语言系统与生态系统更加和谐。这一研究路径被称为批评生态语言学(critical ecolinguistics),研究者力图呼吁、唤醒人类社会的生态意识,用批评的眼光来鼓励和宣传与生态和谐的话语和行为,同时抗拒那些与生态不和谐的话语和行为,反思和批评人们对自然的征服、控制、掠夺和摧残。"韩礼德模式"也称为"环境的语言学"(environmental linguistics)。

　　一般认为,"豪根模式"与"韩礼德模式"是目前生态语言学研究的两个不同的路径,它们为人们研究语言与生态问题提供了不同的视角和侧重点。其实,"豪根模式"和"韩礼德模式"是互补的,而不是相互排斥的。

　　"豪根模式"和"韩礼德模式"代表的是两种不同的研究生态语言学的途径,隐喻范式和非隐喻范式。隐喻范式注重语言生态本身(包括语言多样性,语言的生存、发展、消亡等),而非隐喻范式则注重话语和行为的生态审视和批评,包括对"我们赖以生存的故事"(the stories we live by)的反思、推崇、鼓励、批评或抵制,这是语言(包括语言体系、语言使用和语言使用者)在生态和环境问题上的作用问题。值得注意的是,关于语言与生态的关系问题,在20世纪70年代以前这方面的研究主要归入语文学、方言学、历史语言学、社会语言学、文化语言学、民俗语言学、人类语言学、地理语言学和规划语言学等学科的范畴。目前这些学科的很多研究也可看作生态语言学的研究内容。

　　如果从豪根提出生态语言学的术语和概念算起,生态语言学的研究已经有40多年的历史。1991年在第九届国际应用语言学大会上成立了语言与生态研究的学术组织,为国际应用语言学会的一部分。世界各地的生态语言学研究者也先后建立了生态语言学相关网站。据不完全统计,国际上已经有 300 多位学者在从事这方面的研究。最近几十年来出版了多篇(部)这个领域研究的重要论文和著作。

我国的生态语言学研究时间比较短,较早撰文讨论这个问题的是李国正(1987),关于这个学科的文章包括范俊军(2005),王晋军(2007),韩军(2013),辛志英、黄国文、冯广艺(2013)等出版了我国第一本题为"生态语言学"的专著,而许建忠(2009)和胡庚申(2013)的著作则从生态角度讨论翻译问题。华南农业大学是国内率先成立"生态语言学研究所"的高校。

生态语言学是个交叉学科,诞生的时间不是很长,所根据的理论是来自不同的学科的理论模式,包括语文学、方言学、社会语言学、功能语言学、语用学、认知语言学、心理语言学、话语分析、文化语言学、民俗语言学、人类语言学、地理语言学、历史语言学和规划语言学等。因此,目前生态语言学的基本学科体系还没有完全形成。

第二节　生态语言学的研究现状和问题

作为一门新兴的语言学和生态学的交叉学科,生态语言学诞生的时间还不长,学科的基本体系还没有完全形成,学科的基础理论、性质、内容和方法等还处在不断探索中。人们在研究这门学科时带有各自不同的观点,这是很正常的事情。事实上,任何一门学科都经历了一种从酝酿到产生雏形,从雏形到论证再到基本定型,逐步发展成长起来的过程。生态语言学目前还处在"雏形"阶段。下面从国外和国内两个大的方面对生态语言学的研究现状做一些简单的勾勒,并提出研究中存在的相关问题。

一、生态语言学的研究现状

(一)国外研究的基本情况

如果把广义的有关"语言与环境之间的相互作用"的研究都看作生态语言学的内容的话,那么国外学者很早就注意到了语言生态问题。语言与环境之间的关系问题,是学术界特别关注的一个重要问题。生活在 18 世纪下半叶和 19 世纪上半叶的德国著名学者洪堡特(1767—1835 年)对语言与环境、语言与人的关系的论述是非常充分和非常深刻的。他既注意到了语言与人的精神、民族的特性的联系,也看到了周边环境对人类语言的影响。

洪堡特说:"人类的部分命运完全是与一定的地理位置相关联的语言学,因此首先必须考虑这些地理因素,确定每一语言的所在位置、分布地域和迁徙路线,弄清世界上每一孤立隔绝的地区的语言所具有的差异。即使在纯语法研究的领域里,我们也绝不能把语言与人、把人与大地隔绝开来。大地、人和语言是一个不可分割的整体。"[①]他还说:"人在运用语言时受制于语言所产生的影响,而由于语言与人的全部本质密切关联,这种影响可以说也是人在民族起源、周边环境以及共同生活方式诸方面所受的影响。所以,一方面我们必须警惕,不应仅仅根据影响着一个民族的那些因素米解释一种语言;另一方面却不应忘记,即使是一种无疑拥有历史传统的语言,在一个民族当中也有可能发生令人难以置信的变化。在语言研究中,我们都会遇到这两个因素的交互作用。当然,与在历史中一切跟人类有关的因素一样,上述两方面的作用始终只是处于事物发展的中间状态,若要设想它们有一个开端,或者企图做出解释,便会导致某些空洞的前提。有时候,历史和传统都无法让我们了解某一早期状态,不能证明某种更为

---

① 威廉·冯·洪堡特著.洪堡特语言哲学文集[M].姚小平,译.长沙:湖南教育出版社,2001:304.

一般的内在联系,但即使是在这类场合,我们自始至终也必须把寻求这样一种联系视为己任,每时每地都注意去发现。"①

英国著名人类学家马林诺夫斯基在《文化论》中论及人类的语言时指出:"语言是常被视作人类特具的技能,和人的物质设备及其他的风俗体系相分开的。这种见解常连带着一种关于意义的学说,依这学说,意义是一字所有的神秘的内容,可以在发音中一人传给另一人。但是在研究实际应用中的语言时,却显示了一字的意义并不是神秘地包含在一字的本身之内,而只是包含在一种情境的局面中(context of situation),由发音所引起效果。发音是一种动作,是人类协合动作方式中所不能少的部分。这是一种行为的方式,和使用一个工具、挥舞一个武器、举行一个仪式、订立一个契约是完全一样的。事实上,字词的应用是和人类一切动作相关联而为一切身体上的行为所不能缺少的配合物。一字的意义,就是它在协和动作中所获得的成就。它的意义时常就是人为了直接地对付他人的动作而间接地运用环境的效果。"②马林诺夫斯基在这里主要强调了三层意思:一是语言的意义包含在"情境的局面"之中,也就是说,要联系语言环境了解意义;二是语言行为与人类的其他行为分不开,是人类"协和动作方式"的一部分和"配合物";三是语言运用中的意义和人类利用环境(可以理解为"语境")有直接或间接的联系。

美国语言学家弗斯进一步发展了马林诺夫斯基的语境理论,并把它广泛用于语言研究中。

萨丕尔是美国人类语言学的主要奠基者,他在研究人类语言学或人种语言学时多从民族文化环境等方面进行探讨,他的《语言论》中就用了相当的篇幅论述环境对语言变异的影响。

社会语言学是一门研究语言和社会关系的学科。社会语言学从成立的那一天开始就把研究语言和社会环境的问题作为自

---

① 威廉·冯·洪堡特著.洪堡特语言哲学文集[M].姚小平,译.长沙:湖南教育出版社,2001:300-301.

② 马林诺夫斯基著.文化论[M].费孝通,译.北京:华夏出版社,2002:6.

已的首要任务。1964 年,在第一次社会语言学的会议上,学者们就提出要"在社会环境中研究语言"(study language in the social context)。

海姆斯认为语言研究(包括对语言能力的研究)应该结合社会文化因素(即社会环境)来进行,他说:"把语言能力局限于单一的言语共同体和完善的语言知识这些概念而排斥社会文化因素,这并不是任何科学理论所必须采用的简化的假设。"

韩礼德在给社会语言学提出的 15 个研究领域中,就有"语言环境"问题(这 15 个研究领域很多是生态语言学要研究的内容)。为了说明问题,这里可以看看几个重要的社会语言学家的相关论述。

美国社会语言学家费希曼在《研究"谁在何时用何种语言向谁说话"过程中微观与宏观社会语言学之间的关系》(*The Relationship between Micro-and acro-Sociolinguistics in the Study of Who Speaks What Language to Whom and When*)一文中对多语环境进行了分析,认为"为了达到内部交际目的,一个集团可以使用两种(或更多的)'语言'或'同一语言'的变体的多语环境。对母语和其他语言的掌握或控制程度可不作为操作性变项考虑,因为许多言语网络中的成员可用任何现成的语码或次语码毫无困难地互相交际。但是在多语言语共同体或言语网络中习惯性的语言选择,远远不是随随便便的一时间的倾向,即使从纯概率的观点在能随意选择的那些环境下也是如此。'合适的'用法决定了理论上都可使用的诸语言或变体只有一种将被特定阶级的对话者在特定场合下选来讨论特殊种类的话题。"

这里,费希曼特别强调了多语环境中语码选择的"合适"问题,而这个问题是研究"谁在何时用何种语言向谁说话"的关键问题。

社会语言学家约翰·甘柏兹在《言语共同体》一文中研究了语言移入、语言更换、语言(方言)关系、语言选择的态度等问题,具有生态语言学的思想。

国外研究真正意义上的生态语言学(生态语言学)应该是从豪根开始的。自从豪根在 20 世纪 70 年代初提出"生态语言学"以后,不少语言学家即着手专门探讨这一研究领域的研究课题,产生了一批生态语言学(生态语言学)著作。这些著作均具有各自的特点和侧重面。例如,《语言进化生态学》(*The Ecology of Language Evolution*)一书主要研究的是"克里奥耳语发展的创始人原则(the founder principle in the development of creoles)""美国英语的发展(the development of American English)""英语的各种变体(the legitimate and illegitimate offspring of English)""克里奥耳语的研究对发生语言学的贡献(what research on the development of creoles can contribute to genetic linguistics)""语言接触、进化及其消亡(language contact,evolution and death)""非洲人口流动对语言的影响(past and recent population movements in Africa;their impact on its linguistic landscape)"等问题。

博纳德·斯波斯基(Bernard Spolsky)的《语言政策——社会语言学的重要论题》一书在论述"语言生态"时,介绍了豪根、C. 弗格林、M. 弗格林、舒茨(Schutz)、特瑞姆(Trim)等学者的语言生态观念,认为需要用后基因组(post-genome)方法研究语言生态,即不再人为地把天性(nature)与教养(nurture)两部分区分开。因此,真正意义上的普通生态语言学著作还不多。

(二)国内研究的基本情况

在国内,生态语言学的研究主要是从文化语言学、社会语言学、民族语言学等领域对语言与社会环境等问题进行研究的。

20 世纪 50 年代,著名学者罗常培先生就出版了《语言与文化》一书,这是我国文化语言学这一新兴学科的先声。从这本书中可以看到,罗先生深受美国语言学家萨丕尔等人的影响,他对萨丕尔以语言学家的身份晚年转向人类学研究和马林诺夫斯基以人类学家的身份晚年转向语言学研究的做法很是赞赏,强调将这两门学科结合起来进行研究。

张公瑾、丁石庆在《文化语言学》一书中开辟专章讨论"语言的人文生态环境",共分四节。这是我们看到的文化语言学著作中有关语言的人文生态环境中的语言问题最为详细和具体的论述,这可以看作生态语言学的内容。

自 20 世纪 80 年代以来,中国文化语言学发展相当迅速,跟学术界进一步充分认识到语言和社会、文化之间的密切关系或者说语言与人文生态环境的关系有直接的联系。

社会语言学与文化语言学是相邻学科,我国的社会语言学也是在国外学者的影响下产生的。陈原先生是我国社会语言学的开拓者,他撰写了大量的研究社会语言学的论著。在《社会语言学》一书中,他强调:"社会语言学的任务在于描述'语言和社会结构的共变'。'共变'是现代语言学常用的新术语。这个命题说的'共变',很可能是指语言是一个变数,社会也是一个变数;语言和社会这两个变数互相影响,互相作用,互相制约,互相接触而引起的互相变化。如果作这样的理解,那么社会语言学确实是研究这两个变数的相互关系的。当社会生活发生渐变或激变时,语言作为社会现象,同时作为社会交际工具——毫不含糊地随着社会生活进展的步伐而发生变化;如果把这种现象作为'共变'现象,那么社会语言学要探索的许多问题,都可以归入'共变'的范畴。"[①]

卫志强的《当代跨学科语言学》一书在谈到社会语言学的具体研究课题时,把"语言与环境"作为其中重要的课题加以论证。他指出,社会语言学研究"语言与环境"主要研究不同的社会环境和言语环境对人们言语活动的影响,以及人们根据不同的环境使用言语的特点。在进行言语交际时,说话者不仅要随本人的社会特征(诸如社会阶级、种族集团、年龄、性别等)而有所不同,还要随当时所处社会环境而异。同一个人在不同的环境,为了不同的目的,会使用不同的语言变体。在家里的日常谈话跟在工作单位里的讨论问题,肯定不会有相同的语体。环境的另一重要方面,

---

① 陈原.社会语言学[M].上海:学林出版社,1983:3-4.

即谈话对象的环境,特别是在一次谈话中双方之间的角色关系和相对地位。在地位不同的人之间的谈话,可能比地位相同的人之间的谈话要正式些,遣词造句会注意些。①

国内出版的社会语言学的其他著作也阐发了类似的观点。从这里可以看到,社会语言学关注的核心问题是语言和社会的关系问题,或者说是语言与社会环境相互联系、相互影响、相互制约的问题,这与生态语言学的宗旨是一致的。

民族语言学与文化语言学、社会语言学的联系也相当密切,也十分重视对语言与社会环境的关系的研究。民族语言学是研究语言和民族的关系的一门学科,而民族又是社会环境的最重要的因素之一。戴庆厦先生指出:"自人类社会形成民族后,语言就打上了民族的烙印,同民族发生了密不可分的联系。从这时起,语言便从属于每一个具体的民族,成为民族的一个重要特征,如从属于汉民族的共同语称汉语,从属于维吾尔民族的共同语称维语等。从这时起,也就不存在不属于某个具体民族的语言,而是每个语言都带上了民族的标志。语言成为民族的特征后,二者在发展中互相影响、互相制约。一方面,语言的发展和变化受民族发展的影响制约;另一方面,语言也影响民族的发展。一部语言史总是同一部民族史紧密地联系在一起的。所以研究语言不能离开对民族的研究;同样,研究民族也不能离开语言。"②

根据一些学者的观点,我国的民族语言学有特定的含义:"既不指人类语言学中的一个分支'民族学派语言学'(Ethno-linguistics),简称'民族语言学',也不完全等同于研究某一个民族或某一支亲属语言的学科,而是指中国少数民族语言的研究。"

何俊芳在她的《人类语言学教程》第五章"语言与文化"中辟专节"语言与自然生态"讨论语言与自然生态的关系,指出:"由于所处的生态环境互有差异,各个语言群体对于自然界的认识分别在不同的方面达到了不同的程度,形成了认识结构的互补分布,

---

① 卫志强.当代跨学科语言学[M].北京:北京语言学院出版社,1992:37.
② 戴庆厦.语言和民族[M].北京:中央民族大学出版社,1994:2.

共同构成了人类广博精深的知识体系。"①作者还具体地论述了语言中冰雪词与自然环境、方位词的定位与天文地理环境等问题。

中国民族语言学家将语言关系、语言观念、语言政策、双语现象、语言接触、语言转用、语言竞争、语言濒危等问题当作重要问题而加以全面深入的研究,推出了一系列重要成果。如果说文化语言学、社会语言学、民族语言学是从宏观上对生态语言学的内容有所涉及的话,那么近 20 多年来,一些学者在具体的研究中直接打出"生态语言学""语言生态学""语言生态"和"生态语言"的旗号,则表明我国学者开始注意从"生态语言学"学科的角度探讨语言的生态问题。

李国正先生是较早研究生态语言学的学者,早在 1987 年他就发表了《生态语言系统说略》(《语文导报》1987 年第 10 期),提出了用生态语言学的理论和方法研究语言的问题,强调要关注语言的生态系统。1991 年,他出版了洋洋 40 余万言的《生态汉语学》(吉林教育出版社),第一次提出了"生态汉语""生态汉语学"的概念,将生态语言学的理论、方法用于汉语研究,具有鲜明的创新特色。

诚如著名语言学家殷焕先先生所言,该书旨在运用当代系统生态学基本原理和研究方法来考察语言系统各元素之间、元素和系统之间,语言系统与自然环境、社会环境、文化环境、人群系统之间的种种错综复杂的相互关系及其相互作用的机理,进而较为深刻地揭示语言系统发展变化的运动形式和基本规律。该书提出了本门学科的基本原则、基本理论及主要研究方法,较为深入地探讨了语言系统的基本生态运动方式和汉语系统的生态类型,并就语言研究的若干重要课题论述了其钻研所得的学术意见。

二、生态语言学研究中存在的问题

我国关于生态语言学的研究目前还处于草创时期,在以下几

---

① 何俊芳.人类语言学教程[M].北京:中央民族大学出版社,2005:98-101.

个方面还值得进一步探讨。

第一,对生态语言学的基本理论、学科性质、学科体系、研究范围等的认识问题。我国虽然在 20 世纪 80 年代就有学者注意研究语言生态和汉语生态学问题,在一些学术刊物上发表了一批研究生态语言学的文章,评介了国外的相关研究成果,且在相邻的学科如文化语言学、社会语言学、民族语言学的学科中也不乏研究语言生态的论述,但对生态语言学这门学科的基本理论、学科体系和研究内容、研究方法等还没有明确、统一的认识。

第二,关于研究的系统性问题。严格地说,我国对生态语言学的研究,还只是停留在零散的、不成系统的层次上,对于生态语言学的核心问题还没有完全弄清楚,有的论述还显得很肤浅,真正从学科体系上对生态语言学进行系统的、深入的、全面的研究的论著还很少见到。有的单篇文章中,只是简单地套用生态语言学的相关理论来谈某些具体问题,给人生搬硬套的感觉。

第三,关于如何处理生态语言学与相邻学科的分工合作问题。主要涉及与社会语言学、文化语言学、人类语言学、民族语言学等学科的分工合作。由于生态语言学着重研究语言与环境的相互关系这个大问题,而这个大问题又是社会语言学、文化语言学、人类语言学、民族语言学等学科也要研究的内容,因此,摆在我们面前的一个任务,就是要把这里面的"分"和"合"弄清楚。

第四,关于如何认识生态语言学在生态文明建设中的作用问题。在人类跨入生态文明建设的新时代的进程中,生态语言学应该发挥重要的作用,它必须研究新的时代出现的新的语言生态问题,研究构建良好的语言生态环境的理论和方法,探索优化语言生态环境的规律,使良好的语言生态环境成为生态文明建设的重要支撑。这是生态语言学作为一门社会应用性十分突出的学科应尽的责任。我们研究生态语言学绝不能回避这一点,而应该着力加强这一点,使这门学科的研究成果直接服务于生态文明建设。

第三节 生态语言学的性质和任务

生态语言学作为一门交叉学科，具有很特殊的学科属性。由于生态学是生物学的一个分支，它研究生物之间及生物与非生物环境之间的相互关系，具有自然科学的属性；而语言学既具有自然科学属性，也具有社会科学属性，因而生态语言学从学科性质上看，具有学科上的多重属性，即它具有社会科学属性和自然科学属性。但学术界在研究生态语言学时，对它的学科性质的看法并不一致。

一、生态语言学的性质

学科的发展有两个大的趋势：一是随着研究工作越来越细致、深入，一个大的学科会产生若干个分支学科（或者叫二级学科），而二级学科也会不断地派生出若干个次分支学科（或者叫三级学科）等；二是学科与学科的交叉融合，产生新的交叉学科，这是学科的进步。著名语言学家伍铁平先生在《语言学是一门领先的科学》的前言中说："我们只要回想一下语言学史中对各种生物主义、物理主义、个人心理主义、社会心理主义的批评（这些批评有正确的一面），就可以证明，过去的某些学科往往只强调分门别类、互不侵犯、画地为牢；但是，现在随着学科的交叉和互相影响，仅仅在语言学领域就先后诞生了人类语言学、社会语言学、心理语言学、数理语言学（包括统计语言学、代数语言学等）、病理语言学、神经语言学、计算机语言学、发展语言学、应用语言学、认知语言学、模糊语言学、生态语言学等。"在伍先生提到的交叉学科中，已有生态语言学，而生态语言学是语言学和生态学这两个学科结合以后产生的新学科，因而必然具有交叉性的特点。

在生态语言学的研究中，人们可以运用生态学的理论、观点和方法探索世界语言系统中的语言问题，探索语言的"生态"变化及其发展情况,获取语言的生态对策,为进一步优化世界语言的生态系统而做出贡献。这样的研究不像单一的语言学内部的研究那样,仅用单一的语言学的理论、观点和方法研究语言问题。因此,生态语言学在某种程度上讲,其研究的理论和方法是开放的。

(一)同质性

生态语言学的同质性是指它与邻近学科在研究内容上具有某些共同的特点。从宏观上讲,生态语言学与人种语言学、社会语言学、文化语言学、民族语言学等学科都把语言与语言之间的关系、语言与人之间的关系、语言与社会环境之间的关系作为研究的基本内容,并着重阐述它们之间的内在规律。从微观上讲,上述学科在具体研究课题上也有一定的同质特征,如研究人类的语音、词汇、语法等方面的差异问题等。例如,社会语言学家拉波夫研究不同社会层次的人在发音上的差别和生态语言学中研究语言生态环境对语音的影响等具有很大的同质性。由于有了这样或那样的同质性,使人们感觉到这些学科似乎"你中有我,我中有你",很难将它们严格区分开来,也使人们对这些学科的独立性产生一定的犹豫。

生态语言学与人种语言学、社会语言学、文化语言学、民族语言学等都是十分关注社会、关注人类的生存环境等问题的学科,它们具有相关性甚至同质性恰好说明它们的学科性质和特点。

(二)综合性

作为一门交叉学科,生态语言学具有学科综合性特点。

首先,生态语言学综合了社会科学和自然科学的不同的研究理论和方法。语言学从性质上说,既具有社会科学属性,如语言学中有关语言符号的社会性的相关内容等,也具有自然科学的属性,如语言学中的实验语音学的相关内容等。语言学从某种程度上说,本身就具有综合性。生态学属于自然科学,它和语言学融合在一起,集中两门学科的学科优势,综合研究语言生态问题,必然产生良好的学科效应。

其次,生态语言学的学科视野广博,人文自然、古今中外等,凡是与语言生态有关的内容,生态语言学都予以密切的关注,因此,生态语言学从研究方法上讲,必然会采取多学科、多角度、综合的方法来研究各种问题,以达到一定的学术目的。

二、生态语言学的任务

生态语言学的研究对象是语言生态,其基本任务是运用生态语言学的理论和方法研究语言生态系统中的一系列问题,探讨构建良好的语言生态环境的一般规律,为人类形成和谐健康的语言生活和人类社会的生存与发展提供一定的理论和实践参考。具体地说,生态语言学的任务应该包括如下内容。

(一)研究现阶段世界上的语言在语言生态上的基本面貌

生态语言学的基本任务之一是研究现阶段世界上的语言在语言生态上的基本面貌。人类社会在不断发展,语言环境在不断改变,世界上的语言也在不断发生变化,现阶段的语言生态究竟如何,这需要通过生态语言学的研究寻找答案。从生态语言学的角度看,世界上的语言是由语言与语言构成的一个网络系统,在这个网络系统中,语言和语言之间都会发生直接或间接的联系,它们相互影响、相互作用甚至相互制约,形成世界语言的"生态链"。生态语言学就是要把构成这种"生态链"的基本规律弄清楚。

(二)研究语言与社会环境的相互作用关系

生态语言学的又一基本任务是研究语言与社会环境的相互作用关系,包括语言的发展与生态环境的关系、语言与语言之间的相互关系、人类的生态文明建设与语言生态的关系等,从这一点看,生态语言学直接服务于人类的生态文明建设,它可以为生态文明建设提供语言生态方面的理论和决策咨询服务。同时,生态语言学还要研究语言资源的开发、传承、保护和利用问题,研究世界语言的格局、语言的多样性、人的语言态度、语言运用、语言接触、语言活力、语言规划、语言濒危问题等。

第四节　生态语言学的研究方法

生态语言学是由语言学和生态学相结合而产生的一门交叉学科,所以它的研究方法具有交叉性和综合性的特征。在当代学科领域中,邻近的或类似学科的研究方法值得我们借鉴,如人类环境生态学。人类环境生态系统的研究方法是人类环境生态学研究的最重要的手段和方法,包括研究人类环境生态系统中的人类与环境生态相互作用的诸多因果关系、连锁反馈关系、多维空间的生态流关系,利用复杂的生态系统参数建立生态系统的自组织动力学模型等,为人类社会与环境生态系统的和谐发展进行环境生态建设提供科学方法和理论依据。

一、系统法

系统法把人类的语言看作一个有序的系统,不同的语言都处在这个系统中的恰当的位置上发挥自己的功能,行使自己的职责,这是语言生态系统的自然天成的一种面貌。但是在现实社会中这种自然天成的面貌往往会被打乱,也就是说,这个"系统"往往会出现不平衡或失调情况,这种情况通过系统的方法,从整体上寻找人类语言生态系统中的问题,不失为一种有效的途径。

从语言的宏观层次上看,世界上的语言本身是一个大系统。因此运用系统的方法研究世界语言生态是值得提倡的。荷兰学者斯旺所著《世界上的语言——全球语言系统》一书运用的就是这种方法。斯旺说:"全球语言系统是'世界系统'(world system)的重要组成部分,世界人口可归入近两百个国家,纳入由各种国家组织构成的网络,这是世界系统的政治层面;一连串的市场和公司担负着调节功能,这是经济层面;在无所不容的全球文化层面,电子媒体起着联系作用;人与自然一起新陈代谢,又构成了全球生态系统。全球人类社会(global human society)这个概念的确构成了一个世界规模的系统,近年来再度引起很多关注。不过,人类因语言众多而分隔开来,又由操多语者交错构成的体系连为一体,还构成了一个自成一体的语群(language constellation),成为世界系统的又一层面。这一层面尚未引起注意,但一经指出,又似乎显而易见。"这一段话集中反映了斯旺分析"世界系统"的系统观。

从语言的微观层次上看,语言本身是一个系统,语音、词汇、语法等是这个系统中的分系统,语言系统中的各个分系统都会在一定的语言生态环境中形成自身的特点,也会因为语言生态环境的变化而发生变化,如语言系统中的语音、词汇、语法等在历时状态下的变化和在共时状态下的变化,都跟语言生态环境有关。语言学史上的一些经典著作,都是善于进行系统分析的佳作,如瑞士著名语言学家索绪尔在《普通语言学教程》中开宗明义地指出:"语言是一个表达观念的符号系统",索绪尔比较重视语言的内部系统。他说:"语言是一个系统,它只知道自己固有的秩序。把它跟国际象棋相比,将更可以感觉到这一点。在这里,要区分什么是外部的,什么是内部的,是比较容易的:国际象棋由波斯传到欧洲,这是外部的事实,反之,一切与系统和规则有关的都是内部的。例如,把木头的棋子换成象牙的棋子,这种改变对于系统是无关紧要的;但是假如减少或增多了棋子的数目,那么这种改变就会深深影响到'棋法'。不错,要做出这种区别需要一定的注意。例如,在任何情况下,人们都会提出有关现象的性质问题,而要解决这个问题,我们必须遵守这条规则:一切在任何程度上改变了系统的,都是内部的。"

索绪尔的这段话能够帮助人们认识语言的内部系统,在考察语言的发展、变化时,注意从内部系统方面对语言进行科学的分析、研究。

二、比较法

法国著名语言学家 A. 梅耶说："比较研究是语言学家用来建立语言史唯一有效的工具。我们要观察的是变化的结果,而不是变化本身。所以只有把这些结果结合起来才能追溯语言的发展。"比较的研究方法可以运用到生态语言学的研究之中。

由于语言生态涉及的因素很多,如语言功能、语言关系、语言态度、语言接触、语言政策、语言规划、语言教育等,因此,对这些因素的不同及其对语言生态的不同影响进行比较研究,就可以弄清语言生态的不同情况。例如,对语言功能的比较,语言功能是语言的本质所在,它主要体现在语言的社会交际功能、语言使用人口、分布地域以及在国际上的地位等方面,不同的语言在这些方面的情形是不同的。如果一种语言在这些方面发生变化,就会引起语言生态的变化,因此跟踪语言功能的变化,并进行变化前后的比较研究是非常有效的方法。

再如,要认清语言政策对语言生态的影响,既可以进行不同国家语言政策的比较,通过比较说明制定什么样的语言政策会给语言生态带来什么样的影响,也可以通过一个国家的语言政策在不同历史时期的不同内容的比较,弄清其和语言生态之间的关系。

生态语言学中的比较方法的运用,有共时的比较,如不同国家、民族和地区不同生态环境的比较,不同国家、民族和地区语言关系、语言态度、语言接触、语言政策、语言规划、语言教育等的比较,不同语言的功能的比较等,也有历时的比较,如一种语言的生态环境在不同历史时期的发展和变化方面的比较。无论是共时的比较,还是历时的比较,其都是为了语言生态及其发展变化的一般规律。

第五节　生态语言学的学科设立问题

随着社会的发展、科学的进步和学术的繁荣,当今学科园地里,新的学科不断产生,这是一种趋势。生态语言学作为一门学科的术语,20 世纪 70 年代就有学者提出,且有不少这方面的论著问世。然而对于这门学科的设立问题,学术界还没有强烈的呼唤之声。

一、是否单独设立生态语言学这门学科

要不要单独设立生态语言学这门学科? 回答是肯定的。主要有如下理由。

第一,单独设立生态语言学学科是社会发展对学术研究提出的要求。人类社会的发展,尤其是当代社会的发展,对人类的生态环境有着极大的影响,这种影响既有积极的一面,也有消极的一面。如人类不断利用自然、改造自然、开发自然,为自己服务,这使人类的生活更加具有现代化的特色,同时也造成自然生态环境遭到破坏,自然资源减少甚至枯竭,即生态语言学家所担忧的"生态危机"。从语言的角度来看,当今社会人类同住地球村,人们对语言交际的要求更高了,场合变多了,领域拓展了,频率增加了,各种不同的语言相互接触、相互影响,语言关系也发生了极大的变化,出现了所谓的强势语言、弱势语言,语言的原生态受到冲击,加上不同国家、民族的语言政策、语言态度、语言制度、语言选择等的不同,这些问题的解决需要有一门学科从语言生态的角度进行专门的研究。生态语言学就是适应当今社会发展需求而产生的一门学科。

第二,单独设立生态语言学学科是学科发展的趋势。学科的发展,有"合"有"分","合"是指不同的学科相融合,会产生新的交叉学科、边缘学科,"分"是指一门学科,随着研究的不断深入和拓

展,会不断地开发出新的分支学科。生态语言学既是"合"的产物,也是"分"的成品。在语言学领域,人类语言学、社会语言学、文化语言学等都不同程度地关注语言生态问题,然而,随着世界语言系统发生变化和人类生态文明建设的全面推进,语言生态问题越来越突出,语言学界关心语言生态问题、研究语言生态问题的学者也会越来越多,生态语言学作为一门新学科也会在语言学学科群中崛起,这是学科发展的基本走向。

第三,单独设立生态语言学学科是中外学者的共同愿望。虽然在学术界正式提出单独设立生态语言学这一学科的时间不长,但从以往的人类语言学、人种语言学、社会语言学等学科中,学者们或多或少地涉及语言生态问题,且对语言生态问题抱有浓厚的学术兴趣,所以当豪根提出生态语言学以后,学术界有关它的话题也就多了起来,不少学者呼吁建立这一学科,发表了不少相关论著。有的学者更是长期执着地研究语言生态问题。

二、设立于哪一个大学科之下

考虑到这门新兴学科的特殊性,将其置于语言学学科内,成为与社会语言学等并列的学科。这里也有几点理由。

第一,以往一些交叉学科(如人类语言学、社会语言学、文化语言学等)的成功经验。

人类语言学是人类学和语言学相结合而形成的交叉学科,在欧美的一些国家里,人类语言学取得了巨大的成就,如美国由人类学家和语言学家组成的调查和抢救印第安语的活动,将人类学和语言学的研究理论和方法融于一体,使当时濒于灭绝的印第安部落和印第安语得以保存下来,也产生了一批著名的人类语言学家,如鲍阿斯(Boas)、萨丕尔等。

社会语言学是研究语言与社会关系的一门学科,着重从语言和社会的"共变"这个角度探讨问题,走出了语言学从单纯研究语言内部结构形式的圈子,凸显了语言学的社会责任感和实际应用价值,产生了广泛的学术影响,出现了拉波夫等杰出的社会语言学家。

文化语言学将语言学和文化学结合起来研究语言和文化问题,更显现出交叉学科旺盛的生命力和良好的学科发展前景。仅以我国的文化语言学研究情况为例。20 世纪 80 年代以来,我国的文化语言学成果丰硕,出现了三个流派,即文化参照派、文化认同派、社会学派,即在文化语言学的研究上从三个方面进行探索,产生了一批有代表性的著作。

第二,进一步彰显当代语言研究的特色。从语言研究的历史看,不同的历史时期语言研究具有不同的特点,王力先生的《中国语言学史》对中国古代不同时期语言研究的特点,做了简洁、准确的概括。当代语言研究的一个显著特色就是学科的互相交叉渗透,这一点,卫志强先生的《当代跨学科语言学》一书中论述得十分清楚,该书"绪论"的标题即"语言学在诸学科的交叉渗透中发展"。生态语言学作为一门交叉学科体现了当代学科研究的基本特色。

第六节　生态语言学与相关学科

在当今的社会科学中,由生态学和其他学科交叉结合产生了很多新的学科,有的是将生态放在前面,有的是将生态放在后面。不管"生态"一词是在前还是在后,其学科的交叉性和相融性是显而易见的。

一、生态语言学与社会科学

将生态学和社会科学结合起来进行研究,是一条通畅的大道。语言学的邻近学科,文艺学、美学、文学等都在这方面取得了很大的成绩,出版了一系列有价值的论著,这些学科的经验可以给生态语言学提供借鉴。下面以由生态学与美学相融合而形成的生态美学和生态语言学为例加以论证。

第一,生态语言学和生态美学有很多共同话题。生态语言学或生态语言学和生态美学有很多共同的话题,语言的生态美是生态美学研究的基本内容之一。语言的生态美表现为语言与外部诸因素之间的和谐之美以及语言内部各要素之间的和谐之美。从外部看,语言的和谐之美包括:语言与语言之间的生态和谐之美,民族共同语与方言之间的生态和谐之美,语言与语言使用者之间的生态和谐之美,语言与社会之间的生态和谐之美等。语言与语言之间的生态和谐之美体现为按照语言的生态功能各种语言均发挥着自身固有的作用,一种语言同另一种语言在语言尊严和语言权利上是平等的,不应出现任何不平等现象,人们对待各种语言的态度是一视同仁的。无论是联合国的工作语言,还是某一区域里的区域语言,无论是某一国家的官方语言,还是某个民族的民族语言,它们都在语言的"生态环境"中生存并使用着。这种情形和自然界的各种生物一样,各自适应着自己的生态环境,它们共生共长,协同发展。生态美学可以从这种共生共长、协同发展的自然生态环境和语言生态环境中发现美的存在,寻找美与自然、美与语言之间的内在联系。

第二,生态语言学和生态美学在研究理论、方法上可以互补。生态美学可以借鉴语言学的研究理论和方法,为自己的学科建设和学术研究服务。我们认为不管什么学科,在研究理论和方法上都应该有效及时地借鉴或吸收别的学科中有用的理论和方法,为己所用。美学和语言学(尤其是生态美学和生态语言学)是关系密切的学科,它们之间在研究理论和方法上可以"互补",可以融会贯通,相得益彰。

当代一些新兴的语言学科,在理论和方法上也可以给我们研究生态美学提供参考,如社会语言学中的"变异论""适应论""分层论"等,都是适用范围广、作用大、效果好的理论。例如,"分层论"就是语言生态观念的体现,符合生态语言学的一般原理,也符合自然生态学的一般原理,因为自然生态环境中的各类生物同样是处在不同的生存层次上的。研究生态美学的学者运用"分层论"也取得了很大的成绩。这些足以说明,借鉴语言学中结构主义的理论和方法以及其他新兴学科的理论和方法,研究别的学科是可以获得成功的。我们研究生态美学时也可以根据需要,恰当地运用语言学中的行之有效的理论和方法。

第三,生态美学对生态语言学的启示。语言学也应该从美学中吸取营养充实自己。从语言学和美学的两个分支学科——生态美学和生态语言学(生态语言学)看,生态美学可以给予生态语言学很多启示。生态美学根植于人类社会的大环境中,将学科的目光投向人类的生存和发展上,给学科带来了广阔的发展前景,这种学科理念值得生态语言学学习。关注现阶段的语言生态问题,如语言与语言的不平等关系、语言濒危、语言污染、语言权利受到伤害、语码混用、缺乏语言规范意识等问题,应是生态语言学亟待研究并解决的问题。另外,生态美学在学科建设、学术研究、学术队伍等方面所取得的成就,也给生态语言学提供了宝贵的可供借鉴的经验。

二、生态语言学与自然科学

生态语言学和自然科学也有一定的联系。

首先,生态学中一些原理、研究方法等可以直接应用于生态语言学,如关于生态平衡的理论、生态对策的理论、生态价(生态值、生态可塑性)、生态位等,都对生态语言学的研究富有重要的参考和实用价值。

其次,由于生态学本身是自然科学,作为生态学和语言学的交叉学科,生态语言学必然与自然科学中的其他学科有联系,自然科学中的其他学科的理论和方法也可以广泛地吸纳到生态语言学中。例如,生物遗传学中的"遗传和变异"理论、"协同进化"理论、"物竞天择、适者生存"理论等,都可以运用到生态语言学中来。

最后,语言学中有很多分支学科具有自然科学的属性,这就使得生态语言学更和自然科学结下了不解之缘。例如,生态语言学要研究语言的生态环境,这就和环境科学、生物科学结合在一起了;生态语言学要研究人类语言的发展和变异,这就和遗传学等联系起来了;生态语言学要研究不同的人群、人种的语言使用情况,也会运用数理统计、定量分析和生物学上的系统分类、变异观察等自然科学的分析方法。

第三章　生态翻译学理论概述

生态翻译学是一种从生态视角与翻译相结合的研究范式,其立足于翻译生态与自然生态的同构隐喻,将生态整体主义作为理念,将东方生态智慧作为依归,将适应/选择理论作为基石,是一项系统探究翻译生态、文本生态与翻译全裸生态及相互关系的跨学科研究。本章从背景、起源、发展、研究对象、研究方法、"生态范式"、理论基础、生态理性、伦理原则、理论应用这些层面来探讨生态翻译学的基础理论。

第一节　生态翻译学的背景、起源与发展

一、生态翻译学的产生背景

(一)全球视野的生态思潮

任何一种理念的提出,都有其深刻的时代背景和社会思潮。生态翻译学的发生与发展,与时代社会和学术发展的方向是相符合的。

首先,它是经济社会转型在译学研究方面的一种反应。众所周知,自 20 世纪 60 年代以来,人类社会逐步开始由工业文明到生态文明的转型。1962 年,美国海洋生物学家雷切尔·卡森(Rachel Carson)发表了著名的《寂静的春天》(*Silent Spring*),以人类破坏自然的雄辩事实说明人类处于生存发展的转折点上。1972 年,联合国召开环境会议,发布了著名的《人类环境宣言》,将保护自然环境提到全人类关注的高度。1987 年,在联合国环境与

发展委员会召开的环境会议上发布了《我们共同的未来》(Our Common Future)。中国也在 20 世纪 70 年代开始重视生态环境问题。此后接连提出可持续发展方针与科学发展观,并于最近提出"人类文明正处于由工业文明到生态文明的过渡"的重要观点。在这样的背景之下,将长期被忽视的"生态"维度引入包括翻译学在内的不同研究领域就是顺应时代发展的具体体现。

其次,生态思潮又是现代思想与哲学转型的必然结果。20 世纪以来,在思想与哲学领域也发生了由主客二分到主体间性、由人类中心到生态整体的转型。1967 年,法国哲学家雅·德里 (Jacques Derrida) 提出了"中心"既可在结构之内又可在结构之外、这样"中心也就并非中心"的重要观点。1973 年,挪威著名生态哲学家阿伦·奈斯(Ame Naess)提出了"深层次生态学"(Deep Ecology)的理论,将生态学发展到哲学与伦理学领域,并提出生态自我、生态平等与生态共生等重要生态哲学理念。1995 年,美国生态哲学家戴维·格里芬(David Griffin)提出了"生态存在"(eco-existence)的重要理念,表明生态存在论哲学正式问世。

以上发展说明,当代哲学所面对的,是由认识论到存在论、由人类中心到生态整体的转向,可以看出正是这样的哲学转向,拓展了翻译研究者从"翻译生态"视角综观翻译活动的视野和思路,促使生态翻译学的研究路径应运而生。

(二)生态维度的学科发展

全球性的"返璞归真""回归自然"的大趋势,使得越来越多的人崇尚生态食品、生态家居、生态旅游,以及健康平衡的生态环境等。而随着生态学成为一种科学的思维方法,"生态"二字有了更深的含义,更广泛的群众基础。生态建设、生态工程、生态恢复、生态文化、生态建筑、生态城市、生态林、生态政治、生态运动等。"生态"几乎成了近年来国内外报刊媒体、政府文件乃至街谈巷议中出现频率最高的词汇之一。

在学术界,环境主义已超越了科学、地理、社会科学的疆界而进入了人文领域。人们正"努力地将对文化的关注转向更加广阔的生存环境"。在这样的发展趋势之下,具有生态学性质的各类学科研究已如雨后春笋般地出现。除了众多学科如生态批评学、生态美学、生态文艺学、生态政治学、生态神学、生态哲学、生态图书馆学、生态马克思主义、生态城市学、生态社会经济学等学科之外,单是与翻译研究关系较为密切的语言学科的研究就有环境语言学、绿色语法、语言环境学与环境语言学、生态词汇学、语言与生态研究、语言习得生态学、语言演变生态学、语言多样性与生物多样性研究等。

既然包括语言学、文化学、文艺学等在内的人文社会科学研究都引入了生态学的理念,而且也都开展了相应的"交叉学科"或"跨学科"的研究,那么作为具有很强"跨学科"性质的翻译学能否尝试进行相关研究呢?这种启示的"压力"和探索的欲望也成为生态翻译学初期开始研究时的一种"动力"。

(三)生态术语的翻译研究

全球性的生态理论热潮中,国际翻译界从"生态""环境""生存""适应""选择"等生态视角或运用生态学术语描述翻译活动的相关研究大有人在,相关研究在翻译文献里日渐增多。

彼得·纽马克(Peter Newmark)1988 年将翻译过程中的文化介入分为五大类,其中第一大类就是借用了"生态学"的翻译特征。戴维·卡坦(David Katan)则于 1999 年对翻译生态文化的分类进一步明确和细化,提出了翻译的"环境"还包括物理环境、政治环境、气候、空间、所构建的环境、服饰、食品、嗅觉以及临时场景等。① 米歇尔·克罗尼恩(Michael Cronin)在《翻译与全球化》(*Translation and Globalization*)一书中提出要关注语种"翻译的生态"(ecology of translation)的问题,呼吁在不同语种的翻译之

---

① Katan,David. *Translating Cultures*[M]. Manchester:St. Jerome Publishing,1999:45-52.

间要保持"健康平衡"。① 乔治·斯坦纳(George Steiner)曾将翻译理论分成"普适"(universalist)理论的和"局部"(relativist)理论两大类,并认为这种分法类似于人类的两种基本的处理方式,即整体环境适应与局部环境适应问题。②

在国内,生态视角的翻译研究和论述虽不多,但近年来也不断有人借用"翻译生态"的术语来谈论翻译质量、翻译理论以及翻译行业发展问题。中国三峡出版社还出版了《翻译生态学》一书,尽管该书里关于生态学的研究内容罗列较多,而且作者本人也把"翻译生态学"归类为生态学的一个分支研究,但在一定程度上也说明关注生态视角研究的学者在不断增多。

上述翻译学者在其研究和描述中,大都采用"喻指"或"实指"的方式,使用了典型的生态学意义上的"生态""环境""生存""适应"乃至"翻译的生态"等术语和概念,从一个侧面表明了运用"生态术语"的翻译研究,已被译界不少学者所接受。可以看出,上述这些研究,尽管还只是运用了生态学方面的相关术语,也还只是在于表层,但也为生态翻译学研究铺平了道路,为进一步的相关研究奠定了基础。

二、生态翻译学的起源与发展

(一)生态翻译学的起源

"生态翻译学"孕育于 21 世纪初的中国香港。自开埠以来,香港一直为中西文化的集散地,扮演着沟通桥梁的角色。中西交汇的地利优势使得香港地区的翻译活动相对集中,翻译思想十分活跃。香港浸会大学的翻译学研究中心自 2001 年以来一直坚持每月定期举办一次翻译研讨会,旨在提供一个平台鼓励翻译学界研究生、研究生导师以及其他学者交流,以期翻译知识与翻译理

---

① Phillipson,Robert. Book Review[J]. *Language Policy*,2006(5):231.

② Lance,H. & M. Jacky. *Redefining Translation:The Variational Approach*[M]. London and New York:Routledge,1991:34.

论的探讨更趋蓬勃。该校的翻译研讨会得到国内外翻译名家、学者和研究生的支持,至今已举办100多期。

来自香港岭南大学、城市大学、理工大学、中文大学以及香港政府机构的50多位翻译学者、研究生导师、翻译学博士、硕士研究生等参加了研讨交流。与会者对这一新视角的翻译研究表现出极大的关注和兴趣,会上会下都进行了热烈的争辩和讨论。

接着,同年12月6日一篇题为"翻译适应选择论初探"的论文又在国际译联第三届亚洲翻译家论坛上宣读。这篇论文从适应与选择的角度重新定义了翻译,阐述了译者适应和译者选择之间的关系,并对翻译的过程、翻译的原则、翻译的方法等从适应选择的视角做出新的描述,初步形成了翻译适应选择论的基本框架。可以看出,该文对翻译活动中译者适应翻译生态环境并对译文做出选择的探讨,为更系统地构建翻译适应选择论铺平了道路,因而也为生态翻译学的发展奠定了基础。

继上述论文2002年在香港《翻译季刊》刊载后,专题英文论文也随即在国际期刊发表,作为论文的结论,作者将该项系统的理论研究明确地定位为"一种生态学的翻译研究途径"。

可见,无论在国内或是在国外,从生态学视角系统地开展翻译研究此前未见有报道,因此2001年在中国香港起步的上述研究标志着生态学途径的翻译研究的开端。

(二)生态翻译学的发展

1. 循序渐进的积累传播

研究成果的交流和学术思想的传播,对于任何领域研究和学科发展来说都是一个渐进的过程,也是一个必然的阶段。国际学术界因此流行这样一句英文:"Publish, or perish."作者将其译为:要么发表,要么出局。生态翻译学发展的情形也是如此。

总体来看,发表文章、出版著作、讲学讨论及会议交流等是生态翻译学研究成果交流和学术思想传播的主要渠道。

中国古代有"不一则不专,不专则不成"之说。生态翻译学在研究成果交流和学术思想传播方面所追求的也是"专一",即专题研究、专题论文、专题推出、专题交流。

在研究论文的发表方面,态翻译学的研究人员先后在不同刊物上专题发表了"换个视角看翻译""翻译适应选择论的哲学理据""从译者'主体'到译者'中心'""生态翻译学解读"等。

在专题著作和相关文集的出版方面,上海外语教育出版社陆续出版了《翻译与跨文化交流:转向与拓展》《翻译与跨文化交流:整合与创新》《翻译与跨文化交流:积淀与视角》等。一些有关生态翻译学的专题论文如"翻译适应选择论再思""从'关联序链'看译学研究视野的'生态转向'"等也都尽收其中。

在海内外讲学活动和参加多种学术会议,这也是生态翻译学研究成果交流和学术思想传播的主要形式之一。生态翻译学的主要研究人员先后赴英国、印度尼西亚、比利时等国家讲学交流;陆续参加了在翻译学界比较有影响的"话语与翻译国际研讨会""翻译全球文化:走向跨学科的理论构建国际会议""傅雷与翻译国际研讨会""全国翻译的本质和方法论研讨会"等专题研究论文还被安排为大会主旨报告。

值得一提的是,始于2005年的"海峡'两岸四地'翻译与跨文化交流研讨会",该会的历届会议都把"语言、文化、社会和翻译生态环境研究"列为会议议题,呼吁各地专家学者撰文,探讨交流与生态翻译学相关的议题。

此外,除了国际期刊发表论文和在国内外会议上宣读论文之外,国家之间其他形式的交流与合作也逐步纳入了生态翻译学研究者的视野。

上述这些包括研究论文的发表、著作文集的出版,以及各种讲学和会议交流等在内的多种渠道和活动,对生态翻译学研究成果的交流和学术思想的传播起到了积极的推动作用,不仅扩大了在海内外的影响,受到了同行学者的关注和兴趣,而且也相应地扩大了生态翻译学的应用研究。然而,生态翻译学研究本身还需要深化,还在致力于谋求新的突破。

2.持续不断的关注应用

没有生命力的理论行之不远,而理论的生命和活力又在于人们持续不断的关注与应用。这种判断和追求,可以说对任何领域的研究或任何学科的发展都是一样的。

十余年来,从翻译适应选择论发展起来的生态翻译学,没有自生自"灭",没有淘汰"出局",表明其自身也在遵循"适者生存""强者长存"的自然法则。诚如杨平、许钧(2012)所指出的那样:"生态翻译学的存在已经是一个客观事实,而它存在的客观事实本身也表明了它的价值。"[①]它的稳步发展,归根结底有赖于翻译学界持续不断的关注支持和越来越多的理论应用。

对于生态翻译学来说,学界的关注和应用是多方面的,除发表论文、出版著作、相关研究或列入会议议题或安排大会主旨发言之外,主要还体现在以下两个方面。

(1)生态翻译学的早期著作和研究成果问世之后,连续受到海内外翻译学界多方面的评论。据不完全统计,《翻译适应选择论》一书2004年下半年正式出版后,已连年有超过十篇的专题评论正式发表。例如,杨自俭的译学理论研究的一个新视角——《翻译适应选择论》,刘云虹、许钧的一部具有探索精神的译学新著——《翻译适应选择论》,胡功泽的一个"转向译者"的理论——《翻译适应选择论》,宋志平的一部创新之作——《翻译适应选择论》等。同时,为使翻译适应选择论暨生态翻译学进一步完善和发展,也相继出现了对相关理论视点和描述的再思或异议。发表的商榷文章以及相关的学位论文包括"对翻译适应选择论的探讨和个案研究""翻译适应选择论的批判性研究""胡庚申翻译适应选择论研究"等,也都从一个侧面表现出翻译研究学者对生态翻

---

① 转引自胡庚申.生态翻译学:建构与诠释[M].北京:商务印书馆,2013:63.

译学发展的关注、鞭策和促进。上述这些中肯的书评和相关评论,表明了译界学人对翻译适应选择论暨生态翻译学研究的关注,在学术界产生了显著的影响。可以说,他们见证了生态翻译学研究的呱呱坠地及其早期研究,既是对生态翻译学研究的肯定和支持,同时这种关注、肯定和支持,当然也包括一些善意的提醒、质疑和批评等,反过来又成为生态翻译学持续研究和发展的一个重要动因。

(2)全国已有约百所高校整体地运用生态翻译学的理论来指导研究生完成学位论文。这一点也是生态翻译学研究者们所最为看重的。据粗略地检索《中国优秀博硕士学位论文全文数据库》、CNKI、百度等网站资源,已查到有安徽师范大学、清华大学、广东外语外贸大学、江苏大学、四川大学、北京外国语大学、暨南大学、华中师范大学、长沙理工大学、天津外国语学院、苏州大学、上海海事大学等高校外语院系的硕士、博士研究生,他们以翻译适应选择论暨生态翻译学作为整体的理论框架完成了学位论文,还有一些被认定为"优秀"学位论文。应该说明的是,上面提到的高校和研究生的学位论文,还不包括正在运用生态翻译学作为理论指导但尚未完成的学位论文。如果包括尚没有登录上网的学位论文;或者,如果再包括那些在各种期刊上发表的、引用过生态翻译学相关理论观点的研究论文,我们相信其数量会更大,应用范围会更广。

第二节　生态翻译学的研究对象与方法

一、生态翻译学的研究对象

(一)翻译生态("译境")

生态环境,即由生态关系组成的环境,指影响人类与生物生存和发展的一切外界条件的总和。而翻译生态是指翻译主体之间及其与外界环境的相互联系、相互作用的状态。也就是说,翻译生态是翻译主体在其周围环境的生存和工作状态。

翻译生态环境可定义为:影响翻译主体生存和发展的一切外界条件的总和。这里的主体是广义的,即参与翻译活动的一切生命体,包括原文作者、译者、读者、翻译发起人、赞助人、出版商、营销商、编辑等,即"翻译群落"。而外界环境可包括与翻译活动有关的自然经济环境、语言文化环境、社会政治环境等。翻译生态环境由各要素交织而成,是翻译活动发生、存在、发展的各种自然的、人文的因素的总和。

当谈到翻译生态的时候,我们往往指的是翻译主体在其周围环境的生存和工作状态的"整体"。而当谈到翻译生态环境的时候,我们往往指的是与翻译相关的多种外界因素的"集合",在这一点上,翻译生态环境与翻译生态有同义、通用之处;但区别在于,翻译生态所指重在"整体""整合"的状态,而翻译生态环境则重在"众多""具体"的环境元素。

翻译生态和翻译环境以一个整体的形态存在。译者在特定的生态环境中起作用,受其他翻译主体的牵制。译文必须遵守译入语文化规范或社会政治权力的制约。翻译生态环境对任何翻译主体都是一个统一体,不可超脱,不可逾越,只能顺应。人为地破坏翻译生态环境的序列和翻译环境的秩序,如片面追求个人或小集团利益,雇用"枪手",大肆"改写"、抄摘名著名译,漠视严格审校制度,违背翻译伦理,就破坏了翻译生态环境的整体要求。

翻译的生态环境是有层次的,可分为宏观、中观和微观。以上讨论的主要是宏观的"大环境"或是一般环境。从宏观上看,不同国家有不同的社会政治制度和语言政策,不同语言集团有不同的翻译政策。从中观上看,即使在同一国家,从事文学翻译的与从事应用翻译的,翻译生态环境也不完全相同。从微观上看,翻译研究本身的内部结构,如理论、应用、批评、历史等。再往细处说,不同个体的翻译生态环境又包含种种差异。

特别说明的是，"翻译生态环境"与"语境"在基本概念、所指、范围以及视角等方面均有不同。"语境，就是使用语言的环境。"语境是以使用语言为参照，不包含语言本身或语言使用。而"翻译生态环境"构成的要素包含了源语、原文和译语系统，是译者和译文生存状态的总体环境，它既是制约译者最佳适应和优化选择的多种因素的集合，又是译者多维度适应与适应性选择的前提和依据。特别是根据"自然选择"的基本原理，译者在翻译过程中的第二个操作阶段里，是在接受了翻译生态环境选择的前提下，又转过来以翻译生态环境的"身份"实施对最终行文的选择，而"语境"则无此特定的功能。因此，"翻译生态环境"的概念的内涵和外延都要比翻译的"语境"更拓展一些、更宽泛一些。可以说，翻译生态环境是把翻译看作整体的"翻译生态系统"，并以此为视角对翻译行为进行综观和解读。

翻译生态环境是生态翻译学的一个关键术语。由于生态翻译学的早期研究将翻译描述为译者适应翻译生态环境对文本进行移植的选择活动，翻译过程即译者的适应与译者的选择，因此这里的"翻译生态环境"指的是原文、源语和译语所呈现的"世界"，即语言、交际、文化、社会以及作者、读者、委托者等（即"翻译群落"）互联互动的"整体"。翻译生态环境是制约译者最佳适应和优化选择的多种因素的"集合"。这里的"世界""整体""集合"等指的就是与翻译有关的生态环境的"总和"。因此，翻译生态环境既有大环境、中环境、小环境的不同，又有外部环境与内部环境的区别；既包括客体环境（如原文本、译本、文体功能、翻译策略、翻译规约等）与主体环境（如译者、作者、读者、出版商、洽谈商、审稿人等），又包括物质环境与精神环境等。

可以这么说，对于翻译而言，译者以外的一切都可以看作翻译的生态环境；同时，每位译者又都是"他者"翻译生态环境的组成部分。生态系统的复杂性体现在生态系统多维度、多层次的内嵌性，即整体的大系统之下有子系统，子系统之下又有子子系统，从而形成纵向无限可分、横向互为环境的翻译生态体系。

（二）文本生态（"译本"）

所谓文本生态，即文本的生态环境与文本的生命状态。用生态翻译学的术语来说，源语是一个文本生态系统，译语是另一个文本生态系统。源语的文本生态系统涉及源语系统里的语言生态、文化生态、交际生态等；译语的文本生态系统涉及译语系统里的语言生态、文化生态、交际生态等。

语言生态、文化生态和交际生态均有大小之分。大的语言生态可以指大语种和小语种及濒临灭绝的语种的和谐共存；小的语言生态可以指一个翻译文本内各语言要素之间的和谐关系。大的文化生态可以指优势文化和弱势文化及濒临灭绝的文化的和谐共存；小的文化生态可以指一个翻译文本内多种文化要素之间的和谐关系。大的交际生态可以指国家间交往和区域间交流及个体间交际的关联与交集；小的交际生态可以指一个翻译文内交际意图和交际行为的互动关系。

生态翻译学以"文本生态"为研究对象，探讨源语文本生态系统与译语文本生态系统的特征与差异，考察源语生态与译语生态在移植、转换过程中的规律和机制，研究译本的生存的状态、"短命"或长存的原因以及寻求译本生存和长存之道，从而为翻译策略选择和解读文本的"可译性"或"不可译性"提供新的生态视角和理论依据，最大限度地发挥翻译的效能和发掘译本的价值。

（三）"翻译群落"生态（"译者"）

所谓"翻译群落"，指的是与特定翻译活动的发生、发展、操作、结果、功能、效果等彼此影响相互作用的、与翻译活动相关的"诸者"的集合体。换句话说，指的就是翻译活动中涉及的"诸者"，即"人"，包括原文作者、译文读者、译品评论者、译文审查者、译著出版者、营销者、译事赞助者或委托者等，当然是以译者为代表。

由于以译者为代表的"翻译群落"的思维方式、教育背景、兴趣爱好、翻译理念、审美标准、实践经验等不同；又由于翻译文本类型、读者需求、接受文化、流通渠道、规范环境等的差异，这些主客观因素的不同和内外部环境的差异，必然会造成"翻译群落"主体的不同的适应与选择，他们必须动态地调整自己，平等地对话协商，以适应和培育整体的翻译生态环境。同时，翻译的各个生态系统之间也必须相互适应，以便能有效地互动共进。将以译者为代表的"翻译群落"作为整体加以观照，这是翻译生态系统具有的整体、关联、动态、平衡的"生态理性"所使然，也是生态翻译学研究重视译者、重视"人"的因素的一个特色和优势。

二、生态翻译学的研究方法

（一）学科交叉

由于生态翻译学是翻译学与生态学的跨界研究，因此这一特征使得以学科交叉的方法开展生态翻译学研究，既是独特的，又是必然的。这种学科交叉的研究方法，也可称为跨学科的研究方法。而运用跨学科的方法研究生态翻译学，不仅符合现代科学研究的学术规范和趋势，而且也更符合翻译研究本身"跨学科性"的基本特征。

总体上讲，翻译研究的生态学视角研究，就是借鉴和利用生态学的科学原理、生态理念、研究成果、研究方法等，从生态视角对翻译活动进行整体性的综观和描述。事实上，本书关于生态翻译学理论话语体系的建构和诠释，既可以视为将翻译学与生态学进行科学交叉、有机融合的一种"科际"研究的具体实践，也可以视为实现"文理交汇"、运用跨学科方法进行翻译学研究的一个具体例证。

（二）相似类比

"相似类比"是生态翻译学研究的重要研究方法之一。运用相似类比方法的可行性在于，翻译生态与自然生态之间必然存在某种程度的关联、类似和同构。研究表明,翻译生态与自然生态在许多方面的类似性相当显著。

第一,生态学强调生态环境与生物体相互影响、相互作用;而翻译生态也是这样。翻译生态系统内各相关利益者之间都存在着内在的双向互动联系和重叠交叉现象,这使翻译生态系统构成了一个极其复杂的整体,并使不同翻译生态系统之间相互影响和互动。

第二,在自然界中,生物与生物之间、生物与生存环境之间通过相互作用而形成一定的生态平衡;翻译生态也是如此。由于以译者为代表的"翻译群落"的思维方式、教育背景、兴趣爱好、翻译理念、审美标准、实践经验等不同,又由于翻译文本类型、读者需求、接受文化、流通渠道、规范环境等的差异,这些主客观、内外部环境的不同和差异必然会造成"翻译群落"主体的不同的适应与选择,他们必须动态地调整自己,以适应整体翻译生态环境。同时,翻译也是一个复杂的生态系统,自然生态中的平衡性特征在翻译生态系统中也同样是具备的。

第三,互利共生是一种生物间的互惠关系,通常存在于不同种类的两个体之间。在自然生态中,人类有意识的、有目的的活动可以对自然环境中的生态关系起着促进、抑制、改造和重建的作用。在翻译生态中,以译者为代表的"翻译群落"的有意识的、有目的的活动也同样可以对翻译生态环境发挥着促进、抑制、改造和重建的作用。

第四,两个生态体系中都有类似的适用原则。如在自然生态中,竞争排斥原则是适用的:当两个物种对同一种资源和空间的利用越相似,其生态重叠越多,竞争就越激烈;在翻译学界也有类似的情形,如不同体裁译品的评价标准也有不同,相互之间的可比度较小;但同类题材译品的可比度就会增大,竞争也自然会加剧。近年来翻译服务行业愈趋职业化、商品化,翻译同业间的竞争亦越加激烈就是一个证明。

第五,两个生态体系存在着类似的现象,又有着类似的运作方式。例如,在自然生态中有着"无数而美妙的相互适应";"生物变异是因环境的影响而发生的"。而在翻译生态里,翻译过程中也存在大量"适应""选择""生存""淘汰"现象。翻译过程中译者的适应性优化选择,可以说已经是一种有意识的或无意识的译者行为。翻译是一连串优化选择的决定,译文则是译者适应翻译生态环境的选择结果。最后,两个生态体系中都涉及"人",都涉及"人"的行为,其中的类似性和共性更是不言而喻了。

综上所述,翻译生态与自然生态之间的类似性是显而易见的。这些既表明自然生态与翻译生态之间必然有相似的规律可循。反过来也表明,适用于自然生态的某些规律也同样会适用于翻译生态;同时,自然生态与翻译生态之间的类似性,也为运用相似类比的方法开展翻译生态研究提供了基础和理据。

(三)概念移植

既然在生态翻译学研究中运用"相似类比"的方法是可行的,有理据的,那么,作为生态翻译学研究的另一个重要研究方法,"概念移植"也就顺理成章了。这里的生态概念移植可以包括多个层面,既可以是生态概念的移植,也可以是生态原理的移植,还可以是生态术语的移植等。但由于这些不同层面的移植,本质上又都是一种生态概念的移植,因此以"概念移植"统称。

生态翻译学研究中的生态概念移植,如自然生态概念的移植、生态环境概念的移植、生态平衡概念的移植、生态美学概念的移植、生态和谐概念的移植等。

生态翻译学研究中的生态原理移植,如系统性原理的移植、动态性原理的移植、多样性原理的移植,以及"尺度"原理的移植、"反馈"原理的移植等。

生态翻译学研究中的生态术语移植,如"生态环境"(翻译生态环境)、"生态链"(翻译链)、"生态群落"(翻译群落)、"生物生存"(译者生存)、"自然选择"(译者的选择性适应与适应性选择)等。

以上所述的相似类比和概念移植,从方法论的角度来看,可以说它们也都是学科交叉或跨学科的具体体现。

第三节　生态翻译学的"生态范式"与理论基础

一、生态翻译学的"生态范式"

(一)范式

范式的概念和理论是美国著名科学哲学家托马斯·库恩(Thomas Kuhn)提出并在《科学革命的结构》(*The Structure of Scientific Revolutions*,1962)中系统阐述的,它指的是一个共同体成员所共享的信仰、价值、技术等的集合。[①] 指常规科学所赖以运作的理论基础和实践规范,是从事某一科学的研究者群体所共同遵从的世界观和行为方式。范式概念是库恩范式理论的核心,而范式从本质上讲是一种理论体系。

范式是个大概念,它涉及的是特定领域研究里大的"方向"和大的"原则",是一种研究途径或研究模式的总体理念、价值判断和研究方法的集中体现。

在著名的《科学革命的结构》一书中,托马斯·库恩认为,哥白尼、牛顿、达尔文、爱因斯坦等所进行的研究,都因改变了当时的研究范式才引发了科学史上的革命。他指出:"科学不是事实、理论和方法的简单堆砌,科学的发展也不是知识的简单积累,而是通过范式的不断转换所进行的不断革命的进程。"塞尔·赫曼斯也指出,"范式"为翻译研究制定"指导原则",是"研究特定问题的手段"和"解决问题的方法"。可见,范式实际上包括了学科共同体所共有的理论假设、研究模式、研究方法、价值标准和形而上学的原则,是某一学科共同体成员的世界观、价值观和方法论的

---

① 胡庚申.生态翻译学:建构与诠释[M].北京:商务印书馆,2013:72.

"总和"。

范式不仅是科学研究的必要条件,而且是学科成熟的一个重要标志:只有当一门学科的研究者(至少是一部分研究者)形成了共同的范式,该学科才从前科学时期进入科学时期。西方翻译研究的发展就生动地体现了新旧研究范式的演进与交替。

科学研究的发展是怀疑、批判和超越传统的范式的过程。研究者对范式的选择一方面依赖于理论的精确性、一致性、广泛性、简单性、有效性等基本准则;另一方面在于科学共同遵循的理论传统、研究方法和文化价值观念。

(二)翻译研究范式

自 20 世纪 50 年代末以来,西方翻译学研究最终发展到了跨学科研究的新阶段。

正如德·瓦德和尤金·奈达所说:"翻译……是一种可以被系统描述、而又与各门学科密切关联的行为。……翻译建立在心理学、语言学、交际学、人类学和符号学等学科之上。"①

无独有偶,苏姗·巴斯内特在埃德温·根茨勒所著的《当代翻译理论》之"总编序言"中亦言道:"翻译学研究导致了语言学、文学、历史学、人类学和经济学等多种学科领域研究工作的融合。"②

后来,戈雷(Gorlee)在题为"翻译研究方法及概念多元性"的学术报告中,又以务实的态度重温了该观点。戈雷指出:"……翻译学是一门'交叉学科'(或'跨学科的学科'),将普通语言学和应用语言学的研究范式与普通文学和比较文学的研究范式合二为一,此外还借鉴了信息论、逻辑学和数学的理科研究范式,也进一

---

① Jan de Waard & Eugene Nida. *From One Language to Another: Functional Equivalence in Bible Translating*[M]. Scotland: Thomas Nelson, 1986: 185.

② Gentzler, E. *Contemporary Translation Theories*[M]. New York: Routledge Inc., 1993: viv.

步借鉴了社会人类学、社会学和神学等文科探究范式。"①

　　研究范式的演进最明显地反映在翻译理论家划分翻译史的观念上。纽马克以语言学翻译论的兴起作为翻译前语言学模式时期与语言学模式时期的分界，认为前语言学范式时期的翻译研究"忽视了翻译与意义、思维以及语言普遍性的关系"，讨论往往局限于原文与译文、直译与意译、优美与忠实之争，理论上没有多大发展。自 20 世纪 50 年代以来，卡特福德、奈达、费道罗夫、穆南、威尔斯等将系统功能语法、转换生成语法、语言结构、文本功能等引入翻译研究，分析和制定翻译活动中语言转换的规律，成绩卓著，翻译研究局面为之一新。

　　总体来看，西方翻译研究范式的基本格局，这些年没有太大的变化。不同理论体系和研究范式"并存共进"，表明现阶段依然处于"多元主义"模式的发展过程之中。

　　在中国，长期以来学术界提倡的是百花齐放、百家争鸣，强调的是中西合璧、古今贯通，追求的是多样统一、整合一体。"综合比较百家之长，乃能自出新意，自创新派。""多样"体现了理论的个性和差别；"统一"体现了理论的共性和整体联系。因此，在这种"多样统一"的传统文化思想指导下所形成的世界观、价值观和方法论，必然会影响到中国的翻译理论研究。而不同译论理念在形成和发展过程中的相互借鉴、嫁接、适应、渗透、交锋、替代、演变，经过古今中外的比较与综合，又必然向"各具特色的趋同"方向发展，并最终从"大同小异"走向"多元一体"。

　　基于上述发展可以判断出，从研究范式转型的角度来看，翻译研究在经历了"直觉主义"和"结构主义"之后，目前正处于"多元主义"的发展阶段，并最终向"整体主义"演变。

　　翻译理论家从不同的角度对翻译所做的概括，清楚地勾画出翻译研究的发展轨迹，同时又深刻地揭示出研究范式的交锋与替代。其中有研究视野的扩展，也有研究视角的转换；有对传统翻

---

① Gorlee, L. *Semiotics and the Problem of Translation：With Special Reference to the Semiotics of Charles S. Peirce*[M]. Amsterdam/Atlanta：Editions Rodopi B. V.，1994：133.

译观念的扬弃,也有研究重心的转移;有新的研究思路的引进,也有研究手法的更新。

应当指出的是,翻译研究的"范式转换",应当不完全像科学、哲学那样——学科内部不同范式间是"不可通约"的;而是不同范式可以相互补充、相互融合,"共生共存"于学科领域之中。了解范式在翻译研究中的积极意义和范式转型的特征,对探索翻译学新的研究范式无疑具有重要意义。

(三)"生态范式"

在生态翻译学研究领域里,从生态视角综观翻译、探讨翻译理论的"生态范式"正在逐步形成,并受到越来越多的关注和认同。其主要标志是,不少学者在研究相关问题时的基本观念、价值判断、研究方法,以及所采用的术语和结论的指向等都基本上纳入了翻译理论的生态学研究范式。一些聚集在生态翻译学"学术共同体"里的研究者,他们认同生态翻译学对翻译的基本描述,接受生态翻译学对翻译研究的指导原则,遵循生态翻译学科学交叉、类比移植和系统综观的研究方法,而他们在进行特定问题研究时也采用了生态翻译学共同的价值标准。这些发展的"总和"表明,一些不同类型、不同题目的系列研究,已经不是孤立的、单一的个案研究,而可以看作约定在生态翻译学理论"范式"之下的共同研究。

生态翻译学曾多次对其译论"范式"做出定位。例如,在谈到生态翻译学的基础理论"翻译适应选择论"的研究目的时指出,"在于试图找到一种既具有普适的哲学理据,又符合翻译基本规律的译论范式";该理论"致力于揭示和复现翻译之本来面目,并试图找到一种既有普适的哲学理据,又符合翻译基本规律的译论范式。"作为一个具有跨学科性质的生态学翻译研究途径,生态翻译学是运用生态理性,从生态视角对翻译进行综观审视的整体性研究,是一个"翻译即适应与选择"的生态范式和研究领域。

二、生态翻译学的理论基础

（一）生态整体主义

生态整体主义的核心思想是把生态系统的整体利益作为最高价值而不是把人类的利益作为最高价值，把是否有利于维持和保护生态系统的完整、和谐、稳定、平衡和持续存在作为衡量一切事物的根本尺度，作为评判人类生活方式、科技进步、经济增长和社会发展的终极标准。

由于生态学是奠基于整体主义的科学，其研究方法强调相互关联、相互作用的整体性，生态学的整体观又是当代生态理论的核心观念，所以不论把生态翻译学理解为一种生态学途径的翻译研究，还是生态学视角的翻译研究，以生态学的整体观为方法论而进行整体性研究是生态翻译学研究的重要指导思想，对翻译生态系统的综合性论证与整合性研究是生态翻译学研究的重要内容。从这个意义上可以说，生态翻译学又是一个隐喻类比、综观透视和整合一体的翻译研究路径。

生态翻译学认为：翻译是一个整合一体、和谐统一的系统。由于系统内各个组成成分之间相互作用的结果，使系统成为一个统一的整体，并且这个整体所表现出来的功能不等于各个组成成分功能的简单相加，而是大于各个组成成分功能之和。这种整合一体的、"牵一发，动全身"的特征，可以充分说明一种生态行为的产生会受到全局性的多因素影响，这都是整体效应的体现。

翻译生态系统是涉及社会、交际、文化、语言等诸多方面的系统，应该一如生态系统，具有一定的空间结构和时间变化，同时具有自动调控功能并且具备开放性。我们可以仿照生态系统的定义而把它定义为：在一定的时间和空间范围内，语言与语言之间、翻译要素与非翻译要素（如社会、交际、文化等）之间，通过不断的物质循环和能量流动而形成的相互作用、相互依存的一个翻译学功能单位。我们也可以把翻译生态系统狭义地理解为"翻译的环境研究中的外部控制与语言内部控制"机制的协调发展,进而把它放到一个更宽广的视野中进行讨论,一切与翻译发生联系的活动都可以纳入这个系统加以考察。翻译史研究也表明,无论是译者个人或一个民族或历史时期翻译标准的形成,还是译者翻译材料和翻译策略的选择或一个民族的翻译思想传统的形成,无论是某一特定历史时期翻译的整体特征或者翻译政策的制定,还是翻译所产生的历史作用等,都不是孤立存在的,都有必要从翻译生态环境的视角进行整体的综观与审视。

总之,基于生态学视角的翻译研究十分强调"整体综合"思想,其整体观着眼于翻译生态系统及其内部结构的整体性研究。这种"整体综合"的生态译学整体观,既有利于在整体的翻译生态系统中相关元素形成互利共进的关系,形成整体和谐的生态美,又必然会影响到翻译理论研究,即不同译论理念在形成和发展过程中的相互借鉴、嫁接、适应、渗透、交锋、替代、演变,经过古今中外的比较与综合,最终走向"多元统一"和"整合一体"。

(二)东方生态智慧

这里的"东方",主要指中国,以华夏生态智慧为核心。之所以由中国翻译界学者首倡生态翻译学观念,其关键之一在于中国有着可资借鉴的丰富的古代生态智慧。中国文化在开端处的着眼点是生命。"生命的体悟"可以视为华夏文化思想的主流,这其中自然含有对"生""生存"或"生态"的体悟。因此,中国传统文化中的经典生态智慧便成为生态翻译学的一个重要理论支点和思想依归。这些生态智慧以"天人合一""中庸之道""以人为本""整体综合"为特征,包含着丰富的哲理与思辨。这是一种中华智慧、生命智慧、生态智慧。

"天人合一"的思想是中国古典哲学的根本观念之一。天人合一的思想重在和谐。这种和谐是"天和""人和""心和"的总和,是主客关系的和谐圆满。天人合一的思想体现到生态翻译学中,首先表现为致力于追求译者与翻译生态的和谐统一。因为在翻译过程中,人们总是不断在追求译者与翻译生态的和乐、和融与和谐,使译者适应翻译生态环境,使翻译选择遵循翻译生态的动态变化规律,以此求得原文与译文、译者与作者、译者与读者、译文与译语文化,以及译者自身的适应与选择的"平和"与"平衡"。为了追求译者与翻译生态环境的和谐与协调,译者常常运用不同的翻译理论和各种各样的翻译策略与技巧,充分发挥人这万物之灵的创造力,做出最佳的适应和优化的选择,使译者个人的身心皆融入翻译生态环境中。因此,对于翻译来说,不论是"案本、求信"还是"神似、化境",也不论是"意美、形美、音美"还是"准确、通顺、快捷"(适于口译),译者所追求的就是翻译生态系统中诸项元素的统一和谐、相互协调、相互引发,达到"思与境谐""情与景冥",从而实现"天人合一"的艺术境界。

"中庸之道"本是华夏儒家道德的最高规范。"中庸"平衡之道作为优化决策的方法论,不论用之于翻译操作过程,还是用之于翻译理论研究,都是适宜的、得当的。且不说翻译过程中过分的"直译或意译""异化或归化""过度诠释"或"欠额诠释"等都是不可取的,就是译论研究本身也宜"允执厥中",不可走向极端。

"以人为本"思想是中国政治文化思想的滥觞。人生活在天地之间,自然环境之内,是整个物质世界的一部分,也就是说,人和自然环境是一个整体。因此,当自然环境发生变化时,人体也会发生与之相应的变化。华夏文明中的儒家文化,在整体功能上强调的就是有益于保持人与人,人与自然,人与身心的和谐。由于翻译理论的根本问题之一,就是如何描述和解释译者在翻译过程中所扮演的角色,译者问题就是翻译研究中的一个永恒的话题;又由于生态翻译学研究的对象之一就是"译者与翻译生态环境的相互关系问题",因此译者问题便成为生态翻译学研究的一个中心议题。在翻译研究中,以人为本思想的体现就是"译者主导"的理念。"译者主导"不仅主张译者是翻译的主体,回答了"谁在译"的问题;而且主张翻译过程是由"译者为中心"主导的,译者是翻译行为成功的根本因素。

中国传统文化价值具有一种先天的整体观、综合观、有机观、和谐观。它认为，每个人，每个生命，包括所有动物、植物都处于巨大生物链中的一环，同样，每个人、族群乃至整个人类的每个行动也都处于巨大的物质因果链和道德因果链中的一环。我们的一切行为都会产生相应的后果，它不仅会影响到我们自己，也会影响周围的一切；这些影响有可能是直接的，也可能是间接的；有可能是暂时的，也可能是长远的；有可能是眼前的，也可能是未来的。中国古有"四方上下谓之宇，往古来今谓之宙"之说。对宇宙观点是：宇宙是至大无外的；宇宙是一个生生不已的大流；宇宙不是一个封闭的系统，而是一个开放的、有机联系的整体；宇宙不是孤立、静止、不变不动或机械排列的，而是创进不息，常生常化的。中国传统文化中的精髓就在于整体性思维，它强调的是变化和变化的规律。这对于动态的翻译生态系统来说，隐喻类比的启迪意义显而易见。

以上这些包含了古典形态的"自然""生命""生存""中庸""人本""尚和""整体"等生态思想，成为孕育和形成生态翻译学的宝贵智慧资源，这些早已引起了众多国际哲学家和思想家高度重视的原始典籍，毫无疑问，也是中国学者提出生态翻译学理念的一个重要支点。

（三）"适应/选择"理论

这里的翻译"适应/选择"理论，是借用达尔文的"自然选择"学说的原理，经过转意和隐喻，由探讨具体翻译问题所形成的"翻译适应选择论"。

基于"适应/选择"理论，胡庚申先生曾将翻译定义为"以译者为主导、以文本为依托、以跨文化信息转换为宗旨的译者适应与译者选择行为"，基于对翻译实质的这种认识，"适应/选择"理论对翻译过程做出的简括描述如图 3-1 所示。

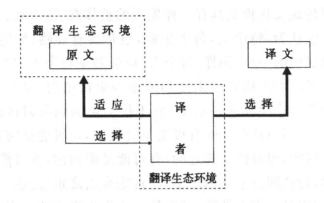

图 3-1 译者"适应/选择"的翻译过程

（资料来源：胡庚申，2013）

　　图 3-1 中，原文和译者周围的虚线框表示翻译生态环境。粗略地看，这个翻译过程示意图传达的基本意思是：翻译过程是译者对以原文为典型要件的翻译生态环境的"适应"和以译者为典型要件的翻译生态环境对译文的"选择"；此翻译过程中的翻译行为是以译者为"中心"主导的。

　　翻译过程中的选择性适应和适应性选择的具体特征：一是"适应"，即译者对翻译生态环境的适应；二是"选择"，即译者以翻译生态环境的"身份"实施对译文的选择。因此，翻译过程中的翻译被描述为译者适应和译者选择的交替循环过程。

　　翻译适应选择论对翻译过程的解释是，翻译操作的第一个阶段是以原文为典型要件的翻译生态环境对译者的选择（即"天择"译者）。虚框下面指向译者的箭头使用细线，意在表明它是以原文为典型要件的翻译生态环境对译者的选择，更为了衬托其上的粗线，以突出这个操作阶段也就是译者对以原文为典型要件的翻译生态环境的适应。翻译操作的第二个阶段是译者在接受了翻译生态环境（即"天择"）的前提下、又转过来以翻译生态环境的"身份"实施对最终行文的选择（即"人择"译文）。以上就是翻译适应选择论对翻译过程的解释，即由"天择"到"人择"的转换过程。

　　在翻译界，人们常说，翻译是一种选择过程。但是，这种种选择背后的机制是什么？为什么说翻译过程是"译者适应翻译生态环境对文本进行移植的选择活动"？我们现在运用"适应选择"学说的基本原理，可以说已经将从"天择"到"人择"和从"人择"到"天择"转换互动的机理基本上弄清楚了。

第四节　生态翻译学的生态理性与伦理原则

一、生态翻译学的生态理性

（一）注重整体/关联

生态学强调整体和关联，重视个体对整体环境的依赖。正如美国学者麦茜特指出的："作为一个自然哲学，生态学扎根于有机论——认为宇宙是有机的整体，它的生长发展在于其内部的力量，它是结构和功能的统一整体。""所有的部分都与其他部分及整体相互依赖相互作用。生态共同体的每一部分、每一小环境都与周围生态系统处于动态联系之中。处于任何一个特点的小环境的有机体，都影响和受影响于整个由有生命的和非生命环境组成的网。"

翻译生态系统内各相关利益者之间都存在着内在的双向关联互动和重叠交叉现象，这使翻译生态系统构成了一个极其复杂的整体。因此，研究翻译生态体系时，只是孤立地局限于某子生态系统（如翻译本体生态系统）或某一相关利益者（如翻译活动资助者），这是远远不够的。从生态理性视角来看，需要观照不同生态系统之间的关联及其整体性。例如，在讨论生态翻译学理论体系架构时，就需要观照到翻译管理生态系统与翻译市场生态系统的整体性关联互动，翻译市场生态系统与翻译教育生态系统的整体性关联互动，翻译教育生态系统与翻译本体生态系统的整体性关联互动等。这种观照是生态理性所决定的。

（二）讲求动态/平衡

在自然界中,生物与生物之间、生物与生存环境之间通过相互作用而形成一定的生态平衡。一方面,外界环境条件的不同会引起生物形态构造、生理活动、化学成分、遗传特性和地理分布的差异;另一方面,生物为适应不同的环境条件也必须不断调整自己。

当生态系统中的关联组成成分和比量相对稳定,能量、物质的输入和输出相对平衡,这样的生态系统处于平衡稳定状态。换句话说,生态系统处于相对平衡稳定时,种群结构和数量比例没有明显变化,能量流动和物质循环的输入与输出接近平衡。当生态系统发生变化时,就会出现反馈和自我调节,从而维持相对平衡。达到生态平衡的生态系统相应地也就达到了相对稳定的阶段,这种生态系统的生物量相对最大,生产力也最高,因而自我调节能力也就更强一些。同时,生态系统内部结构越复杂,其自我调节能力或生存能力也就越强。

翻译是一个复杂的生态系统,由于翻译生态与自然生态具有关联性、相似性和同构性,因此自然生态中的这种平衡性特征在翻译生态系统中也同样是具备的。通过翻译活动主客体之间、翻译活动主体与其外部生态环境之间的相互作用、相互影响,才能形成翻译生态相互依赖的动态平衡系统。一般来说,翻译生态系统内部具有自我调节能力的大小依赖于系统内部的以译者为代表的"翻译群落"的能力。

（三）体现生态美学

大自然是美的,同时也是理性的。大自然的美在于它的色彩、线条、声音的丰富;大自然的理性在于它的有序与和谐。大自然是色彩:那灿烂的朝霞,那鲜红的落日,那葱绿的森林,那蔚蓝的天空,那黄色的土地,那蓝色的海洋……大自然是线条:那广阔的地平线,那陡峭的山崖,那巍峨的高原,那汹涌的大海狂涛,那平静湖水的微波,那闪电的弧形,那太阳的圆形,那雪花的菱形……大自然是音乐:大海怒吼,泉水叮咚,沙沙春雨,潺潺流水,电闪雷鸣,长风高歌,轻风低语,人声,兽语,鸟鸣……大自然以她特有的色彩、形状、位置和声音,以她特有的有序与和谐,可以唤起人们心中美的形象,美的思考,美的喜悦,美的追求。

这种美的形象,美的思考,美的喜悦,美的追求,在翻译生态里,特别是在翻译过程中表现得尤其充分。翻译研究的现实表明,在翻译学界里,既有人追求翻译的"意美""形美""音美",又有人坚持翻译的"真""善""美"。在翻译研究中,既有人阐述过"词美""句美""逻辑美",又有人探讨过"精确美""模糊美""朦胧美",还有人提倡和讨论"差异美""简洁美",乃至"啰唆的艺术"等。可以这么说,在翻译学研究过程中,无论是宏观层面还是微观层面,人们一直在追求着美,一直在讲求着"对称""均衡""对比""秩序""节奏""韵律",而所有这些,又都是生态学的审美要素和生态审美原则。

(四)昭示"翻译伦理"

类比生态伦理,针对翻译实际,基于生态翻译学研究取向,生态翻译学的伦理道德观涉及以下四个基本原则:"平衡和谐"原则、"多维整合"原则、"多元共生"原则、"译者责任"原则。这会在伦理原则中做重点论述。

(五)倡导多样统一

多样统一体现了人类生活与自然界中对立统一的规律。整个宇宙是一个多样统一的和谐整体。多样体现了各个事物个性的千差万别;统一体现了各个事物的共性或整体联系。多样统一使人感到既丰富又不杂乱,既活泼又有秩序。生态系统的这一特征,既包括了多元的变化,又包括了对称、均衡、对比、节奏、韵律等多种因素和生态审美原则。

"多样统一"的生态理念,不仅对微观文本操作具有指导意义,而且对中观理论体系的建设也具有启发意义,就是对宏观译学架构的设计,其统领的意义也不可替代。

二、生态翻译学的伦理原则

(一)"平衡和谐"原则

这里的平衡和谐,指的是综合因素的整体平衡和谐,既包括翻译生态的平衡和谐,又包括文本生态的平衡和谐,还包括"翻译群落"生态的平衡和谐;既包括跨语言、跨文化的整合与平衡,也包括内在、外在因素的整合与平衡,还包括宏观、中观、微观思维的整合与平衡。

从文本生态平衡的角度来看,文本生态平衡就具体包括文本的语言生态平衡,文化生态平衡,交际生态平衡等。仅就文本生态平衡中的语言生态平衡而言,译者就要致力于保持源语与译语的词义平衡,句意平衡,源语与译语的"传神"与"达意"的平衡,源语与译语实用价值和美学价值的平衡,源语与译语的文风的平衡等。

从翻译实践验证的角度看,大凡公认的、较有影响的译品,其"双语"(源语和译语)生态的平衡也都相对处理得较好。

从以往"对等"理论角度看,迄今为止各种翻译理论中,关于"对等""对应""对称""平等"等问题早有研究,有些已渐成共识。这些不同的称谓,从"双语"的语言形式、意义功能、文本信息、知识总量、交际意图,以及"诸者"关系等不同方面入手描述翻译的实质和结果,说到底,也还是"双语"在这些方方面面之间追求总量"平衡"的问题。

从翻译研究本身需要的角度看,一方面,就生态翻译学研究而言,"平衡"是任何生态系统最基本的特征,因此也是生态翻译学一个核心理念。而翻译生态环境对产生翻译文本的作用自不待言,如同"No context,no text."一样,没有翻译生态环境,就没有成功的翻译。因此,需要保持翻译生态整体的和谐与平衡,否则没有翻译研究各个生态系统的平衡,也就没有生态翻译学的健康发展,也就不可能履行和体现生态翻译学维护语言多样化和文化多样性的学术使命。另一方面,就翻译生态内部而言,翻译生态平衡还表现为翻译生态系统诸"者"之间的妥协让步与宽容变通,考虑作者、读者、原文、译文等多方因素的、"翻译群落"生态与"文本生态"之间的协调与平衡,译者跨越时空界限,克服各种障碍与作者开展平等对话,充分认识新时代读者的实际需求和接受能力,在作者与读者之间寻求平衡点,实现作者、译者、读者三方面的视域融合并产生共鸣,形成互惠互利、健康有序的生态循环。

(二)"多元共生"原则

"多元共生"原则主要指译论研究的多元和不同译本的共生。

根据生态学原理,共生性是生物存在的一种基本状态,即生物间相互依存,共同发展的状态。如同自然生态中的生物多样性和生物共生性一样,多样性和共生性体现了各个事物个性的千差万别而又共生共存。同样地,以生态整体论和生态理性为指导的生态翻译学,倡导翻译理论研究的多元化和不同译本的共生共存,而且,翻译理论研究的多元化和不同译本的共生共存也应该成为翻译学发展的一种常态。同时,多元的翻译理论和不同的翻译文本在翻译生态环境中会遵循"适者生存""优胜劣汰"的自然法则,不断进化发展。

(1)译论研究就是一种学术研究,而学术研究就要讲求"同而且异"。中国早就有"天下同归而殊途,一致而百虑"(《周易·系辞》);"君子以同而异"(《睽卦·象传》)的古训。因此,译论研究讲求多元,既符合翻译理论研究的现实,又符合华夏学术伦理的传统。可以说,译论研究"多元"的伦理,体现了对翻译理论研究者"构建权"的尊重。

(2)文本生态、翻译生态、"翻译群落"生态的生态环境是动态的、变化的。因此,为了适应不同层次翻译生态环境的种种变化,或者为了保持文本生态、翻译生态、"翻译群落"生态的平衡与协调。翻译活动中不同翻译文本的共生共存是翻译活动中的"自然现象",是翻译行为的一种常态。

在这方面,不同翻译文本共生共存的生态翻译伦理原则恰好印证了这样一个事实:"适者生存""汰弱留强"的自然法则在人文研究领域里与在自然界里的情形是不完全相同的。这就是:自然界里的物种(动物和植物)适应自然环境、接受"自然选择"的"淘汰"是绝对的,是生物物种意义上的"绝迹""消失""灭绝",如恐龙的灭绝、南极狼的绝迹、种子蕨的消失等。然而,翻译界里译者/译品适应翻译生态环境、接受翻译生态环境选择的"淘汰"则是相对的,是人类行为意义上的"失意""落选""舍去""取代""未中""失落"等。这就是说,翻译活动中译者/译品的所谓"适"或"不适"、"强"或"弱",都不是绝对的,而是相对的。同时,不同的译本、不同的译文,由于它们适应了不同的翻译目的、不同的读者对象,因而又有可能共生共存。这里的"汰弱留强"和"共生共存"都是符合生态学的基本原理的。

可以说,翻译文本的"共生"伦理,又体现了人们对不同译本共生共存"翻译权"的尊重。

第五节　生态翻译学的理论应用

一、文学翻译领域

(一)以《浮生六记》英译为例

安徽师范大学外国语学院翟红梅(2005)探讨了"适应与选择一林语堂英译《浮生六记》翻译策略研究"。作者在运用翻译适应选择论,选取语言维、文化维,分析林语堂英译文本《浮生六记》过程中对翻译生态环境的适应/选择,旨在说明其翻译策略的选择是其对翻译生态环境适应/选择的结果。研究表明,林语堂认为文章之美,不在质而在体;体之问题为艺术之中心问题。因此,在语言维上,尽量保留原文的文体。林语堂将原文的四章"闺房记

乐""闲情记趣""坎坷记愁""浪游记快"直接译成 Wedded Bliss,
The Little Pleasures of Life,Sorrow,The Joys of Travel,保留了
原文的第一人称叙事视角及其作者在各章中以"乐""趣""愁"
"快"为中心的内在叙事结构。此外,林语堂保留了原文自然段的
划分和排列顺序。然而,在句式层面上,古汉语和现代英语差异
很大,无法保留原文的句式。出于对译文读者的责任,林语堂尽
量遵循英语的句法准则。林语堂深谙中西文化,能非常熟练地驾
驭英汉两种文字,在文化维上,自如地运用归化和异化。运用归
化,使译文语言文体自然流畅,缩减了译文读者对原文的陌生感。
同时,为在一定程度上满足译文读者对文化异质的期待,林语堂
也兼用了异化方法。

(二)以《牡丹亭》英译为例

澳门理工学院语言暨翻译高等学校蒋骁华(2009)运用翻译
适应选择论中的"多维度适应与适应性选择"为理论工具分析《牡
丹亭》的三个译本;从语言维、文化维、交际维三个层面分析《牡丹
亭》三译本的特点与得失。通过研究分析比较,他的结论是,根据
"多维度适应与适应性选择"的基本翻译原则,译者在翻译过程中
应考虑多维度的适应性选择转换,不仅要考虑文化维,还要考虑
交际维,更要考虑语言维的适应性选择转换;同时,还要注意三个
维度的有机结合与平衡协调。因为成功的翻译能够体现"整体和
谐"的翻译生态系统;翻译者需要适应翻译生态环境;而翻译生态
环境中的作者、译者、读者等"诸者"需要"和谐";译著与原著亦需
要"合拍"。而这一切又表现为由译者所主导的"选择性适应"和
"适应性选择"。

二、哲学社科翻译领域

(一)以《天演论》英译为例

严复翻译《天演论》中提出译事三难:"信、达、雅"至今已逾百

年。百年来,译界谈论关于严复的翻译及其翻译标准的话题经久不衰。焦为红(2010)以"翻译适应选择论"为理论工具,以《天演论》的翻译为案例,运用定性研究(包括理论引证和逻辑推理)和定量研究(包括翻译例证和事实分析)的方法,对严复的翻译及其所提"信、达、雅"从新的视角进行了探讨和解读。研究表明,严复翻译的《天演论》是严复对他所处的翻译生态环境的"适应"和"选择"的必然结果。具体来说,严复的《天演论》翻译,是严复在"三维"转换(即文化维的适应性选择转换、交际维的适应性选择转换和语言维的适应性选择转换)的集中体现。研究还表明,严复的"三难"(信、达、雅)和胡庚申的"三维"转换之间存在一种内在的逻辑对应关系。具体来说,严氏的"信"可对应于胡氏"文化维度"的适应性选择转换;严氏的"达"可对应于胡氏"交际维度"的适应性选择转换;严氏的"雅"可对应于胡氏"语言维度"的适应性选择转换。该项研究从"翻译即译者的适应与选择"的理论视角观察严复翻译现象和诠释"信达雅"翻译标准,相信会对拓展严复翻译研究有所裨益。

(二)以《论语》英译为例

《论语》是儒家经典,也是中国历史上最具权威性的文献典籍之一,它不但对中华民族的思想和文化产生了深刻影响,而且对世界文明也产生了重要的影响,并在全世界得到广泛传播。近年来,随着全球化进程的不断深入及"孔子热"在海内外的持续升温,儒学研究及其相关的典籍翻译与研究已重新振兴,《论语》英译研究更是日益引起国内汉学界和翻译界研究者的重视和关注。曲阜师范大学翻译学院孙伟(2009;2010)探讨了"生态翻译学视阈下的《论语》英译研究"。他运用生态翻译学的核心理论体系与研究方法对来自不同国度、不同历史时期辜鸿铭(1898)、Arthur Waley(1938)、林语堂(1938)等为代表的《论语》英译六个译本展开系统研究;以生态翻译学为研究视角,以多维度、多参数的系统观和翻译生态环境协调发展观为理论基调,把上述《论语》英译六个译本置于翻译活动的宏观社会环境和微观规范环境中,探讨历史语境、文化意识、交际意图、语言策略等各种因素在翻译活动过程中的多维转换与动态相互关系。

三、翻译教学领域

(一)以"翻译教学生态系统的生态译学研究"探讨为例

上海海事大学外国语学院宋志平(2010)探讨了"翻译教学生态系统的生态译学研究"。他指出,翻译教学生态系统属于生态翻译学的微观研究,含有学科建设、教材建设、教学方法、评估测试等构成要素。生态翻译学认为生态系统的核心内涵是整体关联,而翻译教学研究以整体关联作为研究方法的指导理念时,借助生态译学的视角方法理论可以发现成分之间相互联系、相互制约、相互作用,呈现翻译教学生态内部的关联内涵。他从翻译生态系统层面对翻译教育生态系统中的翻译教学子系统进行了初步探讨,并对翻译教学现状加以反思,他认为生态翻译学对翻译教学改革的启示体现在如下几方面。

(1)翻译技巧教学由基于语法的分项讲解到面向实践的整体关联。

(2)由译文正误辨析到文体效果的综观审美。

(3)完善考核评价体系是构成生态翻译教学系统的重要组成部分之一。

(4)翻译教材编撰由语法体系为基础转向以翻译生态环境为背景。

(5)转变师生角色,师生关系由"授"与"受"转向顺应翻译生态环境中生命体的平等互动,是翻译教学系统处于平衡状态的自然体现。

(6)生态译学指导下的翻译教学系统研究有别于其他学科教学的生态视角研究。

（二）以"翻译硕士（MTI）教育的生态翻译学思考"探讨为例

上海海事大学外国语学院毛立群（2010）探讨了"翻译硕士（MTI）教育的生态翻译学思考"。生态翻译学认为，翻译生态体系由翻译管理生态子系统、翻译市场生态子系统、翻译教育生态子系统、翻译本体生态子系统四个主要的生态子系统构成，其中，翻译教育生态系统大致分三个层次：一是以翻译教育为中心，综合外部翻译环境、社会环境和规范环境组成的单个的或复合的教育生态系统；二是以单个学校或某一教育层次为中心构成的，反映翻译教育体系内部的相互关系；三是以学生/受训者的个体发展为主线，研究外部环境包括国际、国内因素组成的系统。翻译硕士（MTI）教育层次，应视为翻译教育生态子系统的新兴因素或子子系统，也应具有翻译生态系统的互动性、共进性、适应性、平衡性、整效性等基本特征，在课程设置、教材规划、能力评估、管理体系、质量评估、翻译市场研究等方面发挥指导作用。

（1）社会经济的发展，政治、经济、科技、文化等各方面的国际交往的频繁，对高层次翻译专门人才的需求，催生了翻译硕士（MTI）教育层次，翻译硕士的教学理念当然就应与这种外部环境积极互动，突出专业性和应用性，与学术型的文学硕士区别开来。

（2）翻译硕士与传统的文学硕士教育也应紧密联系，相互补充，文学硕士教育中的一些基本素质课程在翻译硕士教育中也是不可缺少的，当然，翻译硕士教育的一些特色课程和教学理念也能丰富文学硕士教育，二者互动影响，共同进化。

（3）翻译硕士教育要不断调整，以适应全球经济一体化及提高国家国际竞争力的需要，适应国家经济、文化、社会建设需要的，适应不断变化的翻译教学外部环境，其职业指向性非常明确。

（4）翻译硕士教育在不断调整过程中，也要有比较稳定的、体现自身特色的自我调节能力，而这些特色又构成了不同培养单位的平衡稳定的教育生态环境，有利于翻译硕士教育的健康发展。

（5）翻译硕士教育和学术型、研究型的文学硕士教育学位同级,层次相同,但教育、培养模式又属于应用型、专业性的专业学位,所以在教育层次和教学模式上都应从整体上看到他们之间的相互关联性。

当然,生态翻译学在应用翻译研究、翻译家研究、口译研究、翻译史研究、译学方法论研究、译学流派研究等多个层面有着广泛的应用,限于篇幅,这里就不再举例论述。

第四章　生态视阈下的语言理论

生态环境不仅是人类生存发展的基础,还是语言意义进化与语用意义发展的基础。语言与生态的关系就如同人与自然的关系,是相互制约、相互发展的。同时,生态环境的多样性导致了语言形式的多样性。语言理论在生态环境中进化与发展,不仅是语言学研究的范畴,还是生态学研究的范畴。因此,本章就来分析和探讨生态视阈下的语言理论。

第一节　生态语言新思维

一、语言生态与语言生态思维

豪根(Haugen)提出的研究语言的革新观点:语言生态——类比观备受瞩目。类比观认为,"语言与社会生态"的关系等同于"生物与自然生态"的关系。此后,国内外生态语言学研究者沿用此观点对语言进行研究。马克·伽讷(Mark Gamer)在总结语言学、生态学、社会学、人类学、哲学和心理学等认识论的基础上,创新性地提出语言"生态思维"——非类比观,试图修改类比观的分析论。生态思维包括四个观点:整体观、环境观、动态观和互动观;能够科学地解释语言现象是在语言学领域内运用生态学进行研究的、前沿的分析思路和思维方式。

(一)语言生态——类比观

1.语言的类比

语言被各国学者比作各种事物,如工具、生命、结构等。

　　许多当代人把语言比作"工具",即交际的工具。这里工具的含义,等同于锤子、车子或计算机。离开了这些工具,人类就无法生活或缺乏某些生活。但是语言与这些实际的工具相比,显然不能像它们一样组装、拆卸。豪根批评这种比喻是陷入了一味追求语言"功能"的圈套。可见,他不认为语言仅仅是具有服务功能的工具。

　　也有人把语言比喻成"生命"。语言如生命。有的产生,有的灭绝;语言的发生、发展过程与生物进化过程一样。生物的进化过程是弱肉强食、强者生存的过程;语言的进化过程便是生命力强的语言替代生命力弱的语言的过程。这是一种生物模式类比,与新的进化观点相一致。它们跟所有生物一样按周期发育、生长、消亡。这种生物模式比喻没有得到普遍的认可,似乎独立地把语言比喻为生命,容易使人联想到生命的特点,如呼吸、新陈代谢,因而可能导致错误的推论。

　　结构主义派的一些语言学家把语言看成"结构"。其实这与"工具"如出一辙。这种比喻把语言看作独立的部分,而各个部分又相互依存:豪根认为这种比喻不清楚,没有把它与别的结构,如苏菲尔塔的"结构"区分开。到底语言"结构"是什么样的,与别的结构是否有差别,都没有明确的论述。

　　2. 类比观

　　豪根把语言作了另一种比喻,即"生物",而语言环境就是"生态"。我们用两个等式来表述就是:语言—生物;使用群体(社会生态)—自然环境(自然生态)。豪根给语言生态下了一个简要的定义:语言生态是"语言和它所在的社会环境之间的互动状态"。豪根这里的"社会环境"包括社会和心理两个方面:社会指使用某种语言的群体;心理指使用该语言人群的心理。具体而言,是指该语言使用者之间、使用者与多语社团其他使用者之间、使用者与大自然之间互动的心理状态。豪根强调语言生态根本上是决定于"人",使用语言、学习语言、传递语言的人。语言既是行为,又是产物。它看起来是行为,同时又实际潜在于人的心里。可以说,语言既是运用一个物体的行为,又是一种表现行为的物体。

豪根提出语言生态,其理由有三个层面。

(1)他认为当代语言学的描述方法有问题:语言学家把语言环境仅仅当作语言的区区背景,并急于求成地专注于语音、语素、语法等的描述,把语言环境的问题留给人类学、社会学、心理学。他坚信语言环境/生态中含有很多语言元素。

(2)豪根认为把语言孤立起来理解是不可能完善的。理解语言必须考虑该语言使用者的因素,考虑语言与使用者的交互、两者的相互影响,以及两者的互动关系。美国的结构主义对语言结构的研究虽然不能完全否定,但是它不应该作为研究语言的中心。语言研究的中心应该为使用语言的群体。

(3)从传统的语言学和哲学的观念来看,语言是一个物体。既然如此,语言就可以比喻为一种活的物体,即生物体;从而,语言的环境就是生态。

3.米尔豪斯勒的地域语言生态观

米尔豪斯勒(Mtihlhausler)把豪根的语言生态类比观应用于大型的南太平洋地区语言兴衰的调研。在分辨太平洋地区语言种类的问题上,语言学家一直感到很棘手。米尔豪斯勒从豪根的语言生态观出发,批评其他语言学家在此问题上运用的语境划分标准,即"民族—国家",太狭隘。他提倡语言"整合论",反对"分割论";他以充分的理论根据驳斥当代语言学结构主义代表乔姆斯基的"独立假设",及一些社会语言学家区别语言规则及其使用问的观点,认为整合方法论是与生态观不谋而合的合理的方法论。他强调语言既不是孤立的交际形式,也不是分割的使用符号。他承认语言生态类比不是很严谨,尽管如此,也可找到一种合理的解释:"(语言生态类比)具有广泛应用性,比其他系统性类比更加吸引人。其他系统性类比显示我们可以得到的是一种复杂而机械的解释。但生态观表明我们虽然仅能够获得部分的局部的解释,但是我们渴望能理解它,并为之动情。"①

豪根希望把语言生态观当作一种"实用性,乃至样板式的"方法来应用;米尔豪斯勒则紧跟,并把语言生态观提升为"方向性的行动",是考虑了道德、经济,以及其他非语言问题的理论。但对于豪根的"笔误"——"某种语言"可以作为语言生态研究的目标——米尔豪斯勒进行了修正。他以整合理论为基础,指出整合论强调交际形式与复杂的环境因素之间的相互依存,而语言生态研究的对象不是某种语言或某些语言,而是某个群体中语言交际的总体交互活动,环境因素不可忽视。米尔豪斯勒力图通过修正豪根的"笔误",进一步完善和发展语言生态类比观的理论。

(二)语言"生态思维"——非类比观

近期,伽讷则批评豪根的"语言生态"作为一种带指导性的类比,不是很恰当。他认为豪根的语言生态类比观,虽然很成功地唤起了人们对语言环境的关注和研究,但是没有从理论上深入地探讨语言生态问题;同时指出豪根只把"生态"局限于多语言群体背景,没有考虑其他语言背景。

伽讷在各路专家理论的基础上,针对豪根的语言生态类比,提出非类比观:语言生态思维。也就是说,不用把语言类比为生物,只是运用一种新的生态思维方式来研究语言。伽讷还认为豪根的类比不严谨:既然使用语言的环境是语言生态,语言就是生物;那么语言—生物、语言环境—自然环境到底有怎样的相似之处,类比的理由是什么,都没有论证清楚。尽管生物学界在反复讨论生态思维问题,并且影响到社会学领域,但是不乏存在"运用生态学进行的各种各样的,有时冲突的解释",因而有必要系统地阐明、梳理生态思维的观点。

伽讷发展了包括亥沃德在内的一些生物学家、社会学家和人类学家的理论,总结出"生态思维"的四种观点:

---

① Muhlhausler,P. *Linguistics Ecology:Linguistic Change and Language Imperialism in the Pacific Region*[M]. London:Routledge,1996:2.

（1）所有生物构成一个整体（整体观）。

（2）生物通过生存斗争产生各种变化（动态观）。

（3）所有生物体之间具有互动作用（互动观）。

（4）所有生物体都依赖环境而生存发展（环境观）。

二、生态思维与语言的关系

伽讷提出的以上四种观点与语言有什么关系呢？下面主要探讨伽讷阐述的生态思维的四种观点及它们与语言的关系。

（一）生态整体观与语言

自 18 世纪以来，"启蒙"思维在西欧盛行。"分析法"是它对学习情况进行分析的主要特点，即把想要理解的物体拆分到最小单位，然后分别解析。① 现代科学的理论核心是"原子实体论"；认为原子实体是可以拆分的，也就是说任何物体都可以拆分到简单形式。这种分析法和原子实体论曾被认为是人类推理的最好形式；在物理学界得到普遍的认同和发展，同时也应用于许多其他科学领域，包括生物学。

与此不同，生态思维关注整体的复杂性和系统性。尽管对究竟什么是整体，怎样确切地认识它等问题，生态方面的思想家各持己见，但方法论是统一的。他们认为科学研究的重点应该是"整体"；具体的侧重点应该是"整体"事物的复杂性、多变性、互动关系和平衡条件。科学不应该把物体孤立起来研究。② 这种思想不但成为生态学的指导思想，而且对哲学，乃至神学也有很大影响。

从语言学之父索绪尔开始，语言学遵循两种思维方式：一是把语言孤立起来，不考虑任何语境的作用；二是把语言分割成小部分（语音、语素、词汇等），然后创造一些规则，把这些成分连起

---

① Garner，M. *Language：An Ecological View*［M］. Oxford：Peter Lang，2004：36.

② 同上，第 37 页.

来。结构主义语言学家乔姆斯基，改革了语言本体论，把语言研究引入语言本能研究；认为语言是人类与生俱来的能力，通过后天的使用得以发展。尽管如此，语言学家，尤其是结构主义，仍然是把语言孤立起来研究的；并认为研究语言的结构至关重要。研究语言的方式应是把语言划分成独立的系统，如语音、形态、词汇、句法等。生态思维的整体观认为语言与它使用的环境是不可分割的，它仅仅是复杂的社会、交际、文化网络的一部分。所有的语言组成部分和连接它们的规则在探索人类语言本质问题上都无足轻重，只有具备多样的、动态的、复杂的、具有整体特点的、充满意义的互动系统，才是研究人类语言本质的基础。

生态思维的整体观与社会语言学、语用学和人类语言学的观点不谋而合，正在打破语言学的传统观念。社会语言学、语用学和人类语言学研究虽然各自有不同的侧重点，但它们都具有一个共同的特点，就是把语言看作一个整体；研究与它休戚相关的社会因素，如会话背景、社会文化、民族习俗、说话人的特点等之间的互动过程。所以，生态思维的整体观在与语言学相关的各个学科领域都有所体现和应用，是一种比较普遍认可的观点。

（二）生态动态观与语言

传统的科学思维一直把自然看作一部零件精确、运转正常的机器，沿着可预测的轨迹重复运转。与此相反，生态思维认为大自然的各个部分都在不断变化，都各自具有变化的特点；而物体在某时间、地点的本质，取决于自然的动态系统；也即物体与环境之间呈动态的交互作用的关系。从另一个角度来说，某种动物或植物的特性只是部分地取决于遗传基因，而另一些部分则取决于其后天变化、它与其他生物的交互运动，以及它周围的物体，如岩、光、水等的影响。它的某些天质可能会存留，其他一些随时都可能被泯灭；但也可能在与环境的互动中得以发展。现代物理学对此种现象的研究越来越关注宇宙中物体的变异性以及规律的不可测性；现代物理学家认为，同一物体，其具体状态都是独一无二的,相互区别的(即使只有一点点)。换句话说,物体状态无时无刻不在变化。

对于语言来说,动态观意味着我们说一句话所表达的意思是多种的,而且是随语境而变化的:传统的观点认为说话人说出一句话,是因为他想表达某一具体意思,并运用一些规则把一些词语连串起来以表达那个意思;而他所描述的场景是模糊的、易误解的。伽讷持不同观点,强调语境因素是多种多样的,如会话人所见的场景、会话人和他们之间的相互了解、除语言之外的表达方式、相互领悟到的意图等,综合起来才能确定那句话语的真实含义。在实际会话中,说话人不断在浩瀚的语海中选择语言形式时,他们很可能误用词语,创造生词,犯语法错误,运用非语言方式来表达或理解意思。很多语言表达本身是可重复的,正因为如此,在了解语境的情况下,我们能够推测某人会说什么。这种可重复性,给说话人带来交际的方便,但是,意义显然不能仅仅取决于语言形式。伽讷断言:每一个语境都具同有的动态性,而每一个对话都总是具有潜在的不可预测性(随语境的动态而意义千变万化)。[①] 这种动态的不可预测性就是语言的基本规则。

(三)生态互动观与语言

生态思维观不但关注互动观本身,而且关注互动所产生的现象。伽讷强调,就生物生态而言,如果要理解生物怎么样和为什么会与他们的环境因素互动而产生影响,就必须首先研究互动观自身的本质:互动是长期的还是短暂的;一次性的还是延续性的;主动的还是被动的;敌视的还是友好的;平等的还是主从的。[②] 这些问题的答案是理解动态整体系统及其内部事物特点的基础。毫无疑问,人与人之间的生存竞争方式与人与野兽之间的生存斗争方式相比显然是不同的。再如,一条没有人豢养的野狗,每天为生存而寻觅食物,与别的动物打斗;它的行为、外形、性格一定

---

① Garner,M. *Language:An Ecological View*[M]. Oxford:Peter Lang,2004:59.
② 同上,第40页.

与坐享其成的家狗迥然不同。这些差别正是由它们与生存环境的互动本质所决定的。

与上述讨论的动态观密切相关,在话语和它所处的语境之间也存在互动观及相互影响的作用。语言的根本作用就是让使用者能与其他人群进行互动、交流。人类对语言起源存在各种各样的猜想;其中之一是自我发泄(如因疼痛而大哭,因愤怒而咆哮)。如果真是这样而且仅仅是这样,即没有人与人之间的交流,语言便不可能成为今天的样子。有的语言学家不认为互动观与话语意义有关;而认为意义是由词汇和语法决定的,语言表达就是使用正确的词汇,表达符合语法的句子,使别人能理解,才是具有意义的句子。

然而,生态思维观认为互动(交流)是语言的基本功能。语言之所以发展成现在的形式,其原因就是人们在交流。交流需要语言,而又促成了语言的产生和发展。既然语言离不开人与人之间的交流,语言形式的形成和发展定与他所在的交流有关,同时形成使用于它的语境。这种语境包括语言和非语言形式。非语言形式指眼神、面部表情、手势、体态等。此外,还有说话人的相互了解、对对方的推测、生理心理状态、社会背景、文化习惯等。所有这一切,构成一个复杂的网络,交互作用、影响,呈现突出的互动性。

(四)生态环境观与语言

一提到环境,人们往往只会联想到处所,但生态思维观的环境概念并不只是包括处所;并且它不但包括实体,而且还包括抽象的概念(如文化、习俗、价值观等)。即使指处所时,也注重处所内部的各种事物的相互影响。例如,某故事发生的环境——一个小山村;这里的环境概念不仅仅是故事的实际背景,故事中的主人公性格和事件色彩与这个小山村的大人小孩、一草一木、山山水水等的环境因素都休戚相关,并且他们形成一个动态的整体,不断地交互影响、变化、发展。实际上生态思维观的环境观源于上文探讨的整体观、动态观和互动观;而三者的重点就是把它们所在的环境作为缺一不可的研究对象;即使要深入细致地研究某一方面,也不能脱离环境。

生态思维观不认为环境只是语言的背景,而是语言的基本组成部分;语言意义远不只是语言符号的串联。伽讷作了一个比喻:独立于语境的抽象语言系统,就等于只有魂而没有身体的"人"。[①] 如果真有这种东西存在的话,也没有人能够看得见、摸得着。如果这样来观察语言,正如传统语言学完全脱离语境来研究语言那样,是触及不到真实的语言和它的实质的。语言是实实在在的存在,人们每天使用它;每一个字每一句话都是在语境下的产物,总伴随着具体的时间、地点、场景、会话对象。所以,研究语言离不开语境。

第二节　语义的进化

一、何为语义进化

意义是语言的音、形、义三大要素之一,也是语言存在的本质所在。语言意义的进化是一种很重要的生态语用现象,它使语言意义内涵得到了丰富,同时促进与社会同步发展。实际上,意义进化就是语言意义的生态化、语用化、语境化、交际化和社会化。语义进化过程就是语言词汇在新的社会条件下被赋予新的意义。例如,汉字"目"是"眼睛"的意思,指身体的器官,现在说"眼睛"不说"目"。但后来产生了新的引申意思如"目光、耳目、双目失明、目瞪口呆、目不识丁"等。而"目"的本义还用于现代双音词中,不过只存在于一些特殊词语中。

语言意义的不断发展和进化的趋势发生在我们有意或无意

---

① Garner, M. *Language:An Ecological View*[M]. Oxford:Peter Lang,2004:43.

的生态语用行为活动中。在语言诸要素中,变化最快、最显著的就是意义的进化。这种意义进化表现在生态语境的方方面面,语义进化的历史发展过程和分类方式复杂多变,其未来进化态势也会是千姿百态,故确实很难有一个统一的标准。

二、语义进化的生态交际环境

语言意义进化是以生态交际语境为必要条件和基础的。什么是生态交际语境?生态交际语境是人们使用语言进行交际的各种自然和谐的环境,包括两大类:语言生态环境和非语言生态环境。基于生态交际语境,意义进化可分为"语言生态环境"意义进化和"非语言生态环境"意义进化。前者是基于语言生态环境,借助上下文使用语言的意义进化。这种意义进化与上下文紧密相连,通过语篇的上下文可以看出意义的进化和发展情况。后者是涉及社会背景和文化习俗的意义进化。它基于一个语言单位,如字的内涵意义和另一个语言单位,如另一个字的概念意义而组成。例如,汉语把棕色的茶和糖叫"红茶"和"红糖",有些方言还把"红糖"叫"黑糖"或"酱糖"。这就是字的内涵和概念的组合差别。由于与此相似的差别,会形成意义的进化。下面就对这两大层面做具体分析。

(一)语言生态交际环境的语义进化

认知语言学和语义场理论都认为,人们已有的心理认知定式会对其语言认知行为和语义认知表征方式产生影响。例如,"扫黄打黑"中"黄"和"黑"的本义都代表颜色,即"黄色"和"黑色",它们通常修饰物体以代表其外部特征,而此处显然没有颜色可言。"扫"与"黄"和"打"与"黑"形成了认知者经验与表征方式的不相容性,因为"扫"与"黄"和"打"与"黑"分属不同的大脑认知空间。二者通过不同认知空间的互动,组合到复合的认知空间,形成新的认知表征方式;即"扫黄打黑"。这一跨认知空间的表征方式的内在语义是符合客观真理的,便可以联想到"黄"和"黑"在此分别等于"淫秽"和"暴力"的意思。类似的例子还如"甜言蜜语""冷嘲热讽""荤段子""黄段子""黑段子""红眼病（指嫉妒）""脏话"和"黑话"等。

由此可见，人们在具体的语言交际实践活动中，语言的变异形式，如修辞格"隐喻、转喻、拟人、联觉、换置法、矛盾修辞"和"共轭搭配"等都是语言意义变异的主要表现形式。

（二）非语言生态交际环境的语义进化

语言是人们表达思想感情，进行人际交流的工具，因此语言的表达也就难免会受到语言社团的社会文化和习俗的限制。例如，"狗"这一动物在汉民族人的心目中是一种不好的东西，往往表示某种负面意义，所以汉语含"狗"字的词语搭配总会表达一种憎恶的情感，像"走狗""狗眼看人"等常用的语言搭配形式。相反，在英美等国家，人们心目中的"狗"不仅是一种好的动物，而且还被视为人类的忠实朋友。可见一个"狗"字在不同的文化里有着极其不同的认知含义。这就充分证明，语言意义的进化不仅和语言本身的各个要素相关联，而且还和以下诸非语言生态环境因素相关联。

1.社会生态因素基础上的意义进化

语言意义的演变和进化受客观社会因素、语言发生生态环境的制约和调控。例如，"手稿"原指"亲手用笔写的文稿"，现在只要是作者送到出版社去的原始文稿，都可叫"手稿"。

2.阶级生态因素基础上的意义进化

阶级原因和社会生活中的心理因素可导致语义褒贬等方面的演变。例如，汉语的"农民"一词原来是中性意义，但由于过去的阶级偏见因素把"村民"和"坏人"混为一谈，使"村民"一词的意义发生了演变，像"地主""富农"等。由此可见，在语言中凡是涉及社会地位低下的人的词汇，几乎都带上了贬义，就连汉语褒义词语"小姐"也带上了很浓的贬义色彩。

3.民族生态因素基础上的意义进化

不同民族的感情原因也会制约和影响意义褒贬的演化发展。和西方各民族不同的是,中华民族要表达尊敬有时也特意加上"大"字,像"大姐、大嫂、大娘、大哥、大叔"等。或加上"老"字,如"老兄""老哥"表达尊敬,或加上"老"字,如"老朽""老夫"表达自称。当然,受其他民族因素的影响,这种倾向也在悄悄发生着变化。

4.性别生态因素基础上的意义进化

语言的确存在"性别歧视"的客观事实。譬如,汉语里的"贱内""当家的(多指男性)""掌柜的(多指男性)""大男子"和"大丈夫"等。另外,一些不带形态标记的语言形式往往多指男性,而要表示女性的时候,必须加上形态标记加以区别。与此同时,许多这类语言形式至少表面上带有性别偏见,所以越来越多的没有性别差异的词语便应运而生。

三、语义进化的生态演变类型

语义进化的生态演变类型中,某个语言形式由许多义项构成,以某个意义选项为中心,衍生出一些次要意义选项,各义素呈辐射形,中心义项具于中心位置,如"车毂",次要义环绕着它,如"车辐",这种现象称为"语义的辐射"。例如,"头"作名词时,其中心意义是"身体的一部分",但其次要意义却有几十个,而且不同的搭配就有不同的意义选项。

(一)语义缩小

语言意义从普遍语义演变、缩小为特指意义,称为"语义缩小",又叫"语义特殊化"。语义的缩小现象可以分为以下几大类型。

1.普遍意义演化为特指意义

当某种用法在语言实际交际中开始通用时,它就已经获得了特指的词义。例如,汉字"屋"的原意是"房屋"。而现在它的意义范围已经很小,即词义缩小了,所以可称"房间"为"屋子"。

2.抽象意义演化为具体意义

现以汉语"抓"字为例子,它现在可以具体指"拉手""窗钩"和"门扣"等意义,在这种情况下,它指具体的一件东西,词义便缩小了,而"抓住"是它抽象化的普遍意义。

3.普通意义演化为专有意义

当普通名词变为专有名词时。例如,汉字"禽"引申为泛指鸟兽,意义扩大了。但"禽"现在专指鸟类,语义缩小了,本义便消失了。

4.一般意义演化为术语意义

几乎所有语言中表示术语意义的词大都来自一般词语。例如,《说文解字》中汉字"瓦"的本义是土器已烧之总名,而现代汉语的"瓦"专指屋顶上的瓦,其语义就缩小了,演化为术语了。

(二)语义扩大

凡是词汇的新义能涵盖旧义时,这种演化叫作语义的扩展或扩大,也叫作语义的普遍化。语义的扩充现象也可以分为以下几大类型。

1.特指意义演化为泛指意义

例如,汉语"吃空饷"一语原指军队中虚报人头冒领军饷,随着语言和社会的发展,"吃空饷"的本义已很少使用,大都用它的引申义,可指任何单位虚报职工数目来套取政府工资的现象,语义显然扩大了。再如，汉字"器"的本义是陶器，现代的"器"字泛指各种器具，不再专指陶器。类似的实例还如"师傅""先生"等。

2.具体意义演化为抽象意义

例如，汉字"身"本义是自肩至股的部分。"身"的词义后来扩大为"身体"，"身"的本义便消失了，即从具体义演化到了抽象义。

3.术语意义演化为一般意义

语言中许多科学术语进入日常生活，它们的词义也得到扩大？例如，汉语中医学术语"流产"在日常生活中可指"计划流产、项目流产"等；生物学术语"（动物）触角、触须"的词义已扩展为所有像"触手"一样的东西；化学术语"催化剂"现在可指"刺激或促进因素"等。

4.专用意义演化为普通意义

在语言交际实践中，一般认为专有名词只能用于指称而没有意义。例如，一种火车自动链接装置"詹天佑"原来就是发明该装置的科学家的名字。日常生活中许多用品的名称也来自人名，用来指他们发明或制造的东西。

（三）语义升格

凡是语言意义朝着褒义方向的演化发展叫作语义的升格，也就是语义的"美化"。随着词义范围的变化，不少词语获得了较好的意思。例如，现代汉语的"补鞋匠"一词升格为"鞋靴专家"，"家庭妇女"升格为"家庭工程师"，"园丁、花匠"也升格为"风景建筑师"，"垃圾清运工"经历了由"清洁工"再到"垃圾学专家"的进化过程。再如，当今非常流行的汉语"吃货"一词原来带有贬义，特指"光会吃不会做事的人"，可现在它已经成为褒义词"美食家"的一个同义词。另外，汉语里"戏子"一词原来带有"轻蔑"的意义，是贬义，现在已经成为中性词"演员"的一个同义词。更有甚者，

"戏子"之意还可以升格成为"歌星、影星",甚至"歌后、影帝、歌唱家"等褒义。

(四)语义降格

语义演变为贬义的过程叫语义降格。语义降格的例子很多,如"奇葩"一词原本是"奇特而美丽的花朵"之意,现在该词的语义正朝着贬义的方向演变,常用它来指"另类(的人、物或事)(骂人的话)",带上了负面色彩。

(五)语义分解或合并

语义分解或合并的语言实例众多,语义合并如汉语中的"耄耋""貔貅""匍匐""饕餮"等例子。而古汉语中的"妻子"分解为现代汉语的"妻子"和"子女"则是语义分解的典型实例。例如,《诗·小雅·常棣》中"妻子好合,如鼓瑟琴。兄弟既翕,和乐且湛。"再如,《孟子·梁惠王上》中"必使仰足以事父母,俯足以畜妻子。"再如,杜甫的《闻官军收河南河北》中"却看妻子愁何在"。这些例句中的"妻子"含"妻"和"子",是"妻子"的意义经长期演化、分解而成。

以上分析阐述表明,在语义进化发展过程中语义的分解与合并往往和语言发展的历史因素和社会原因等息息相关,这也使语义的演化与时俱进,增加了历史意义和社会意义。

四、语义进化的生态演变路径

语义学的分支学科语义转移理论认为,语义范围的演变和语义褒贬的演变都不会引起词汇所指事物的类别发生变化。而当语言从"内涵意义"转移到"比喻意义"或称"语用意义",所指事物类别却发生了变化,甚至完全不同,语义发生了转移,这主要是指在语言交际中各种修辞格引起的意义进化。弘基斯(Hodges)认为,"对于说话者和听话者来说,比喻、讽刺、礼貌和其他的语用现象都会使事情变得比较复杂,而自相矛盾的是它们也会使事情变得更有效果和更有意思。"①

（一）隐喻义的演变与生态语用相关

隐喻义的基础是辞格隐喻（暗喻）的使用。当两个事物在特征上有某一类似之处时，用指一个事物的词来指另一个事物即形成隐喻意义，这也是语义进化的重要途径。莱考夫（Lakoff）和约翰逊（Johnson）强调人类概念系统的核心源于"近取诸身，远取诸物"的理念，即直接以人类的身体感知、身体运动和个人经验为基础（即经验哲学和人类中心说），这种想象力是不能脱离客观世界的某个形体。也就是说，那些不是直接来源于经验的概念是运用隐喻、转喻和心理意象的结果，所有这些概念都超越了外在现实的直接映象或表征。隐喻、转喻和意象等语言辞格都是以人们自身经验为基础的，正是人类的这种想象力和联想力才产生了"抽象"的思维和概念，并使心智超越我们所看到的和感知到的。②

在语言修辞格中，隐喻表达是以"相似"和"联想"为其语言认知基础的。例如，秦牧的《土地》中，"我骑着思想的野马奔驰到很远很远的地方，然后才收住缰绳，缓步回到眼前灿烂的现实中来"。巴金的《雪》中，"于是锣鼓响起来，马科长和王科员粉墨登场，唱了一出'小放牛'"。再如，由于梳齿的形状像牙齿，所以通过联想可用"齿"这个词来指"梳齿"之意。

隐喻式习语大部分都会产生隐语义。例如，"老大爷驾鹤归西了。"隐喻修辞格是一种特殊的比喻，它用一种事物暗喻另一种事物。事实上，各民族的文化积淀都会赋予隐喻式习语以各自深厚的文化内涵和意义所指，几乎所有的习语都是隐喻化产物。隐喻式习语的本质特征是比喻的本体与喻体之间不需要比喻词（如"像""如"）作为媒介，而是直接将甲事物当作乙事物来描写，形式

① Hodges，B. Ecological pragmatics：Values，dialogical arrays，complexity and caring[J]. *Pragmatics & Cognition*，2009(17)：628-652.

② Lakoff George & Mark Johnson. *Philosophy in Flesh：The Embodied Mind and Its Challenge to Western Thought*[M]. New York：Basic Books，1999：13.

更简练,意境更深远,表达更含蓄。因此,该辞格也被有些语言学家称之为"缩喻",如汉语的"出口、路口、入口、街口、门口、井口、窗口、河口、巷口、渡口、裂口、关口、海口、港口、道口、刀口","墙头、椰头、浪头、地头、田头、城头、街头、山头","湖心、河心、江心、街心、花心、轴心、圆心、灯心"和"牛耳"等。有的隐喻属判断性暗喻,汉语用判断词"是"来联系。例如:

世界就是个大舞台,男男女女都是演员而已。

少年儿童是祖国的花朵,青年则是早晨八九点钟的太阳。

王大头是头猪。

以上三个例句中的所指与被指之间都具有或存在某种类型的相似性,而且都用"是"进行连接来产生比喻意义。

有的隐喻本体与喻体之间的关系是修饰与被修饰的关系,叫修饰性隐喻,如汉语的四字成语"人山人海、枪林弹雨、车水马龙、狼吞虎咽、蝇营狗苟"等。有时用"……的"或"……之"来联系,有时本体与"……的"或"……之"连用作为修饰语来修饰喻体,如"生活的网""爱的食量""沙漠之舟""高原之舟"和"森林之王"等。有时喻体与"……的"连用作为修饰语来修饰本体,如"花朵一样的女孩""海水般无尽的麻烦""狐狸一样狡猾的人"和"雨点一样密集的子弹"等。以上例子中的"……的"都含有明喻里"像"或"如"的比喻意义。

一些用作转喻意义的形容词也是修饰性隐喻,如"多实的"一词原用作本义与"树"搭配使用,现可用作转义,与"工作"连用,如"富有成效的工作"等。再如,"花"原与"玫瑰、月季、牡丹"等连用,现可与"健康、年龄"等搭配使用,意指"身体很好、精力充沛"等,如"花季年华、花季少年、豆蔻年华"。

语言交际者为了使比喻形象、生动、活泼,他们经常凭借"持续隐喻"来增强语言的修辞色彩。有时讲话人因比喻辞格使用不当,便形成"混合隐喻"。语言交际中,修辞格隐喻能使语言意义发生转化的现象相当普遍,可以说是司空见惯,现从如下几个方面进行实例分析。

（1）基于人体器官的隐喻：表示人体各个部分的词几乎都有隐喻意义，这在语言中相当普遍，如汉语的"头、脑"——"枕头、心头、电脑"等，"手"——"门的把手、椅子的扶手"等，"眼"——"芽眼、针眼、枪眼、泉眼、（门的）猫眼、心眼"等，"背"——"靠背、书背"，其他例子如"披肩、山脊、山腰、山嘴"等。

（2）基于动物器官的隐喻：表示动物及其各个部分的名称通过隐喻使词义有了演变，这在语言中也司空见惯，如汉语的"虎视、牛饮、狐疑、蚕食、鸟瞰、龟缩、蜂拥、鲸吞、机翼、船尾、鸡心领、花冠"等。

（3）基于植物器官的隐喻：自然界的各种植物及其器官的词汇也可能会通过隐喻方式使词义发生演变，这在人类的语言中随处可见，如汉语的"墙根、舌根、寻根、骨干、地核、脑壳、神经末梢"等。

（4）基于其他事物的隐喻：所有语言词汇的共有现象是用动物名称来指人，从而使其有比喻意义的外延属性。例如，语言中的动物名称词可用来指人，当然也可用植物来暗喻人，如汉语用"傻瓜"和"木瓜"喻指人的愚笨，"烧山药"喻指人的相貌丑陋等。还可借助其他事物暗喻人，如"坏蛋"用于指代"坏人"，但"好人"却不能说是"好蛋"等。另外，语言中很多花卉名称的词汇也来自此类隐喻，如"鸡冠花""绣球花""牵牛花"和"喇叭花"等。再如，植物名称的隐喻："狗尾巴草""含羞草""勿忘我""发菜"和"地衣"等。

上述所举例词充分表明，隐喻式语言的使用在语义的演变进程中起着举足轻重的作用，极好地丰富了语言的意义和形式。

（二）转喻义的演变与生态语用相关

语义演变的另一种方式叫"转喻"，又称"借代、换喻、挽喻"式的语义演变，是借助一事物的名称词替代另一密切相关的事物的名称，或由一概念替代另一相关的概念。举几个简单的例子来说，如重庆方言中"棒棒"指代用棒棒挑东西的人；"锅开了"，南

"锅"来代替锅中的水,两者之间产生了借代关系,并形成转喻意义的生态语境化演变。

转喻转义的演变实质就是心理认知表征上通过某个概念实体来把控另一概念实体的转化过程,将转喻转义看成是一个概念实体或参照点为另一个概念实体提供心理认知通道的"参照点现象"。例如,"美眉、美媚"到"妹妹"再到"美女"的语义转化。因为,世界上任何两个事物之间的现实关系是多模态的,或存在各种各样的关联性,借代辞格的种类自然也是多种多样、互为关联的。例如,"人生若梦,一樽还酹江月。"这句诗中的"一樽"指代"一樽酒"。其实,语言中的借代俯拾可得,借代是一种转义现象。本意(即本体意义)与转义(即转体意义)间存在生态演化关系。根据转义而表现的语用功能可以分为以下十类。

(1)以特征指代事物,如"便衣"代表"便衣警察","白发"代表"老人","王冠"代表"君王、王权","君主的节杖"代表"君权、统治权","宝座、御座"代表"王位、王权","秃子"代表"秃头的人"等。

(2)以工具代替人,如"剑、枪杆子"代表"武力、战争","笔杆子"代表"善于写文章的人","喉舌"代表"代言人","刺刀"代表"士兵"等。

(3)以容器代替内容,如"酒杯"代表"酒","瓶子"代表"酒水、饮料"等。

(4)以器官代替功能,如"眼睛"代表"眼力、眼功","耳朵"代表"听力"等。

(5)以人/动物代替特性,如"男孩"代表"稚气、顽皮","狼"代表"残忍、贪婪","猪"代表"懒惰、贪婪、肮脏"等。

(6)以原料代替制成品,如"熨斗"代表"铁","一枚铜币"代表"铜","第一小提琴"代表"第一小提琴手"等。

(7)以作者/生产者代替作品/产品,如"王老吉(人名)""喝杜康","读鲁迅"和"驾驶福特"等。

(8)以具体事物代替抽象事物,如"脑子"代表"智力、智商","心"代表"心情、心绪、心境"。

（9）以抽象事物代替具体事物，如"青年"代表"青年人"，"斯文"代表"文人"，"才智"代表"人才"等。

（10）以处所代替事物/活动者，如"全市"代表"全体市民"，"举国"代表"全国人民"，"战场"代表"战斗"等。

第三节　生态与语言意义

一、生态、语用与语言意义

生态环境不仅是大自然赋予人和其他动植物生存的空间，也是语言，特别是语言意义存在、进化和语用化的场所或基础。生态语用学或称语用生态学就是研究生态与语用关系的专门学科，它是从生态的角度研究语用行为，也是一个非常年轻的学科领域。高特利（Goatlv）、韩礼德（Halliday）、弘基斯和黄知常等人认为语言意义的进化和生态言语行为都发生在生态语用环境中。

在语用生态的基础上，语言不仅传递语言意义，更重要的是其语用意义。正如王晓升（1994）所说"语言的意义既是关于客体不同侧面的信息，是客体的本质、属性和运动规律的反映，又是在人们的社会交往和社会实践中不断地发展的"。单个词的语义系统是这样，整个词汇的语义系统也是这样。

生态语境中的语言意义常常建立在它的交际运用中。当现有的意义不足以表征外部世界的变化特征、不能满足语言运用的需求时，人们就赋予现有语言单位新的意义，包括语言使用者的个体特征，如其态度、意向和情感等语用因素。于是这个语言单位临时获得新意义，即为它的语用意义。不难看出，语言的语用意义的生成既有其客观生态基础，又有语言运用者主观意图的投射，两者是统一的。例如，"说曹操，曹操就到"。这句成语形容刚提到某事（人），某事（人）就发生（出现）的这种巧合的结果。再如，"周瑜打黄盖，一个愿打，一个愿挨"。这一典故喻指两方面都愿意接受的事情或情形。

英语和汉语中都存在许多典故、成语和俗语等的生态语用固化现象，这种生态语用固化具有相对的稳定性和发散性。例如，上述两个例子中的习惯用语既有字面意义，又有发散性的语用比喻意义。人们通常运用那些约定俗成、短小精悍的语言单位，通过隐喻来表达言外之意：习语的加工理解是隐喻意义被激活的结果。

作为一种普遍的语言现象，语言生态化或生态语用化始终贯穿语言意义进化的全过程，这个发展过程就是生态语义演变的深层发展机制。也就是说，在日常语言交际中，语言的意义往往会脱离其原意，产生新的语用生态意义。

二、语用意义与生态语境

生态语用研究的显著特征是以生态语境做参照的语言话语分析，因为与生态语境的相互依存是语用意义生成的根本途径。

语用意义赖以产生的生态语境包括"语言生态语境"和"非语言生态语境"。语言生态语境指语言本身被制约的生态语言因素，而非语言生态语境指交际场景等非语言生态因素。例如，"我们可以拿钱买到选票、阿谀之词，但不能买来尊重"。一句中，"买"的语用意义是"获取""换取"。因为"选票"和"尊重"同属不可以用货币计价购买的东西，而且更不可能拿"阿谀之词"去购买"选票"；但在现实生活中有些人可用阿谀奉承、溜须拍马来巴结、取宠于人，有的人虽腰缠万贯，但生活并不幸福美满，得不到别人的尊重，所以"买"的语用义"获取""换取"只是在"选票"和"尊重"这一语言语境下产生的。离开"选票"和"尊重"这一语境，"买"的这一语用意义将不复存在。再如，修辞中的"共轭"现象就是通过语言语境共生临时语用意义的典型例子。"共轭"辞格中一个词语同两个分属不同语义范畴的词语搭配而成。

以上例子均表明语用意义和语境是共生共灭的。而且，语境不同，语用意义也会有不同程度的差异。

三、语言意义与语用意义

一般来说,语言学把语言的意义归为语义意义和语用意义两类:前者即字面意义,或称中心意义;后者即延伸意义,或称交际意义。在语用生态环境下,语用意义总是万变不离其宗,同其语言意义相对,且又相互依存。词汇意义和语法意义是语言意义赖以存在的两个基础。

语言的基本意义是其词汇意义。词汇意义一旦固定下来,便具有相对的稳定性。与此相对,布莱克莫尔(Blakemore)和布拉特尼(Blutner)的语用意义常因人、因时、因地而异,具有一定的临时性、可变性、主观性和个人情感性。因此,语用意义可以被定义为语言交际者在一定的生态语境和语用目的支配下,语言交际过程和交际语境赋予语言单位的临时性意义。[①] 现将其基本的本质特征做以下几个方面的简要分析。

(一)互补性

语用意义与语言意义需要互相补充而发展演变,语用意义和语言意义必须依附原来的语言意义而存在。具体来讲,语用意义的产生和理解都要依托源语言意义的义、音或形。否则将会是"皮之不存,毛将焉附"。例如,在"兴趣是事业的大门"一句里,"门"的原意为"出口"或"入口",后来进化成"路径""基础"等意义。所以,这句话就是,主观上有什么样的兴趣,就会产生什么样的思想愿望。据此,"大门"一词就发展成"路径"或"基础"的语用意义。

上面这个例子中的"事业的大门"的生态语用义"路径、基础"是以这个词的原意"出口、入口"为依托,这表明生态语用意义和语言意义的相互补充性、相互依赖性。再如,"解决问题的钥匙"中"钥匙"的语用义"答案"的产生是依托其原义"开锁的钥匙";

---

① Blutner,R. Lexical pragmatics[J]. *Journal of Semantics*,1998(15):115-162.

"生命之末日"中"末日"的语用义"晚年""暮年"所依托的是其原意"日落"。因此,某些词赋予的临时语用义经过长期反复使用,现在有些已成为它们的语义构成成分,人们不一定能觉察出或不去追寻它们曾经的语用意义。

(二)差异性

在语言演变发展的过程中,语用意义要依附于语言意义,又会随交际生态语境的变化而不同。例如,"这两父子有 1001 个不同点"中"1001 个不同点"的"数目"字面意义与"两父子有太多的不同点"是有显著区别的。

(三)独特性

语用意义的独特性指其存在的根本形式带有语言使用者的个性特征,而语言意义的独特性则指其意义的原始性。例如,"我的人生是一条很长很长的曲线,充满太多太多的转折点"一句用"充满转折点的曲线"来喻指一个人"坎坷不平、起伏不定、历尽沧桑"的人生历程。这样的语用意义既体现交际者个人的深切感受,又具有明显的个人特点。

再如,《白杨礼赞》中茅盾赋予"白杨"以挺拔向上的高尚品质,并以之讴歌广大军民在中国共产党领导下顽强抗击日本帝国主义和国民党反动派的英雄气概,白杨树实在不是平凡的。在《白杨》里袁鹰赋予"白杨"乐于奉献的语用意义,歌颂 20 世纪 60 年代初中国知识分子扎根边疆、建设边疆的建设者们干革命的可贵精神,赞美他们无论在怎样艰苦的条件下都能像白杨树那样坚强、不软弱、不动摇的崇高品格。两位作家赋予同一事物"白杨"不一样的语用意义。在其语用意义产生的同时,都仍然保持着其独特的语言意义。以上诸例中的语言单赋予"白杨"坚强不屈的临时语用意义。

第四节　语用意义的生态解析

一、何为语用意义

语用学中,意义是基础概念之一,同时也是重要概念之一。需要注意的是,语用学中意义的研究和语义学的研究有一定的差异性。具体来说,语用学中对意义的研究限定在一定的具体语境中,而语义学对意义的研究针对的是话语本身的含义。下面从语用学的角度出发,对意义进行分类研究。

(一)句子意义与话语意义

句子主要指抽象的语法结构或是与语境条件相脱离开的结构组合。句子意义是依据一定的语法规则组合而成的语言单位,且具有一定的意义,词汇意义与语法意义组合起来即构成句子的意义。例如:

我明天有考试。

该例是一个简单陈述句,主语是"我",谓语是"有",宾语是"考试",此外还包含一个时间状语"明天",即说话后的第二天。这些词汇意义综合起来的意义就是句子的意义:说话人明天有考试。无论何时,这句话都具有这一字面意义,该意义是孤立存在的,脱离了具体使用条件。

上句话是出现在特定的语境中时,说话人想通过该句子传递的信息可能并不仅仅是字面上的意义。例如:

甲:晚上去看电影吗?

乙:我明天有考试。

在本例中,面对甲的邀请,乙通过"我明天有考试"这样的回答希望传递的信息并不是其字面意义,而是表达一种隐含信息,即我晚上不去看电影,因为明天有考试,委婉地拒绝了对方的邀请。这时"我明天有考试"就是句子在特定语境中的具体运用,这时我们就将其称为"话语"。话语是在特定语境条件中所使用的句子。

需要指出的是,在一些语境中,一个词或词语也可以构成一个话语。例如:

"火!"

这只是一个独立的词,因而从语法上来讲,并不能算作一个完整的句子,但是它可以出现在实际的交际场合中,这时就是一个话语。例如,如果甲想抽烟时,拿出香烟却发现没有带打火机,因此对乙说"火!"意思是想向对方借打火机或火柴;如果说话人看到附近有座房子着火了,因此对听话人说"火!"表示说话人告诉或提醒对方有地方着火了,这时也算是一个话语。

根据上述分析可知,话语意义是在特定的语境中所使用的句子,词或词语,表现的是特定的语境意义。话语意义是一个语用学概念。句子意义是与语境条件脱离开的抽象单位,无论是哪种条件下都具有恒定的意义。句子意义是一个句法学、语义学的概念。

(二)抽象意义与语境意义

对意义可以从多种角度来进行区分与界定。上面所讨论的主要是语用学关注的话语,以及特定的语境条件下说话人想要传达的交际信息,也就是某一话语在特定条件下的语境信息,与语境关系紧密,属于语用意义。而抽象意义则与语境意义相反,指的是一个词或词语、一个语言结构或句子所具有的非语境意义,是孤立的字面意义,与语境无关。例如,词典中提供的某一个词或词语的意义,就是抽象意义,脱离了语境条件。例如:

他是一头牛。

从抽象角度而言,也就是不考虑特定的语境条件,该例表示的信息就是其句子意义"他是一头牛",具有真假之分,当某人真正是一头牛的时候,才可以说"他是一头牛",如果不是这样说就是不正确的,缺乏真值。然而,人们日常生活中经常会使用类似的话语,同时具有丰富的语境意义。例如,在不同的条件下,这句话所隐含的语境信息也可能不同,下面的话语就传达了不同的语境意义。

    a. 他很倔强。

    b. 他很鲁莽。

    c. 他很老实、憨厚。

    d. 他很勤劳、朴实。

关于抽象意义与语境意义之间的区别说明,单靠了解单词或词语的词典释义以及将它们组合为句子的语法知识,难以保证交际的成功。一个词、结构或句子在特定条件下可以将字面意义之外的语境意义传递出来,与说话人的交际意图联系紧密。

语用学注重是的"如何将字面意义这种抽象意义与语境意义结合起来,说话人等交际主体如何根据语境条件去使用语言,传递字面意义以外的语境信息或语境意义,以及听话人如何根据语境条件去获取说话人希望传递的交际信息"。[①] 因而,语用学分析的基本单位是使用中的话语或言语行为。话语是说话人在特定的条件下选取的结构或语言形式,使用中的句子也包含在内。我们常说的"句子"则是一个抽象的概念,与语境无关,所以在语用分析时,人们往往会使用"话语",以及说话人借助话语传达的交际信息或语境意义。简单而言,语境意义就是说话人借助某一话语想要传达的交际意图,即说话人的意义。

(三)自然意义与非自然意义

自然意义与非自然意义的概念是由格赖斯(Grice,1957)提出的。自然意义指的是话语的自然所指或对某一特定事物的自然显示。例如:

打雷意味着要下雨了。

---

① 冉永平.语用学:现象与分析[M].北京:北京大学出版社,2006:9.

此类话语与自然现象有关,其所传递的信息是一种自然意义。但是,语用学关注的是一定语境条件下的非自然意义,这主要是因为交际需要非自然意义,也可以说,在交际过程中,人们使用或理解特定话语时的努力表达或寻求的往往与说话人的交际用意联系起来。非自然意义指的是与特定的语境因素如交际目的、交际主体等紧密相关的交际意义,即语境意义。例如:

他的脸红了。

这一话语并不是自然现象的直接反应。它可以出现在下面的语境中:

感到很紧张,所以他的脸红了。

他心里有鬼,所以他的脸红了。

见到女生,他的脸红了。

在不同的语境条件下,其所传递的语境信息也有所不同。也就是说,话语所表示的语境意义会随着特定语境条件的改变而改变。由此可知,在交际过程中,语境条件对话语的意义具有制约作用,而非自然现象与使用者及其交际用意关系紧密。换言之,非自然意义是特定语境条件下的说话人的意义与语境意义,一旦语境意义发生变化,非自然意义也会有相应的变化。可见,非自然意义与语境意义是联系紧密的语用信息。

二、从生态语用学审视语用意义

客观生态环境和交际者的各种要素都是复杂多变的,语言的语用意义也随之不断地发展变化。这就是语言意义进化和发展的总趋势。通过对语用意义分类梳理,不难看出,由于语言运用者不同的个人的特点、不同的交际环境和语用目的,语用意义常因人、因时、因地而异。

生态语用学将语言的语用意义的研究作为一个相当重要的研究领域。语用意义其实就是语言的言外之意,就是与语言的命题意义不同的语用含意。例如:

甲:小李在哪儿?

乙:小红窗下有辆自行车。

甲:那儿有个商店,我们去给孩子买点儿吃的吧。

乙:好的,但不要买那个两点加水的东西。

前一个对话里乙的回答表示小李可能在小红屋里。后一个对话里乙的回答表示不让孩子们听出说的是带"冰"字的东西。像这样的会话含意可以通过格赖斯(Grice)的"合作原则"进行推导。①

语用学有关语用意义推导的论述,对理解话语的语用意义是有启发作用的。我们试图以莱文森的新格赖斯会话含意理论以及斯波伯(Sperber)和威尔逊(Wilson)的关联理论对语言的语用意义做简单的解析。

(一)常规关系基础上的生态语用意义

莱文森的常规关系理论认为话语往往蕴含着常规语用含意,即话语缺损义。莱文森的信息原则的说话人准则告诉我们,语言运用者往往只提供最小极限的语言信息,只要能达到交际的目的就够了。根据这一原则,语言的运用要求明晰、准确和贴切。"明晰"是指清楚、无歧义、详略适度不冗长。"准确"是指词所表述的事物确实无误,信息量要不多不少。"贴切"是指遣词造句要同上下文、情景相切合。但在实际语言运用中,说话人常常有意明显违反这些原则和要求,故意把话说得冗长、不贴切、不准确、不明白,其目的是赋予语言临时的语用意义。

莱文森信息原则的受话人准则告诉我们,受话者常常可以通过找出最为特定的加工理解来扩展和充实发话者的话语信息的内容,直至了解发话者的真实意图和所指。这项准则的明确设定和话语中所涉及对象与事项之间就是"常规关系"。从这些规定中可以看出常规关系在扩展信息内容以找到最为特定的理解中的重大作用。我们发现,在语用会话意义的理解中,原词同词的

---

① Grice,H. P. Logic and conversation[A]. *Syntax and Semantics*[C]. P. Cole & J. Morgan(eds.). New York:Academic Press,1975:41-58.

语用意义之间也被设定存在着常规关系,这种关系是启动语言的语用意义推导和理解的契机。事实上,莱文森并没有给出常规关系的具体定义:常规关系是语用意义推导的理据和基础。尽管它们中概念意义都无法形成相关的具常规意义的搭配,但却能表达一种特殊的含义,也是典型的生态语用行为。

(二)生态交际语境基础上的生态语用意义

斯波伯和威尔逊的关联认知理论对我们研究交际语境中的话语意思具有指导意义。基于生态语境中话语意思的生成机理和语用意义的性质、特点,用语言符号来表达的客体是复杂多变的,即语用意义具有多变性和不稳定性。当语言单位的意义选项不足以展示外部客观世界和语用者的内心世界的客体,语言运用者在一定的语境下,为实现一定的语用目的往往需赋予原有的会话表达新的意义,即语用意义。语用意义依附原来的语言意义而存在,是在源语言表征形式的基础上和特定的生态交际语境中生成的。需要指出的是,语用意义不是语言意义的延伸,或者说不是语言的延伸义。

生态语用因素主要指语用目的和语境知识。除了区别语言意义和语用意义外,在理解语用意义的过程中,他们的关联认知原则指出,人们之所以这样来安排组织话语而不那样来安排组织话语,就是因为这样的话语已经决定了最佳的关联性,即用最小的认知努力就能表述最充分的会话意思。这正符合兹复(Zipf)所说的人们使用语言一般会遵守"省力原则"[①],也就是说话语加工理解要付出尽可能小的努力,来获得尽可能大的交际语境语用效果。

由此可见,在生态交际语境中由于说话人如何说话以及听话人如何理解话语之间存在信息差或缺乏关联性,都会产生另一种或临时的语用意思。例如,雀巢咖啡有一句家喻户晓的广告词:

① 转引自刘思等.生态语言学背景下的东乡语语用研究[M].兰州:兰州大学出版社,2015:26.

"味道好极了!"。由于"味道"一词的意思在生态语境中的多义性,该广告的意思既可以是味道好,也可以是味道不好。当然,这条广告的意思肯定是指"味道好极了!"。但是,如果我们换一个交际环境,意思可能就会不一样。因此,格兰迪(Grundv,2000)也就指出:"同样一个语言会话行为竟然会有截然相反的两种语用加工理解和与之相关联的语用意义。"①这就是语言的"交际生态语境化"作用所造成的语义变化结果。交际生态语境决定着语言单位的义项的选择和确定。基于语言里这种深层、潜在的语用意义的对立关联,类似的例子如"灯光!"既可指"开灯!",也可指"关灯!"。这种生态语用意义和交际语境的"最佳关联",容易被理解,也容易被接受。这种推导和解析才是成功的,才是生态语境中的"最佳关联"。②

斯波伯和威尔逊的关联交际原则认为,单个的明示刺激不允许导致多种理解和解释,即一种话语在具体的交际语境中只有一种意思的语用选择。通过以上例子可以看出,以语用意义与交际语境的关联性为参照,对正确的语用意义的充实或紧缩起着至关重要的作用。

总之,在生态语用交际环境里,语言意义是一个开放系统,随时随地都可能有新的语用意义产生或消失。因此,在语言运用的过程中,随着时间的推移和交际生态环境的变化,语言的不同语用意义会源源不断地涌现出来。生态语用意义的研究有助于提高我们的语言表达技巧和表达质量,更会使生态语用学的研究更深入、更细微。理解和使用语用意义会使语言表达形象生动、新颖别致、贴切准确、寓味无穷,而且余味无穷。语用意义的生态语用学研究会大大加强和开发语用者的生态语用潜力,提高语言的表达功能,进一步起到丰富和发展语言意义的巨大作用。

① 刘思,李宗宏,张水云,等.生态语言学背景下的东乡语语用研究[M].兰州:兰州大学出版社,2015:26.

② 李宗宏.词汇语用学与语言歧义性探索[J].宁夏大学学报(人文社会科学版),2006(6):39-45.

第五章　生态视阈下的翻译理论

"生态翻译"是从生态视角综观和描述翻译的总称,是一个整体概念,内涵丰厚。具体来说,生态翻译——既可以指以生态视角综观翻译整体,也可以指以自然生态隐喻翻译生态;既可以指维护翻译语言和翻译文化的多样性,也可以指运用翻译促进生态环境保护和生态文明发展;既可以指以生态适应来选择翻译文本,也可以指以生态伦理来规范"翻译群落";当然也会包含以生态理念来选择生态翻译文本以及翻译生态自然世界等。如果单一地从文本角度来看,生态翻译也可以指基于源语生态和译语生态的"文本移植"。

第一节　生态视阈下的"何为译"

一、翻译的本质

翻译学的复杂性在于它几乎与所有的学科都有关系。正是由于翻译所具有的跨学科性、综合性和复杂性,使得对翻译本质的认识和表述多种多样。

有的学者从翻译活动(或功能)视角探究翻译。例如,歌德认为,翻译是"全世界一切事物中最重要、最有价值的事物之一"。翻译界普遍认为,翻译是一种跨文化的信息交流与交换的活动,是一种跨语言、跨文化的双重交际活动。翻译是有译者参与的活动,是一种语际转换活动,是增强促进人们社会交流发展的重要手段。

有的学者从语言视角探究翻译。例如,中国翻译界比较熟悉的以下几条定义：翻译是"将一种语言中的信息替换为另一种语言中的完整信息，而非替换为孤立的语码单位"。① 翻译是"把一种语言（源语）的文本材料替换为另一种语言（译入语）中对等的文本材料"。② 翻译是"从语义到文体，用贴切的自然对等语在接受语言中再现源语信息"。③

《中国翻译词典》中的"翻译"词条也是这样定义翻译的：翻译（translation）是语言活动的一个重要组成部分，是指把一种语言或语言变体的内容变为另一种语言或语言变体的过程或结果，或者说把一种语言材料构成的文本用另一种语言准确而完整地再现出来。

有的学者从跨文化交际视角探究翻译。例如，不同语言之间的交流实际上是不同文化的交流，翻译活动的本质是实现在不同文化之间的跨文化交际。以翻译活动为观照对象的翻译批评，就应将检视翻译活动的跨文化交际效果作为自己的根本性任务。由于跨文化交际活动是在不同层次进行的，因此对跨文化交际效果的检视也应在不同层次展开。翻译也是一种跨语言跨文化的双重交际活动。德国翻译理论家汉斯·费美尔说："总之，翻译是一种跨文化的转换，译者应精通两种或多种文化，由于语言是文化内部不可分割的部分，译者也就相应地精通两种或多种语言。其次，翻译从本质上说是一种行为。换句话说，它是一种'跨文化行为'。"④

有的学者从信息视角探究翻译。例如，翻译是一种跨文化的信息交流与交换的活动，其本质是传播。翻译是为不懂和不了解对方语言文字及其文化但又需要交流的双方提供"信息传真"服

①　Jakobson, R. On Linguistic Aspects of Translation[A]. *On Translation*[C]. R. A. Brower. Boston: Harvard University Press. 1959:232-239.

②　Catford, C. *A Linguistic Theory of Translation*[M]. London: Oxford University Press, 1965:20.

③　Nida, E. & C. Taber. *The Theory and Practice of Translation*[M]. Leiden: E. J. Grill, 1969:12.

④　转引自廖七一. 当代英国翻译理论[M]. 武汉：湖北教育出版社，2001:364.

务。翻译是将一种相对陌生的表达方式，转换成相对熟悉的表达方式的过程。其内容有语言、文字、图形、符号的翻译。

还有的学者从其他视角探究翻译。例如，符号学派把翻译当作一种"符号解释"的活动。"翻译就是符号解释，符号解释就是翻译。"①翻译是"从一套语言符号到另一套语言符号的'意义'转移"。(Translation is a transfer of meaning from one set of language signs to another set of language signs.)②阐释学研究者则认为"理解就是翻译"。翻译的目的是追求译文在形式与内容的统一上做到与原文一致即不变，是一种间接认识和意义表达，其本质是"复制"。其他的还有翻译即背叛(The translator is a traitor)，翻译即征服(Translation as Conquer)，翻译即重写(Translation as Rewriting)，翻译即"去经典化"(Translation as De-canonization)，翻译即编辑(Translation as Editing)，翻译即发现(Translation as Recovery)，翻译即对话(Translation as Dialogue)，翻译即协商(Translation as Negotiation)，翻译即协调(Translation as Mediation)，如此等等。

从上述各类对翻译本质的认知、定义和解释可以看出，翻译是一项十分复杂的智力活动，它的内涵又是十分丰富的，无论是从哪个视角观察和论述，都有助于我们认识翻译的本质是什么。然而，从生态翻译学的视角探讨翻译的本质及其特殊的意义，尤其是从翻译"生态"、文本"生命"、译者"生存"(即生态翻译学的所谓"三生"主题)三者互动的视角来系统地审视和解读翻译行为者，前所未有。

二、生态翻译学视角下的翻译理解

在现有的翻译定义中，更多地侧重在"语"或"本"，或是翻译的功能或效果，而不是生态视角的系统研究，也不是以译者为代

---

① 郭建中.当代美国翻译理论[M].武汉:湖北教育出版社,2000:102-134.

② Lawendowski,Boguslaw. On Semiotic Aspects of Translation[A]. *Sight*, *Sound and Sense*[C]. Thomas A. Sebeok. Bloomington:Indiana University Press,1978:267.

表的"翻译群落"的"生存"和"发展"的人类行为研究。

事实上,生命科学已成为当代的领先科学。据美国《科学》杂志 2006—2008 年度评选年度世界十大科技进展报告的统计,生命科学每年均占 60% 以上的份额。这意味着生命科学持续而有力地推动着当代科学的进步,在很大程度上正影响着当今人类文明的进程。

生命科学是以生命物质为研究对象的自然科学的总称。它的迅猛发展带动了自然科学许多领域,同时对人文学科也产生了深远的影响。生态学是生命科学的分支学科之一,现在已有许多人文学科与之交叉,如生态经济学、生态伦理学、生态人类学、生态美学、生态哲学等。而"近十年来在胡庚申教授的研究下,生态翻译学也已呈散发之势"(方梦之,2010)。

谈到从"生态""生命""生存"的视角来系统地审视和解读翻译行为者,我们知道,生态翻译学的一些概念来源于对自然生态系统的理解;又是在翻译适应选择论的基础上发展起来的。生态翻译学借用、移植、类比"适者生存"的基本原理,将这种原理嵌入翻译生态系统,使这种原理与"翻译群落"(translation community)与生俱来的生存意识相关联。换句话说,利用"适者生存"基本原理的杠杆作用——把生存系统的思考和思考的生存系统用于翻译实践中——这是翻译成功的内在的和永恒的动力,也是回归于"翻译群落"生存、发展的原始目标,因为"中国文化在开端处的着眼点是生命"。[①] 而"生态""生存""生命"又是生态学的命脉。

从生命在特定生态环境中的生存与发展的视角考察翻译,可以说,一切为译者生存与发展所利用的信息、人员、能量、时间、空间,都可以视为译者和翻译生态资源。从"生命""生存"和"生态"发展的意义上又可以说,翻译活动的实质就是译者对翻译生态资源的利用、评价、分配、储存、加工、支配和再生的过程。在这个过程中,译者的适应和译者的选择交替进行。这一循环过程内部的

---

① 牟宗三.中国哲学十九讲[M].上海:上海古籍出版社,1997:43.

关系是:适应的目的是求存、生效,适应的手段是优化选择;而选择的法则是"汰弱留强""求存择优"。正如社会学家钱津所言:"生存的选择孕育着人间的无比生动的丰富性。"①

"自然选择"是一种双向的过程,生物选择适合自己生存的环境,以求"适者生存";环境以自身的调节作用,选择构成环境各种因素,以求达到平衡。因为无论是生态环境,还是宇宙的大环境,它们原本就是一个动态平衡体系,它们之所以能够以这种方式存在,就是它们具有维持这种动态平衡的内在运行机制,这就是它们的自然规律。

罗森纳·沃伦(Rosanna Warren)1989年提出,翻译"是一种认知和生存模式。当把文学作品从一种语言移植到另一种语言的时候,就像把植物或动物,从一个地方迁移到另一个地方,它们必须像个人或民族的'适应'和成长那样,只有适应新环境而有所改变才能生存下来"。② 安德烈·勒菲费尔(Andre Lefevere)与苏珊·巴斯内特(Susan Bassnett)于1990年提出了著名的"文化转向"命题,多次将翻译的语境描述为"文化环境";并使用"发现树木生存之地""描述植物生长之状"等生态类比翻译研究中语言学家的探索行为。③

事实上,"不管是科学的还是艺术的——都是在选择性模仿"。④ 美国的心理学家詹姆斯·鲍德温(James Baldvvin)也指出:"自然选择绝不只是一个生物学定律;作为一个定律,它同样适用于其他所有有关生命和心灵的科学。"毫无疑问,"自然选择也同样适用于谜米的模仿活动中,因为在错综复杂的大千世界电通过自然选择,如斯金纳所言'有些行为在积极意义上被选择了,

---

① 钱津.生存的选择[M].北京:中国社会科学出版社,2001:278.

② Warren,R. *The Art of Translation:Voices from the Field*[C].Boston:Northeastern University Press,1989:6.

③ Bassnett,S. & A. Lefevere. *Translation, History and Culture*[C].London and New York:Pi．nter,1990:4.

④ 苏珊·布莱克摩尔著.谜米机器[M].高申春、吴友军、许波,译.长春:吉林人民出版社,2001:50.

而另一种行为则被淘汰'"。

简言之,生态翻译学的真谛在于关注"生态""生命"和"生存";在于保持文本生态的平衡和关注原文的生命在译语环境中的生存和长存;在于译者在特定翻译生态中的生存与发展;在于保持翻译生态、文本生态、"翻译群落"生态的稳定、协调、平衡、和谐。

三、翻译即生态平衡

生态翻译学的核心理念之一即强调翻译生态平衡。可以说,生态翻译学其实就是一种"翻译即生态平衡"的翻译观;而翻译的策略与技巧,其实就是翻译的"平衡术"。

这里的平衡,是综合因素的整体平衡,既包括翻译生态平衡,又包括文本生态平衡,还包括"翻译群落"生态平衡;既包括跨语言、跨文化的整合与平衡,也包括内在、外在因素的整合与平衡,还包括宏观、中观、微观思维的整合与平衡。

从文本生态平衡的角度来看,文本生态平衡就具体包括文本的语言生态平衡,文化生态平衡,交际生态平衡,等等。仅就文本生态平衡中的语言生态平衡而言,译者就要致力于保持源语与译语的词义平衡,句意平衡,源语与译语的"传神"与"达意"的平衡,源语与译语实用价值和美学价值的平衡,源语与译语的文风的平衡,等等。

从翻译实践验证的角度看,大凡公认的、较有影响的译品,其"双语"(源语和译语)生态的平衡也都相对处理得较好。严复的《天演论》翻译是这样;霍克斯的《红楼梦》翻译也是这样;葛浩文的《狼图腾》翻译更是如此。

从过往"对等"理论的角度看,迄今为止的各种翻译理论中,关于"对等"(equivalence),"对应"(correspondence),"对称"(symmetry),"平等"(non-discrimination)等已早有研究,有些也已渐成共识。这些不同的称谓,从"双语"的语言形式、意义功能、文本信息、知识总量、交际意图,以及"诸者"关系等不同方面入手描述翻译的实质和结果,说到底,也还是"双语"在这些方方面面之间追求总量"平衡"的问题。因此,又可以运用生态"平衡"的理念描述。翻译理论家巴兹尔·哈提姆(Basil Hatim)在他的著作《翻译教学与研究》(*Teaching and Researching Translation*)中曾指出:"新的研究焦点也得到了平衡:翻译研究项目正积极地展开设计翻译产品、翻译过程和翻译功能的纯理论研究。"可见,就连这样的"纯理论研究"也都有一个"平衡"的问题。

从翻译研究本身需要的角度看,一方面,就生态翻译学研究而言,"平衡"是任何生态系统最基本的特征,因此也是生态翻译学一个核心理念。而翻译生态环境对产生翻译文本的作用自不待言,如同"No context, no text"一样,没有翻译生态环境,就没有成功的翻译。因此,需要保持翻译生态整体的和谐与平衡,否则,没有翻译研究各个生态系统的平衡,也就没有生态翻译学的健康发展,也就不可能履行和体现生态翻译学维护语言多样化和文化多样性的学术使命。另一方面,就翻译生态内部而言,翻译生态平衡还表现为翻译生态系统"诸者"之间的妥协让步与宽容变通,考虑作者、读者、原文、译文等多方因素的、"翻译群落"生态与"文本生态"之间的协调与平衡,译者跨越时空界限,克服各种障碍与作者开展平等对话,充分认识新时代读者的实际需求和接受能力,在作者与读者之间寻求平衡点,实现作者、译者、读者三方面的视阈融合并产生共鸣,形成互惠互利、健康有序的生态循环。

综上所述,从生态翻译学的视角来看,生态翻译堪称文本生态、翻译生态和"翻译群落"生态的"平衡术"。

四、翻译即文本移植

单一地从文本角度来看,生态翻译可以狭义地指基于源语生态和译语生态的"文本移植"。从这个意义上可以说,翻译就是将一种语言生态系统里的文本移植到另一种语言生态系统中去。

关于"移植",翻译界已有不同的说法。翻译理论家罗森娜·沃伦(Rosanna Warren)在她主编的文集《翻译的艺术:译苑之声》

（*The Art of Translation：Voices from the Field*）的引言中说过，"它（翻译）是一种认知和生存模式。当把文学作品从一种语言移植到另一种语言的时候，就像把植物或动物，从一个地方迁移到另一个地方，它们必须像个人或民族的'适应'和成长那样，只有适应新的环境而有所改变才能生存下来"。苏珊·巴斯内特等人也有类似的说法。如在埃德温·根茨勒为她和安德烈·勒菲费尔合编的《文化建构》（*Constructing Cultures*）一书所写的序言中就提出："巴斯内特建议，我们可以考虑使用'种子移植'的术语"；"种子已经'移植'，便能茁壮生长"。而国内关于"文化移植"的研究近年来也没有间断过（如方造，1996；马爱香，1999；谭海玲，2001；郑丽君，2010 等）。但生态翻译学里所说的是"文本移植"，不仅涵盖应当更广一些；而且"移植"一词的使用与翻译生态环境是一致的，因此它既是生态翻译学里的一个专门术语，又是生态翻译学里的一个核心理念。

　　这里所说的"文本移植"，是生态翻译学关于翻译本质的认识，它关注的重点是文本（原文）内在的"可移植性"（transplantability）。具体来说，在移植实施之前，重点关注原文生态结构的可移植性，并由此出发来对拟翻译的文本进行选择；在移植过程之中，重点关注文本的语言生态移植、文化生态移植和交际生态移植，并关注译语翻译生态环境的"重构"和翻译生态的"再建"；在移植完成之后，重点关注被移植的文本（译本）在译语生态环境里的生命状态，并关注培育译语生态环境以便使被移植的文本能够生存、长存。

　　翻译文本的生存，体现了翻译活动的最终结果，因此翻译文本的生存状态必然是生态翻译学研究的重点之一。这里的生存状态研究指向被移植文本的多元化生存、译本的生存状态与受众群体关系、译本在译语生态环境中的接受与传播、译语译本与原文在生存状态上的关系、译本与译语生态环境的关系、译本与时间因素在生存上的关联、被移植文本在译语生态环境中的"变异"，以及其他翻译生态环境下文本的移植、生存、长存的一切生命状态等。从这个意义上说，生态翻译学所观照的不仅是"译入"或"外译中"的问题，而且也观照了"译出"或"中译外"的问题，即不仅适于"西学东渐"，同时也适于"东学西渐"的翻译活动。

在做生态翻译的文本移植时，要从原作内在的生态结构出发，对拟翻译作品进行选择，并且在翻译的过程中依循原作固有的生态结构来在另一种语言中进行再现。换句话说，在做生态翻译的文本移植时，译者所能做的就是，在维持源语生态和译语生态方面尽责任；在协调源语生态和译语生态方面动脑筋；在平衡源语生态和译语生态方面做文章；在译语生态系统中营造（重构）源语生态环境方面显功夫。

这里，对源语生态和译语生态来说，首先要求"维持"，维持不了需要"协调"；协调的目的在于"平衡"，难以平衡而又要文本移植、翻译转换者，就需要营造和"重构"，即需要在译语系统里创建一个与源语生态相适应的生态环境，需要通过译者的努力乃至通过技术手段"复活"结晶了原作的那个源语系统的世界，从而使译文能够在新的译语生态环境中生存、长存。

五、翻译即适应/选择

对于生存，适应是必需的；对于进化（发展），选择是不可或缺的。

不论是生态翻译中的"翻译即生态平衡"，还是"翻译即文本移植"，最终还要赖于译者的选择性适应与适应性选择，即译者的适应与选择。究其原因，生态平衡、文本移植、译者选择三者之间是一种递进的、因果的、互动的关系。例如，从语言维的适应性选择转换来审视翻译，源语和译语之间的语言同质性为译者翻译过程中的语言置换奠定了基础，而语言的异质性又会迫使译者依据翻译生态环境做出适应性选择。如果将源语语言原封不动地移植到译语产出的译文中，那么，就往往会造成晦涩难懂或违背译语语言规范以至于受到排斥。这时就需要能够尽量保持源语和译语在词汇、句法、语篇文体、语用乃至节奏、音调等方面的协调和平衡。而要实现这种协调和平衡,这时就需要译者依据源语和译语不同的翻译生态环境做出各种不同的选择性适应与适应性选择。

因此,所谓"翻译即适应与选择",就是译者的选择性适应与译者的适应性选择——一方面,当翻译中的"信/达/雅"难以兼得、"神似/形似"难以统筹、"意美/形美/音美"难以共享的时候,其中的孰轻孰重、孰薄孰厚、孰弱孰强,如此等等,最终要靠译者在选择性适应特定翻译生态环境的基础上,由译者自主地做出判断、由译者自主地做出适应性选择。另一方面,对翻译行为的认识和实施,不论是"文化适应",也不论是"有目的的行动";不论是"多元系统"认知,也不论是"意识形态操纵",其中的领悟、解读、操作、应用,如此等等,最终要靠译者在选择性适应特定翻译生态环境的基础上,由译者自主地做出判断、由译者自主地做出适应性选择。

第二节　生态视阈下的"为何译"

本节将从翻译者主观动机、译文客观效果,以及未来发展空间等几个方面来探讨"为何译"的问题。总括地说,翻译适应选择论中提出的"译有所为",从内涵上看,主要表现在两个方面:一是,译者从事翻译有其特定的动因(侧重主观动机);二是,翻译出来的东西可以做事情(侧重客观功能)。

一、译者的主观动机

译者从事翻译活动有温饱情欲之需,有功名利禄之求,有道德伦理之爱,有宗教信仰之信,还有渴求天地宇宙之悟。因此,从译者主观动机的视角看"译有所为":为"求生";为"弘志";为"适趣";为"移情";为"竞赛"。

（一）为"求生"

所谓"求生"，指为生计而译。如翻译大师朱生豪"当时，除少量房租外，基本无其他经济收入，就靠译稿所得稿费维持五口之家"。[①] "'译者们'是有血肉之躯（flesh-and-blood bodies）的活生生的人，他们要谋生，要为自己、为家庭、为后代着想，他们会趋利避害，游走于城市之间、不同文化之间。"[②] "翻译家也是人，要生活，要娱乐。"[③] 古人亦云，"衣食足然后知荣辱"。可见，"生存对于一切生物，都是第一的需要"。[④] 这也正说明"人们奋斗的一切都与他们的利益有关"。

（二）为"弘志"

所谓"弘志"，指为理想而译。比如在 19 世纪末 20 世纪初的世纪之交的几年里，辜鸿铭将《论语》《中庸》译成英文，相继在海外刊载和印行，购者近万部，流传甚广。他是中华文化的捍卫者和中华文明的传播者。与辜鸿终同时代的严复，也通过从事"西学"的翻译来实现其远大的政治理想。他完成了著名的《天演论》的翻译，他要以"物竞天择""适者生存"的生物进化理论阐发其救亡图存的观点，提倡鼓民力、开民智、新民德、自强自立、号召救亡图存。再如，傅雷翻译的初衷、动机和追求也是非常明确的——帮助国人在黑暗中寻找光明，提升年轻人的勇气和信心，激起人们对世界、对人生、对一切美好事物的爱，启迪国人的民心民智！一句话，他是在运用翻译来拓展中国读者的视野，振兴中华民族！

（三）为"适趣"

所谓"适趣"，指为爱好而译，如翻译家方重"翻译乔叟开始是

① 朱宏达,吴洁敏.朱生豪翻译活动大纪事[J].中国翻译,1988(6):32.
② 柯飞.译史研究,以人为本[J].中国翻译,2002(3):31.
③ 辜正坤.中西诗比较鉴赏与翻译理论[M].北京:清华大学出版社,2003:359.
④ 钱津.生存的选择[M].北京:中国社会科学出版社,2001:18.

兴趣"。他说:"乔史开始给我的兴趣是他叙事方面的叙事诗、小说、故事,重要的是坎特伯雷的故事。他在早期写过一首叙事诗,这首诗使我兴趣更浓厚。"①翻译家杨苡也说:"首先我必须对这一本书或这一篇文章或这一首诗发生兴趣,感到由衷的喜欢,渴望介绍给读者。"②翻译家许渊冲提出做好翻译要有"三之",之一即"好之",意为对翻译有兴趣、要爱好。事实上,许多翻译工作者都是带着对作家作品的兴趣或对翻译本身的爱好而步入译坛的。

(四)为"移情"

所谓"移情",指为转移情感(通常是悲情)而译。翻译家林纾十八岁与刘琼姿结婚,伉俪情深。四十六岁时,刘琼姿病逝,林纾十分悲伤,终日忧愁寡欢。此时,正逢他的好友王寿昌从法国归来,带回小仲马的小说《巴黎茶花女遗事》一书,邀请林纾与他合作翻译,以解丧偶之痛,于是林纾便欣然应允。

(五)为"竞赛"

所谓"竞赛",指为争胜而译(因有赶上或超过别人译文的竞争的心态或好胜的渴望)。如翻译家许渊冲认为,文学翻译是两种语言、甚至是两种文化之间的竞赛,译者应尽可能发挥译语优势,利用最好的译语表达方式。他把文学翻译中真与美的关系看作一种动态变化的调整和平衡;通过"竞赛",旨在使译作更接近潜在读者的期待视野。其实,持类似"优势""竞赛"主张者自古有之。古罗马文艺批评家、翻译理论家贺拉斯(Horatius)就倡导"译文优势论";而修辞学家、翻译理论家昆体良(Quintilianus)则首次明确谈论与原著竞争并超越原著。

---

① 方重.翻译漫忆[A].当代文学翻译百家谈[C].王寿兰.北京:北京大学出版社,1989:112.
② 杨苡.一枚酸果:漫谈四十年译事[A].当代文学翻译百家谈[C].王寿兰.北京:北京大学出版社,1989:312.

二、文本的客观功能

(一)为促进交流沟通

自从操各种不同语言的不同集团相互交往之日起,人类的翻译活动就开始了。两个原始部落间的关系,从势不两立到相互友善,无不有赖于语言和思想的交流,有赖于相互理解,有赖于翻译。自然,这时的翻译活动还只限于口头翻译。随着人类历史和社会不断地向前发展,操各种不同语言的集团和国家开始有了自己的文字,于是它们相互之间的交往,就不仅需要口头翻译,而且还需要文字翻译。

中国的文字翻译,据可靠的史料记载,始于春秋时期的《越人歌》,至今已有 2500 年左右的悠久历史了。在这漫长的岁月中,中国的文字翻译,就其规模之大和译事之盛来说,先后经历了四个时期。

(1)东汉至隋唐时期的佛经翻译。

(2)明清时期的科技翻译。

(3)五四运动时期的外国文学翻译和社科翻译。

(4)新中国成立后到目前为止所蓬勃开展的全面性的翻译。

在这四个大的翻译时期中,广大的翻译工作者翻译了大量的佛经典籍和无数的文学、政治、科技等方面的作品,积累了相当丰富的翻译实践经验,涌现出了大批的优秀翻译家。他们对中西文明的沟通、了解和传播功不可没。

西方的翻译也可大体上分为四个大潮。第一大潮指的是古罗马时期的翻译。从总体上看,罗马的文化发展在很大程度上应归功于翻译。第二大潮主要发生在 11 世纪到 16 世纪之间。第三大潮主要是启蒙主义和浪漫主义时期(主要是 17—18 世纪)。这个时期的西方文化发展也受惠于翻译,而且规模上越来越大。第四大潮即现当代,主要是"二战"结束以来的翻译活动。这个时期主要是出于对经济、政治、军事等各方面的利害考虑,通过翻译把相关的东西引进过来,因此翻译的规模比以往的任何时期都要大。

翻译为人类的语言思维和行为活动的沟通和交流提供了可能性。纵观人类翻译史,可以说它也是一种语言文化语境对另一种语言文化语境产生影响力的历史。

(二)为引发语言创新

从源语到译语系统,通过翻译在词句、篇章、文体、文意等创新的事例不胜枚举。中国早期的佛经翻译对中国语言就至少有以下三个方面的直接影响。

第一,对汉语词汇量的影响。根据数据记载,仅从汉到唐,通过翻译而产生的新词就达三万五千之多。换句话说,仅仅通过早期的佛经翻译,汉字一下子就扩大了三万五千多个。我们口语中有很多词都是从佛经里来的,只是因为习以为常、说惯了不觉得了。扩大了词汇量就意味着扩大了思想的容量,扩大了认识事物的能力。

第二,对汉语文体的影响。比如,中国古代的文章中"之""乎""者""也"用得很多,还用骈体文。但这种写法后来受到了佛教文献译本的冲击。道理很简单:因为佛教是国外的,外译汉时,不可能正好是四言八句的那种工整的对仗,不少情况下只好照原文译。其结果是,译得多了就逐渐地接受了这种文体,因而也就逐渐地打破了原有的文风,这种情况表明,翻译对我国的语言走向白话文起了很大的推进作用。同时,佛经的分章分类很精细,因为印欧语系的文章都是条分缕析的,这一点通过佛经的翻译就显示出来,不仅使我们学会了条分缕析的文路和新的谋篇方式,而且也丰富了国人的思维结构。

第三,对中国文学的题材(比如文论)的影响。中国人讨论文学理论,论来论去,往往会论到佛教的领域中去,往往会借用佛经里的一些说法。例如,现在翻译理论界非常流行的"化境说",说是钱钟书先生提出的,其实,这个说法来源于佛教。诗歌理论中的"神韵说""空灵的境界"等都与佛理、禅学等相关。同时,有很多文学作品的题材也来源于佛教文献,比如我国古代四大名著之一的《西游记》就是如此。

(三)为激励文化渐进

翻译作为不同文化之间沟通的桥梁,无疑能够促进文化渐变、文化进步、文化融合。

中国文化在发展过程中,曾不断吸收外国文化的营养,以充实自己,丰富自己,同时也把新的文化成果直接地或间接地输送给邻近的国家和较远的地区,为发展全人类文化做出了贡献。仍以中国历史上佛经翻译的成功为例。中国的佛经翻译,从东汉建和二年(148)安世高开始译经,到元至元二十四年(1287)藏汉对勘的佛经目录——《元至元》编成,佛经的翻译历时长达一千多年,各种译著可谓汗牛充栋。佛典汉译,源远流长。译事的人数及译出的卷数之多,虽无确切的统计数字可稽,但是,在世界的翻译史上,应该是独一无二的成就。这些翻译活动对中国文化的影响是很明显的:原来在中国是儒教、道教占主导地位,佛教传入以后,打破了这种平衡,变成了三分天下。总之,儒道释三足鼎立造成了中国文化的一新的格局,这就是由于翻译造成的,可谓翻译之功不可没。

总之,是通过翻译活动,才引进了新思想、新观念、新技术、新的艺术流派和新的表现手法,丰富了译语文化,活跃了学术空气,促进了文化交流和文化进步。

(四)为催生社会变革

翻译作为媒介,由于译者的译品而改变人们的认识、改变行为习惯、促进社会渐变进步的事例不胜枚举。

从宏观视角来看,翻译可以改造一个国家的风貌,重新塑造一个国家的信仰框架,使其文化价值观发生很大的变化。如中世纪初期(公元6—10世纪),西方科学的发展可谓"一贫如洗"。但是,自从 11 世纪末到 13 世纪末,在西方世界兴起了一场规模宏大、蔚为大观的翻译运动。通过翻译的途径,西方人从阿拉伯人手中将地中海世界科学文化的接力棒握入手中,并不断加以融会与创新,从而使西方文明从黑暗与昏睡之中重新走向光明与觉醒。正是通过翻译运动,西方人才重新发展起来了代数学、几何学、印度—阿拉伯数字体系、天文学、力学、光学、磁学、水利学、机械工程学、内科学、外科学、药物学、化学、自然史(包括动物学、植物学、矿物学)等。同时,大批著名的科学家和哲学家也在西方大地涌现出来。①

这一时期的翻译运动还导致了教育的兴盛和大学的兴起,也因此大大地提高了西方世界的文明程度,使西方人久违了的古希腊文明又重振雄风,从而结束了"黑暗的"中世纪,迎来了伟大的"文艺复兴"。可以说,如果没有翻译,整个现代的西方文化就不会存在,至少"文艺复兴"就不会发生。

从微观视角来看,翻译在引发社会变革方面也有同样的功能。如在 20 世纪初,严复的译著风行海内,吸引了从学者到青年学生等一大批读者,一时间报刊谈进化,学校讲进化,"物竞天择之理,厘然当于人心,中国民气为之一变"。一本译著产生的社会影响如此之大,这固然与当时的中国社会环境有关,但也是严复特殊的译述所建下的奇功。一本宣传进化论的普及性译著,经严复以"达旨",成了义富辞危的警世之作,成了维新变法的思想武器,使有识之士怵焉知变,使爱国青年热血沸腾,进而启迪和教育了几代中国人。可以说,译者追求的就是"译有所为"。②

(五)为促进生态文明

促进生态环境的保护和生态文明的发展,作为一种学术使命,这对生态翻译学来说可谓"义不容辞"。其作"为"可以包括以下几个方面:一是译者通过翻译可以对翻译生态环境进行改造和

---

① 徐善伟.东学西渐与西方文化的复兴[M].上海:上海人民出版社,2002:46.
② 胡庚申.傅雷翻译思想的生态翻译学诠释[J].外国语,2009(2):47-53.

构建,进而促进翻译生态和生态翻译的协调与平衡;二是通过翻译文本选择、翻译策略选择、翻译时机选择等,可以通过翻译促进语言多样性、文化多样性和知识多样性;三是译者运用翻译可以做促进环境保护、"绿色革命"方面的工作(如翻译生态文学、生态文化、生态环保、生态科学知识、生态文明等);四是生态翻译学通过"翻译生态"和"生态翻译"的论述和例证,通过对翻译活动的生态理性和生态意义的挖掘和揭示,有助于影响译者和译品生态思想的研究和传播,对促进生态文明建设的发展也具有"添砖加瓦"的作用。以上列举只是提出问题,在这方面的进一步研究和翻译实务是可以大有作"为"的。

(六)为塑造国家形象

在一个国家的对外宣传中,翻译者的任务就是出色地将本国语言译成不同的外语,通过图书、期刊、报纸、广播、电视、互联网等媒体以及各种国际会议来发表和传播本国的观点。外宣翻译是一个国家对外交流水平和人文环境建设的具体体现。中国学者张建指出:"外宣翻译关系到国家形象问题。"他认为:"近年来中国对外文化交流和传播严重'入超','文化赤字'巨大,翻译问题已成为制约中国文化走向世界的瓶颈,以至于中国在国际舞台上的国际形象与国际认可的国家形象之间大的差距。"[1]

运用翻译塑造国家形象的研究已经引起不少国家翻译学者的关注。如西班牙学者罗波托·瓦尔迪恩(Roberto A. Valdeon)和他的欧洲同行们展开了 Translation Studies and National Image Reconstruction(翻译研究与国家形象构建)方面的研究课题。而亚洲的印度学者拉维·库玛(Ravi Kumar)也编辑出版了论文集 *Role of Translation in Nation Building*(《翻译在国家建设中的角色》),等等。

总之,将外宣翻译置于文化全球化的大背景下进行研究和考

---

[1]　刘雅峰.外宣翻译过程研究:译者的适应与选择[M].北京:人民出版社,2010:1.

察,对于推动本国对外文化传播,树立良好的国际形象,丰富全球化的文化内容,有着不可低估的现实意义和学术意义,也是翻译工作者一个重要的用武之地。

第三节　生态视阈下的"谁在译"

谈到"谁在译",显而易见,焦点在译者。

生态翻译学重视译者,这不单单因为生态翻译学是在翻译适应选择论基础上发展起来的,而作为生态翻译学的中观和微观研究,翻译适应选择论倡导了翻译过程中的"译者中心"理念;更重要的是,生态翻译学研究对象之一,就是探讨译者与翻译生态环境之间的关系问题。事实上,关注译者"生存"境遇和能力发展,也是生态翻译学"三生"(翻译生态、文本生态和"翻译群落"生态)主题之一。

一、翻译伦理中的"译者责任"

"译者责任"主要指译者在整体翻译活动中要负起"责任"。这里的"译者责任",主要是从宏观层面、从生态理性层面,特别是从翻译伦理层面提出来的。

从生态翻译学的视角来看,尽管译者是"翻译群落"中的一员,与"翻译群落"中的其他成员是一种"平等对话"的关系,但其他成员都不直接参与翻译过程,都不具体实施翻译行为。因此,只有作为"翻译群落"代表的译者,才能够具体负责统筹协调"翻译环境"(译境)、"翻译文本"(译本)、"翻译群落"(译者行为)三者之间的相互关系,从而通过"译者责任"来体现"境、本、人"关联互动、平衡和谐的翻译生态整体观。从这个意义上我们说,翻译过程中的"译者中心""译者主导"又只是"译者责任"的生态翻译伦理原则在翻译过程、译者行为方面的一种体现。

这是因为,只有译者或只有通过译者,才能切实践行"生态整体主义";只有译者或通过译者,才能真正彰显生态理性。而从翻译伦理角度来看,在翻译过程中、在翻译行为层面的"译者中心""译者主导",到了宏观的层面,到了伦理的层面,则更多地表现为译者的"责任"。

在"翻译群落"生态系统中,译者有责任协调各方关系,有责任践行生态理性,有责任保持生态平衡,有责任维护生态和谐。译者有责任适应生态环境,培育译语生态,关注译品的接受与传播,力求译品能够"生存""长存"。换句话说,译者正是通过"译者责任"的伦理原则来体现翻译生态体系中各个生态系统平衡和谐的翻译生态整体观。也可以这么说,译者只有通过对包括翻译文本、"翻译群落"和翻译生态环境在内的一切"他者"承担责任,从生态整体主义和生态理性的视角审视自己与一切"他者"的关系,才能将一种更大的责任意识融入翻译活动之中。

生态翻译学讲求的是翻译生态的整体性和关联性,关注的是翻译生态的平衡与和谐。但是,归根结底,要由谁来具体实施、践行、保持这一翻译活动的状态呢?只有以译者为代表的"翻译群落"才能实施,只有译者才能践行,只有译者与其他"诸者"沟通协调才能维持,这是译者的责任。从这个意义上可以说,翻译本体和关于翻译问题研究的一切理性的思考,一切高超的设计,一切精辟的论述,一切美好的愿望,所有这些都只有转变为译者的意识才有意义,只有转变为译者的能力才能生效,只有转变为译者的义务才能落实,只有转变为译者的责任才能成行。舍此,都会大打折扣,甚至沦为空谈。

从一定意义上讲,生态翻译伦理其实就是一种新的"译者责任"伦理。生态翻译学将"译者责任"厘定为一条重要的伦理原则,正基于此。这条翻译伦理原则的昭示,也可谓之以实为据,以理而出。

二、译者对翻译生态环境的适应与构建

译者与翻译生态环境的关系,主要集中在翻译生态环境对译

者的生态作用、译者对翻译生态环境的适应与选择,以及译者对翻译生态环境的改造与重构作用等几个方面。

　　一方面,译者的生存与发展与他/她所处翻译生态环境发生密切关系。译者的生存与发展一刻也离不开他/她所处的翻译生态环境。译者要从生态翻译环境中取得他/她所需要的一切,包括"原文、源语和译语所呈现的世界,即语言、交际、文化、社会,以及作者、读者、委托者等互联互动的整体"。这可称为翻译生态环境对译者的所谓"生态作用"。

　　另一方面,翻译生态环境的变化,必然影响与其关系密切的译者。具体来说,翻译生态环境的变化,译者在产生译文过程中又必然会在词汇、句式、语篇、语用、风格、文化、交际等不同层面上反映出来,即翻译生态环境的变化必然影响和限制翻译策略的选择;或者说,翻译策略的选择必然要随动于翻译生态环境的变化。接受这种影响和限制,又可称为所谓的译者"生态适应"。

　　再一方面,译者对翻译生态环境的改造与重构作用也是巨大的。一个成功的译者会重视"生态作用",接受"生态适应",进而能动地在不同的翻译生态环境中选择不同的翻译策略和标准来实现自己的翻译目的。同时,译者又在翻译生态系统的适应与选择过程中,创造出各种各样的翻译策略和技巧,形成丰富多彩的真知灼见,进而能动地调节、操纵、建构和促进生态翻译环境的变化。换句话说,一切为译者生存与发展所利用的信息、人员、能量、时间、空间,都可以视为译者和翻译生态资源。从这个意义上可以说,翻译的实质就是译者对翻译生态资源的利用、评价、分配、储存、加工、支配和再生的过程;其目的在于尽量保持原文生态与译文生态的协调与平衡,并通过译者的努力和译品的功能实现"译有所为"。

　　在翻译适应选择论基础上发展起来的生态翻译学,就是要研究译者对翻译生态环境的适应力与选择力、操纵力和调节力;就是要研究特定翻译生态环境影响下的译者能力、翻译行为,以及翻译效果问题。

三、译者的生存境遇与能力发展

生存与发展问题是人的生命存在的永恒主题。人的生命是一种历史的和有意义的生命存在,是在发展中得到展示和实现的生命存在,人的生命的本真意义在于谋求发展。

在哲学的视阈下和全球化的背景下探讨译者的生存境遇,既能够探究译者生存境遇的变迁,也能从译者的生存境遇和能力发展中反观翻译学的发展及其丰富的历史内涵。

译者的生存境遇既是译者个体尊重、爱戴和保护的源泉,也是紧张、压力、冲突和挫折的根源,它直接影响着译者个体精神家园的构建,并无时无刻不在影响与约定着译者个体的行为选择和实施。

处在从传统向现代、从本土化向全球化的转变中,当代译者是一个自主、自立、自强、自律的独立社会历史主体。译者依靠自己的能力和奋斗去获得生存和发展,去开拓自己的生存空间和实现自身的价值;译者的价值观念和审美情趣在不断更新,思维方式由封闭型转向开放型、从单一性转到多样性、由静态转向动态;伴随着翻译学独立学科地位的确立,"翻译群落"的主体意识也明显增强,交往的平台更加广阔。

生态翻译学的研究内容之一,就是探讨译者与翻译生态环境之间的关系,其中包括以译者为视角综观翻译。在这样的研究中,不但研究译者如何在翻译过程中理解"原文"和如何表达"译文",而且还要研究译者的奋斗历程、译者的能力发挥和译者的业绩贡献;研究译者的生存境遇、译者的解放、译者的发展、译者的自由、译者的权利、译者的价值、译者的个性和译者主体性;研究译者所处时代的生存体验、人生感悟、译论取向、审美情趣;研究译者如何在翻译活动创造性劳动中成为自己和确立自己,以及研究如何克服和解决译者在发展过程中出现的种种矛盾和问题,等等。这些研究的结果,实质上就是译者主体性的具体体现。译者凭其最大能力求得生存,求得发展,并获得"选择"的自由,从而确保其在翻译活动中、在翻译过程中的"中心"地位。

关于译者能力发展问题，近年来也有相当的变化。以往的译者能力提高，重点在于提高译者的翻译能力，业务能力等。毫无疑问，这些都是必要的，也是重要的。但是，根据形势的变化和翻译的现实需要，这些又都是远远不够的。译者的能力发展要包括提高翻译工作者的学习能力，就业能力，工作转换能力，创业能力。还要包括行为自治的能力，运用工具与外界互动的能力，在社会各类不同群体中发挥作用的能力等。同时，提高译者能力的途径也不仅单靠正规教育，还需要有非正规教育，乃至终身教育。

四、译者、"翻译群落"与"翻译群落"生态

我们知道，"翻译群落"指的是与特定翻译活动的发生、发展、操作、结果、功能、效果等彼此影响相互作用的、与翻译活动整体相关的"诸者"的集合体。它是一个关于"人"的集合体。在这个集合体中，包括原文作者、译文读者、译品评论者、译文审查者、译著出版者、营销者、译事赞助者或委托者等，而作为翻译活动，译者又当然地成为这个群体的代表。

翻译群落是翻译生态体系中的重要组成部分。用生态学的术语来说，即翻译生态群落，它可以由生产者、消费者、分解者所构成。其生产者可以指译者，是翻译产品的创造者，在翻译群落中居于最中心的位置；消费者可以包括译者和译本的读者，是翻译产品的享受者；分解者则是翻译研究者。因此，与翻译相关的"诸者"——包括原文作者、译文读者、译品评论者、译文审查者、译著出版者、营销者、译事赞助者或委托者等，他们相互关联、相互制约，构成一个整体翻译生态体系中的"人本"（human-oriented)生态系统，即"翻译群落"的生态系统。

第四节 生态视阈下的"如何译"

"如何译"既是翻译实践问题,也是系统翻译理论研究中一个不可回避的问题。"如何译"又是一个相当复杂的问题,它会牵涉到译者经验、文本类型、翻译目的、读者对象、客户要求,以及对翻译生态环境适应与选择的程度等方方面面的因素。本节从生态翻译学的视角,解释和描述"如何译"的问题,主要包括生态翻译视阈下的翻译过程、"多维转换"的翻译原则与"三维转换"的翻译方法,以及翻译效果评判的"整合适应选择度"等。

一、"翻译过程"的图解

生态翻译学是在其早期"翻译适应选择论"的基础上发展起来的。翻译适应选择论关于"翻译过程"的描述,是借用了达尔文的"适应/选择"学说(即"自然选择"),并依据翻译的实际做出了具体的转意和解读。"适应/选择"学说的实质是:任何生命体都具有适应自然环境的能力,生命体只有适应了自然环境才能生存和繁衍;或者说,任何生命体的生存和繁衍都是接受自然的选择、适应自然环境的结果。生命体适应自然环境的基本规律是:适者生存。

如果将上述思想和原理运用到翻译中去,就是:译者(译品)要适应翻译生态环境,要接受翻译生态环境的支配。据此,可以对译者产生译文的翻译过程作出如下的解释。

译文的产生过程大体上可以分为两个阶段:"翻译生态环境"选择译者(即所谓"天择")和"翻译生态环境"选择译文(即所谓"人择")。

根据"自然选择"的基本原理,在第一个"翻译生态环境"选择译者的阶段里,重点是以原文为典型要件的翻译生态环境对译者的选择。同时,这个阶段也可以看作译者对翻译生态环境的适应,即译者适应。

　　进一步地,在第二个"翻译生态环境"选择译文的阶段里,重点是以译者为典型要件的翻译生态环境对译文的选择。换句话说,这个阶段就是译者以翻译生态环境的"身份"实施选择,而选择结果的累积就产生了译文。

　　简言之,从"适应"与"选择"的视角解读翻译过程,翻译过程就是译者的适应与译者的选择。基于此,生态翻译学将翻译定义为"以译者为主导、以文本为依托、以跨文化信息转换为宗旨,翻译是译者适应翻译生态环境而对文本进行移植的选择活动"。这里,译者"适应"的是原文、源语和译语所呈现的"世界"(即翻译生态环境);译者"选择"的是对翻译生态环境的适应度和对译本最终的行文。

　　如果运用等式表达就是:翻译过程＝译者的适应(对原文、源语和译语所呈现的"世界"、即对翻译生态环境的"适应")＋译者的选择(对翻译生态环境适应程度的"选择"与对译术终行文的"选择")。

　　简化一点的表达式:翻译过程＝译者的适应＋译者的选择。

　　最简化的表达式:翻译＝适应＋选择(英文表达为:Translation＝Adaptation＋Selection,i. e.,T＝A＋S)。

二、"三维"转换的理据

　　生态翻译学的翻译方法可谓之"多维"转换,其中主要落实在"三维"转换上,即在"多维度适应与适应性选择"的原则之下,相对地集中于语言维、文化维和交际维的适应性选择转换。如果采用翻译即"文本移植"的术语来说,即文本移植所关注的,是源语和译语系统中语言维、文化维和交际维"三维"生态环境里文本的移植。

　　将生态翻译学的翻译方法简括为语言维、文化维、交际维的"三维"转换,可谓是以理而出,以实为据。

　　(1)从理论角度来看,语言学的、文化学的、交际学的翻译途径是基于翻译实际的系统研究,而语言、文化、交际也一直是翻译理论家们关注的焦点。例如,从功能语言学角度来看,语言维关注的是翻译的文本语言表达→文化维关注的是翻译的语境效果→交际维关注的是翻译的人际意图,这就与韩礼德(A. Halliday)的意念功能(ideational)、人际功能(interpersonal)、语篇功能(textual)以及语场、语旨、语式等语域理论有着相当程度的关联和通融。

(2)从实践角度来看,语言、文化、交际一直是翻译界普遍认同的要点,是翻译过程中通常需要重点转换的视角;译者也往往是依照语言、文化、交际不同阶段或不同顺序做出适应性的选择转换。

(3)从逻辑角度来看,翻译是语言的转换,语言是文化的载体,文化又是交际的积淀,因而语言、文化、交际有着内在的、符合逻辑的关联,这也体现了翻译转换的基本内容。

(4)从保持"文本生态"的角度来看,译者通过"选择性适应"和"适应性选择",既要有责任尽量保持并转换原文的语言生态、文化生态和交际生态;同时,译者通过"选择性适应"和"适应性选择",又要有责任尽量使转换过来的语言生态、文化生态和交际生态能够在译人语的翻译生态环境中"生存"和"长存"。而保持原文和译文的语言生态、文化生态和交际生态的协调平衡,此又与翻译操作方法中的"'三维'转换"相对应,从而最终实现原文和译文在语言、文化、交际生态中的"平衡"与"和谐"。

三、"整合适应选择度"的厘定

"整合适应选择度"指的是翻译的评价与测定标准问题。"整合适应选择度"的评价和测定,指的是译者产生译文时,在语言维、文化维、交际维等"选择性适应"和继而依此、并照顾到其他翻译生态环境因素的、"适应性选择"程度的总和。

在一般情况下,如果某译品的"选择性适应"和"适应性选择"的程度越高,那么,它的"整合适应选择度"也就越高。从生态翻译学的角度来看,相对来说,最佳的翻译应该是"整合适应选择度"最高的翻译。

译品"整合适应选择度"的评价与测定概括为"三个参考指标":多维转换程度、读者反馈、译者素质。

(一)多维转换程度

所谓"多维转换程度",即译品的"整合适应选择度"首先要看译者是否多维度地适应了特定的翻译生态环境。或者说,一方面,要看是否尽量保持了原文的生态,或者原文生态是否被破坏得最小;另一方面,要看是否尽量保持了译文的生态,或者译文生态是否被保持得最好。鉴于原文生态和译文生态主要体现在语言生态、文化生态、交际生态等方面,因此"多维转换程度"又具体体现在翻译过程中译者是否能做到了"三维"(语言维、文化维、交际维)转换。译者只有在翻译过程中真正地做到"多维"的适应和至少"三维"的选择转换,才有可能产生出恰当的译品(译文)。相比较而言,适应转换的维度越多,选择的适应性越高,译品的整合适应选择度也才有可能相对越高。这一参考指标表明,恰当的译文不单单是语言转换的问题,还有文化内涵的转换问题、交际意图的转换问题等。

(二)读者反馈

所谓"读者反馈",指的是包括一般读者、专家读者,以及有关翻译活动的委托人、译品的出版者、译品评论者等诸"者"对译品的意见反馈以及译评导向。从一定意义上说,该项参考指标实际上就是对译品"市场反馈"的评价。运用生态翻译学的术语讲就是,这里的"市场反馈"就是对译品在目的语中"存活"程度的评价。市场反馈的变量很多,涉及的因素也很多。例如,从译评的目的角度来看,就有为了"审校译文、欣赏介绍、考核评分、教学示范"等;从译评的重心角度来看,也可以有"作者、作者意图、信息、原文、真理、社会、沟通渠道、译文语、委托者、译者、译文使用者、译文"等；从译评的操作角度来看，还要了解"查考和评估译者的意图；按照这个意图清楚指出这次翻译任务要突出的重心；剖析检视译文，看看是否达到突出这些重心的目的"。① 总之，一般来说，"市场反馈"越好，表明译品在目的语中的"存活度"越高，也表明译品的"整合适应选择度"就可能会越高。

（三）译者素质

所谓"译者素质"，从生态翻译学关于译者研究的视角来看，大体上应当包括译者以往的成绩、阅历、能力、诚信度、知名度等。译者素质具体体现在译者对跨文化的敏锐度、对翻译主题的熟悉程度、对翻译生态环境的判断能力、对"市场"的洞悉程度，以及他/她的背景知识、翻译经验、工作态度等。这一参考指标的意义在于，它能使译评标准具有可预测性，即不但以"本"论质，而且还以"人"议事，同时还要以"境"酌情，即倚重整体的翻译生态环境来考虑和判断。由此可以表明，生态翻译学的译评标准是多维互补的、整合一体的，因而也会更接近翻译效果的真实。

从生态翻译学的角度来看，这里需要强调的有两点：一是评定译者素质时，拟应更多地注重译者在适应某项特定翻译任务方面的基本素质。二是测评译者素质时，则拟应更多地注重译者在以往的翻译工作中适应类似翻译任务的基本素质。

四、文本移植与生态平衡

"翻译即生态平衡"和"翻译即文本移植"，如果从翻译理念上讲，可以认为是对翻译实质的概括的认知；而如果从翻译行为和翻译操作上讲，又可以认为是关于翻译的策略或方法。那么，为什么对翻译实质的认识反过来又可以成为翻译的策略技巧呢？这一点不仅因为对翻译实质的认识与翻译策略技巧的选用密切相关——你怎样看翻译，你就会怎样做翻译；而且也因为看问题

---

① 周兆祥.译评：理论与实践[A].翻译评赏[C].黎翠珍.香港：商务印书馆，1996：1-19.

的角度不同所致。例如,我国著名翻译家严复提出的"信达雅",如果单从翻译标准角度来讲,可以把"信达雅"看作翻译的标准或翻译批评的标准;但如果从翻译方法的角度来看,"信达雅"则又可以作为翻译方法在翻译操作中加以参照和实施。这样一来,生态翻译学中的"翻译即生态平衡"和"翻译即文本移植"的翻译理念和认知,也可以作为翻译的策略或方法加以运用,即将源语的文本"原汁原味"地移植到译语中去,使包括语言生态、文化生态、交际生态等在内的源语与译语的生态保持平衡一致。

例如,为了维持与平衡原文和译文的"基因"和"血液",使原文的基因和血液在译文里依然流淌并得到体现,作为生态翻译的策略选择,译者可以采用高度"依归"式的翻译策略处理文本。所谓高度"依归"式的翻译策略,从生态翻译学的视角来解读,其实就是在翻译过程中译者尽量地适应和依归于源语生态环境(基于源语"原生态")来选择译文;或者尽量地适应和依归于译语生态环境(基于译语"原生态")来选择译文。例如,将 to shed crocodile's tears 汉译为"流下鳄鱼的眼泪";将 to carry coals to Newcastle 译为"运煤到纽卡斯尔"等,这些都可以看作一种高度"依归"式的翻译处理。

又例如,为了维持、协调、平衡、重构与源语生态相适应的生态环境,译者翻译时可以先将自己头脑里原有的"生态"尽量地"变换",乃至"掏空",从而在译语里植入新的、与源语生态相适应的生态环境。

再如,为了平衡源语生态与译语生态,针对译语生态中的某些欠缺、不足部分,译者就要做出"选择性的适应"和"适应性的选择",创造性地进行"增译""加注说明""补充信息"或"删繁就简",或"添枝加叶",如此等等,这样的一些翻译行为,用生态翻译学的术语来说,实际上就是在译语生态里做"平衡"工作,就是在译语生态里建构、修复和调适能够使译文存活、生长,乃至长存的生态环境。

上述理念表明,翻译过程中的译者适应与选择,就是译者从原文内在的生态结构出发,对拟翻译的文本进行选择,并且在翻译的过程中依循原文固有的生态结构在另一种语言系统中进行再现。

五、生态翻译策略与方法的优化选择

译者对生态翻译策略与方法的优化选择,主要表现为译者在适应翻译生态环境的变化的前提下,为获得较高"整合适应选择度"而对翻译策略与技巧进行优化的变换使用。

一般来说,直译、语义翻译和异化翻译三者之间的共同之处是比较靠近原文;而意译、交际翻译和归化翻译三者之间的共同点是比较靠近目的语或目的语读者。虽然有交叉重叠的地方,但是也有区别。

从生态翻译学的角度来看,译者面对源语生态和译语生态的制约之下,可以视为译者在适应翻译生态环境的前提下,主动地选择服从或颠覆原文文本制约/译语文化支配的程度——从完全服从或颠覆,到部分服从或颠覆——即可视为译者为适应翻译生态环境所做的不同翻译策略的选择,亦即对翻译生态环境适应度的选择。因此,从生态翻译学视角来解释,不论是异化还是归化,不论是直译还是意译,不论是语义翻译还是交际翻译,也不论是"形式对等"还是"功能对等",这些翻译策略和方法,都可以看作是译者为了适应翻译生态环境所做出的一种翻译策略的选择。由于翻译适应选择的理论既不是从作者/原文的角度、又不是从译文/读者的角度定义翻译,而是从译者的角度定义翻译的,即将翻译定义为"以译者为主导、以文本为依托、以跨文化信息转换为宗旨,翻译是译者适应翻译生态环境而对文本进行移植的选择活动"。因此,类似异化还是归化好或者是该直译还是该意译的问题,我们都可以把它解释为:择善而从,即译者为"求存"而"择优"。从译者适应与选择的角度来解释上述问题的道理可以说是简单的:由于翻译定义为"以译者为主导、以文本为依托、以跨文化信息转换为宗旨,翻译是译者适应翻译生态环境而对文本进行移植的选择活动"，而包括社会、文化、"诸者"等在内的翻译生态环境又是在不断地、动态地变化之中，为了适应动态的、不断变化的翻译生态环境，译者在归化和异化，或者在直译和意译之间做出与翻译生态环境相适应的选择也就很自然了。

第六章　生态视阈下文学文体的语言与翻译理论

文学是一种创造性的艺术,集知识和娱乐于一体,通常描绘生动、情感丰富、字字珠玑、句句经典。因此,文学作品的翻译并没有想象的那么简单,它要求译者不仅要有扎实的英汉双语功底,更要有一定的文学造诣,甚至能达到和原作者相同的水平,这样才能译出功能对等的语篇,再现经典原文。本章针对生态视阈下文学文体的语言与翻译理论展开研究。

第一节　文学文体的语言

文学文体属于"表达性文体"(expressive texts),作者往往通过作品抒发自己的情感,表达自己的思想,对读者施加一种特殊的感染力。根据文学文体在形象塑造、体制结构、语言运用、写作方法等方面的不同,其可分为诗歌、小说、戏剧、散文四类。尽管这四种不同的文学体裁之间有着明显差异,但是它们使用的文学语言却有着共同的基本特点,主要表现在以下几个方面。

一、抒情性

在文学作品中为了渲染气氛,衬托心情,常使用具有浓重的抒情性的语言。如果这些语言运用得当,可大大提高作品的感染力。例如:

It is the East, and Juliet is the sun!

Arise, fair sun, and kill the envious moon…

(Shakespeare: *Romeo and Juliet*)

那就是东方，朱丽叶就是太阳！

起来吧，美丽的太阳！赶走那妒忌的月亮……

（朱生豪 译）

上面这一片段是莎士比亚的名剧《罗密欧与朱丽叶》中罗密欧的一段台词。这段台词极富抒情性，将罗密欧炽热而真挚的情怀以及他对朱丽叶的仰慕之情充分地表现了出来。值得一提的是，抒情性的这一特点在诗歌中表现得尤为突出。

二、形象性

形象性是文学语言的一个显著特点。无论是小说、散文、戏剧还是诗歌，作者都力图用生动的语言描绘出栩栩如生的形象，以达到表情达意的效果，给读者留下深刻的形象。例如：

Pure, bracing ventilation they must have up there at all times, indeed; one may guess the power of the north wind blowing over the edge, by the excessive slant of a few stunted firs at the end of the house; and by a range of gaunt thorns all stretching their limbs one way, as if craving alms of the sun.

（Emily Bronte: Wuthering Heights）

纯洁与兴奋的空气，他们这里当然是随时都有；屋的尽头处几棵发育不全的枞树枝过度倾斜，以及一排茁壮的荆棘枝向着一个方向伸展四肢，好像是向太阳乞讨，这都使我们猜想到吹过篱笆的北风的威力。

（梁实秋 译）

通过作者这一小段简洁的描写，读者不难想象当冬天来临时此地恶劣的气候，同时一种蕴藏在文字中不屈不挠的顽强精神也清晰地呈现在读者的脑海中。

三、幽默感

文学作品中幽默的使用往往能够有效吸引读者的注意力，促使读者理解和接受作品情感、观点。例如：

He was tall, slender, and handsome, and like most young British officers of late years, had picked up various small accomplishments on the Continent: he could talk French and Italian-draw landscapes, sing very tolerably-dance divinely; but, above all, he had been wounded at Waterloo:—what girl of seventeen, well read in poetry and romance, could resist such a mirror of chivalry and perfection!

(Washington Irving: *Christmas Eve*)

他身材修长,面容英俊,像近年来大多数年轻的英国军官一样,在欧洲大陆学到了各种各样的细巧才能:他能讲法语和意大利语,会画风景画,歌唱得也不错,舞跳得神乎其神,而最重要的是他在滑铁卢战场上受过伤:——哪一个熟读诗歌和爱情故事的十七岁少女能抗拒这样一位英勇完美形象的化身呢!

本例原文在介绍军官从欧洲大陆学到了各种才能时,出人意料地使用了 small 一词,但阅读后文可以发现,这些"才能"——会法语和意大利语、画画、唱歌、跳舞——只是用来讨上流社会的女性开心的,尤其是他曾在战争中受伤的经历更让他成为情窦初开的少女心目中的英雄,这不禁令读者感到好笑。

四、讽刺性

讽刺在文学作品中出现得十分频繁,它也是文学作品之所以具有艺术价值的一个关键因素。讽刺的目的在于揭露一种社会现象,批判一些社会习惯。运用讽刺可以使文字更加生动有活力,使主题得到深化,从而给读者留下深刻的印象。例如:

It is a truth universally acknowledged, that a single man in possession of a good fortune must be in want of a wife.

However little known the feelings or views of such a man may be on his first entering a neighborhood, this truth is so well fixed in the minds of the surrounding families, that he is considered as the rightful property of someone or other of their daughters.

(Jane Austin：*Pride and Prejudice*)

一个拥有大笔财富的单身汉必定是需要一位妻子的,这是一条公认的真理。

这条真理牢牢扎根在人们的脑海里,以至于一旦有这样一位男士出现,他的街坊四邻就会把他看成是自己这个或那个女儿的合法财产,而不管他们对于他本人的情感和想法所知是多么的微乎其微。

将某位成功男士看作自己女儿的合法财产,这样的心态显然可笑。作者正是借此讽刺了当时盛行于世的一种社会现象,令读者不得不为之深思。

第二节　文学生态学的国内外哲学根据

一、从生态学到生态主义

作为一个术语,生态学(Ecology)这一概念是由德国生态学家恩斯特·黑克尔提出的。1870 年,恩斯特·黑克尔对生态学进行了界定:生态学是指探索动物与有机物之间的关系,其中包括与其直接或间接接触的无机物环境,研究的是达尔文称为生命之间关系的内容,也可以归纳为经济学的自然知识。目前黑克尔这个含义仍被很多生态学家所引用。

生态主义指的是人们采取科学生态学的研究成果和思想方式来重新审视大自然的思维方式,并用来重新审视人类的所有知识体系:自然科学知识体系、社会科学的知识体系以及心理科学的知识体系。生态主义可以说是"问题主义",生态主义不是简单的思辨活动,而是行动主义、切实的思维方式。随着人类精神生态的异化、生物物种的灭绝和生态环境的恶化,生态主义思潮日渐涌现。

如今，在生态社会领域形成了一支庞大的研究队伍，在研究过程中建立了知识体系。现在，生态科学技术、社会生态学和生态哲学、精神生态学和生态文学等方向的研究团队缓慢扩大，突出表现在人们开始注重对日常生活中的生态情况进行观察，形成了各种生态运动、动物保护组织、绿色群体等，如各种生态食品、生态农业、生态服装，由此可以看出，生态主义在未来社会的发展空间是巨大的。

二、文学生态学的三个维度

当人类具备一定的思考能力，便展开了对自然、宇宙、自己精神状态和自身的认知，进而这些认知也在不断地积累和传播。人类拥有的知识在一开始是全凭借经验的，在文字还没有创造出来的时候，人类通过模仿和口头传播获取信息。直至文字被发明出来，人类就可以通过文字来记录曾经或得到的知识，现如今，人类的知识体系可能远远地超出了人类的幻想。对于自然、宇宙、人类的精神世界和自身部有非常深刻的总结，当然社会和文明在不断地进步，这些认识仍在发展进步。

人类的知识体系共分三种：第一种是有关自然宇宙的知识系统。第二种是人类社会的知识体系。即使人类一直归属于"大自然"，是大自然的一分子，但是不得不承认的是在这个生物链上，人类的作用已经远远超过一个节点的范围，人类对整个生物链有重要的影响。因此，人与人之间相互关系、相互交往的理论是社会知识体系主要研究的内容，这也许还包括社会道德、伦理、政府制度、法律法规、行为规范、历史等学科。第三种是人的精神知识体系。人的精神世界无比的复杂和深邃，也许精神世界的复杂程度可以同整个宇宙相媲美。

第三节　生态视阈下文学翻译体裁分析

一、生态视阈下的诗歌翻译

在各种文学文体的翻译中,最难的就是诗歌的翻译,因此有"诗不可译"之说。这里的"诗不可译"主要说的是诗歌的音韵美与诗味难译,并不是说诗歌不能译。因此,客观来说,译诗难但也是可以译的。在对诗歌进行翻译时,为了更好地译出诗歌原有的内涵与意境,译者应注意以下几个方面。

(1)了解诗的内涵。在翻译诗歌时,译者应首先对原作有一个深入的理解,了解诗的内涵,抓住诗中的意象及其背后的意义。这是忠实而准确地传达原作意蕴的前提。

(2)要具有丰富的想象力。诗歌通常是诗人发挥想象力、使用形象性的语言创作而成的。因此,要想译出原诗的意象,译者也应具有丰富的想象力,从而进入诗人的想象情境,领会其中的意境。

(3)理解原诗包含的感情。诗歌的语言往往具有强烈的感情色彩,诗人借助生动的语言将心中的情感抒发出来。因此,译者只有怀着与诗人相同的感情,使用动情的语言,才可能忠实地传递原作的感情。

在把握上述几个要求的基础上,译者应采取一些恰当的翻译方法,提高翻译的效果。

(一)阐释性翻译

在翻译诗歌时,阐释性翻译是一种常用的翻译方法。阐释性除了要保持原诗的形式之外,还强调对原诗意境美与音韵美的保留。

在意境美方面,要求译诗与原诗一样可以打动读者。意境美的传达通常涉及以下几点：

(1)再现原诗的物境，即诗作中出现的人、物、景、事。

(2)保持与原诗相同的情境，即诗人所传递的情感。

(3)体现原诗的意境，即原诗歌诗人的思想、意志、情趣。

(4)确保译入语读者获得与原文读者相同的象境，即读者根据诗作的"实境"在头脑中产生的想象与联想之"虚境"。①

在音韵美方面，要求译作忠实地传递原作的音韵、节奏以及格律等所体现的美感，确保译文富有节奏感，且押韵、动听。

在采用解释性翻译方法时，译者要注重所面临的语言与文化方面的问题，译者应尽可能地在新的语言中重新创造与原作基本对等的作品。例如：

Ode to The West Wind

Percy B. Shelley

I

O wild West Wind, thou breath of Autumn's being,

Thou, from whose unseen presence the leaves dead

Are driven, like ghosts from an enchanter fleeing,

Yellow, and black, and pale, and hectic red,

Pestilence-stricken multitudes: O thou,

Who chariotest to their dark wintry, bed

The winged seeds, where they lie cold and low,

Each like a corpse within its grave, until

Thine azure sister of the Spring shall blow

Her clarion o'er the dreaming earth, and fill

(Driving sweet buds like flocks to feed in air)

With living hues and odors plain and hill:

Wild Spirit, which art moving everywhere;

Destroyer and preserver; hear, oh, hear!

---

① 张保红.文学翻译[M].北京:外语教学与研究出版社,2010:94.

西风颂

一

呵,狂野的西风,你把秋气猛吹,

不露脸便将落叶一扫而空,

犹如法师赶走了群鬼,

赶走那黄绿红黑紫的一群,

那些染上了瘟疫的魔怪——

呵,你让种子长翅腾空,

又落在冰冷的土壤里深埋,

像尸体躺在坟墓,但一朝

你那青色的东风妹妹回来,

为沉睡的大地吹响银号,

驱使羊群般的蓓蕾把大气猛喝,

就吹出遍野嫩色,处处香飘。

狂野的精灵!你吹遍了大地山河,

破坏者,保护者,听吧——听我的歌!

(王佐良 译)

在本例中,译者对原诗的翻译采用了阐释性翻译法,从形式、意境、音韵方面与原文效果相同。

(二)调整性翻译

调整性翻译是在直译的基础上对结构进行一定的调整,从而准确地传递原文的思想,同时符合译入语的表达习惯。调整性翻译是介于形式性翻译与阐释性翻译之间的一种方法。例如:

A Red,Red Rose

Robert Burns

O, my lure's like a red, red rose,

That's newly sprung in June;

O，my lure's like the melodic
That's sweetly play'd in tune.

As fair art thou，my bonnie lass，
So deep in luve am I，
And I will luve thee still，my dear，
Till a'the seas gang dry.

Till a'the seas gang dry，my dear，
And the rocks melt wi'the sun!
And I will lure thee still，my dear，
While the sands o'life shall run.

And fare thee weel，my only lure，
And fare thee weel，a while!
And I will come again，my lure，
Tho'it were ten thousand mile!

红玫瑰

吾爱吾爱玫瑰红，

六月初开韵晓风；

吾爱吾爱如管弦，

其声修扬而玲珑。

吾爱吾爱美而殊，

我心爱你永不渝，

我心爱你永不渝，

直到四海海水枯；

直到四海海水枯，

岩石融化变成泥，

只要我还有口气，

我心爱你永不渝。

暂时告别我心肝，

请你不要把心耽！

纵使相隔十万里，

踏穿地皮也要还！

（郭沫若 译）

在对原诗进行翻译时，译者对原文结构做了一些<u>调整</u>，忠实地传递了原文的内容。

二、生态视阈下的散文翻译

散文的创作和审美对象时文字，因此其是一种重要的文学艺术体裁。散文带有很大的自由性，没有形式和字数上的限制，作者在表达时可以根据主观思想进行充分的创作。散文的语言生动优美、清新明丽，在翻译散文时，首先要细读原作，仔细体会作者的写作风格和写作意图，随后用同样清新优美的文笔进行翻译。翻译时要做到把握全篇的中心思想，分清作品的结构层次，传达作者的浓郁情感，重构原作的审美意境，努力再现作者的独特风格。

（一）再现散文之意

散文的精髓就在于其达意传情，状物叙事和说理真实、真切、平实和直接，故准确再现散文之意是散文翻译的首要方法。这要求译文在意义、形式、趣味、格调等方面力求与原文等质等量。要做到这一点，首先需要译者对散文进行充分、细致的解读。

对散文的解读不仅要落实到单个字词的意义、语音、拼写等微妙的细节上，也要涉及对词语的内涵和外延意义、比喻意义和象征意义，再到句子、语篇的主题意义等的理解。由于散文选材自由，形式开放，解读散文还必须考虑到字句以外的意义，如文学背景、社会背景、典故常识、历史地理等。总之，译者要从微观到宏观，再从宏观到微观，反复体会散文词句的多方面意义。

再现散文之意需要兼顾散文内容和形式两个方面，不可偏废一方。

（1）从语言层次上说，译文必须由微观到宏观，从字、词、句、篇到修辞、逻辑、文体、主题仔细把握，使用精确、恰当的词句来再现原意。

（2）从文化层次上说，译文必须结合原作的社会、历史、文化和文学背景，准确地体现原作的意义。

总之，准确再现散文之意是散文翻译的第一要务，但与其他文学作品一样，散文的意义与形式不能截然分开。因此，在准确把握原作各种意义的基础上，如何采用恰当的译入语形式来再现意义也是散文翻译的关键。

（二）保存散文之形

散文的选材是自由开放的，形式上也不拘一格。其形式并不像诗歌那样讲究音韵格律，也不像小说戏剧那样热衷于塑造人物形象、虚构情节和采用特殊的叙事手段，但这并不是说散文就不注重形式。散文也是美文。散文之美除了体现为意境、情趣的审美效果外，也体现为散文的形式，包括散文的音韵节奏、遣词造句、修辞手段等。翻译散文如果完全放弃原作的形式，势必失去原作之美。然而，限于语言文化差异，原作形式因素不可能完全照搬进译文，因此，译者需要在翻译过程中采取合理的手段来保存散文之形。

散文之形最显著的表现形式就是通过散文的词句体现出鲜明的个性和风格。来看下面这段摘自英国散文家、小说家赫胥黎的名作《关于月亮的断想》（*Meditation on the Moon*）。

Socrates was accused by his enemies of having affirmed, heretically, that the moon was a stone. He denied the accusation. All men, said he, know that the moon is a god, and he agreed with all men. As an answer to the materialistic philosophy of "nothing but" his retort was sensible and even scientific. More sensible and scientific, for instance, than the retort invented by D. H. Lawrence in that strange book, so true in its psychological substance, so preposterous, very often, in its pseudo-scientific, form, Fantasia of the Unconscious. "The moon," writes Lawrence "certainly isn't a snowy cold world, like a world of our own gone cold. Nonsense. It is a globe of dynamic substance, like radium, or phosphorus, coagulated upon a vivid pole of energy."

The defect of this statement is that it happens to be demonstrably untrue. The moon is quite certainly not made of radium or phosphorus. The moon is, materially, "a stone". Lawrence was angry (and he did well to be angry) with the nothing-but philosophers who insist that the moon is only a stone.

译文:苏格拉底断言月亮是块石头,因此遭到敌人的非难,说他是异端邪说。他否认这个指责。所有的人,他说,都知道月亮是一个神,他同意人们的这种说法。作为对"仅仅是"的唯物主义哲学的一个回答,他的反驳是合情合理的,甚至是科学的。比如说,和 D. H. 劳伦斯在他的那本奇书里发明的那个反驳相比,在心理内容方面那么真实,在它的伪科学形式——《无意识的幻想》——方面,经常那么乖戾荒谬,相比之下,苏格拉底的说法要合理得多,科学得多。"月亮",劳伦斯写道,"当然不是一个白雪皑皑的冰冷世界,不像我们自己的世界,变得冷冰冰的。简直胡说八道!它是一个运动着的物质的球体,就像镭,或者磷一样,凝结在一根生龙活虎的能量之柱上。"这个说法的缺陷在于,它恰巧不是真的,而且可以得到证实。可以十拿九稳地肯定,月亮不是由镭或者磷构成的。月亮,从物质上来说,是"一块"石头。那些"仅仅是"哲学家坚持认为,月亮只不过是一块石头。劳伦斯对此感到气愤(他做好了充分的准备,结果真的生气了)。

(罗益民 译)

原文共 180 词,难词、术语、较文雅和学术气息浓厚的词汇共有 19 个,占全段文字的 10％以上,平均每行有一个以上的这类词汇。赫胥黎用词典雅,学识不凡。虽然赫胥黎写得也很生动,其中有不带引号的自由直接引语,还有些引用,有些句子也很简明、平易,如"All men,said he know that the moon is a god,and he agreed with au men."但这段文字的整体风格与怀特的《再到湖上》的平淡笔法大不相同。在翻译这样的文字时,如果不能在译文中贴切展现这种风格上的差异,那么译文注定是平庸之作。

在翻译这段文字的时候,译者应尽量切合原文的风格。凡是翻译原文中使用的华丽辞藻和表达方法,也尽量选取力求能够匹配的汉语加以对应。平易的原文就用平易的措辞处理,如 nothing but 是常用语,比较口语化,就用"仅仅是"来对应。

总体来看,领会、理解、把握和表达了原文的意思和意味后,再从形式上进行对应,就把原文的意、形以及神韵表达出来了。

三、生态视阈下的小说翻译

(一)人物语言个性的翻译

小说作为文学文本,是一种特殊的艺术形式。它因为"包含了语义信息之外的美感因素,要求译者在翻译中不仅要准确传达源语中的语义信息,还要忠实再现源语中的美学信息和审美价值""这就要求作为特殊审美主体的译者必须具备敏锐的审美意识,准确的审美转换能力和适度的审美加工能力",如此方能"确保审美再现的结果(译文)和审美客体(原作)产生最大限度相似的审美功能和审美效果,使译入语读者获得与原作读者尽可能相似的审美享受"。[①] 作为一种审美创造活动,译者要在翻译过程中再现人物独特的言说方式,使人物个性跃然纸上。

在小说中,人物的个性是诱发或制约人物语言风格变异的重要因素。言为心声,言如其人,人物的语言对话无疑是对自身形

---

① 胡安江.从翻译美学的角度论小说翻译中人物语言的审美再现[J].西南政法大学学报,2005(2):24.

象的最佳诠释。言为心声即通过人物对话，可以展现人物的思想动态，传达人物的心情，反映人物的心理。言如其人意味着对话描写可以揭示人物的性格、本质。在翻译对话时，译者应细细品味原作字里行间的信息，最大限度地再现原作的原汁原味。

小说对话是作者为了刻画人物，传达某种意义而创作的，因此翻译即翻译意义。而意义又是多层次的，对此符号学提供了最全面的意义理论：作为一种符号系统，语言有三种意义：指称意义、言内意义和语用意义。指称意义是语言符号和它们所指对象之间的关系。语言的指称对象可以是具体的事物，也可以是抽象的概念。言内意义指同一语言系统的语言符号之间的关系。任何语言符号都不能孤立存在，它总是与同一语言系统的其他语言符号紧密相连。语用意义指符号和其使用者的关系，语言的语用意义即语言和其使用者的关系。

一般来讲，指称意义的所指若在两种语言文化中都存在，就不会导致翻译障碍，但是否准确传译将直接影响原作的审美再现。以下选自简·奥斯汀的《傲慢与偏见》。

"O Mr. Bennet, you are wanted immediately; we are all in an uproar…"

Elizabeth replied that it was.

"Very well—and this offer of marriage you have refused?"

"I have, sir."

"Very well. We come to the point. Your mother insists upon your accepting it. Is it not so, Mrs. Bennet?"

这是班纳特夫妇和女儿讨论她的婚姻大事时的一段针锋相对、互不退让的对话。班纳特太太一心企盼女儿嫁入豪门；班纳特先生对她的浅薄见识冷嘲热讽；伊丽莎白个性独立，自作主张。三人意见的分歧体现在称呼对方时直呼其姓并在姓氏前冠以Mr.，Mrs.。王科一先生将Mr. Bennet, Mrs. Bannet译作"我的好老爷""我的好太太"，如果单从字面意义来讲既忠实又通顺，读者也可以接收到大致相同的语义信息，但这仅是小说翻译中的

"假象等值"(deceptive equivalence)。如果改译为"班纳特先生""班纳特太太",或许更能入木三分地反映人物心情,传达丰富的审美信息。

言内意义为某种语言所特有,因此翻译过程中很难保留,但并不意味着无法传达。言内意义包括音系意义、语法意义、词汇意义、句法意义等。小说对话的意义主要在于我们从中可推断出人物的性格、处境以及人物之间的态度。这些推断常常含在对话的语用意义中。在英美小说作品中,人物语言既有"阳春白雪",也有"下里巴人",在语言学家看来只是不同变体而已,不存在贵贱之分。但两种变体能体现讲话人的性格、身份,译者需译得恰当,否则译文将失去美感。小说翻译中常遇到一些粗俗字眼,对此译者不应回避或加以"净化"处理。

(二)小说语境的翻译

语境即语言环境,是指用语言进行交际的具体场合。小说的语境均是特定语言创设的语境,而语境的翻译要比语义翻译更加困难。语境在很大程度上影响着译者对原文的理解。在进行翻译实践的过程中,译者了解作为符号的语言与具体语境之间的关系对于信息的正确传递具有重要的影响。如果译者忽视了语境的作用,则很难忠实于原文的风格进行翻译,同时无法准确传递出原文信息。英汉两种语言具有很大的差异性,因此想要取得完全相同的表达效果是不可能的。在小说翻译的过程中,译者需要在运用自身的语言知识的基础上重视语境对文章表达的影响,从而在最大限度上还原作的信息。小说是在语境中生成意义的,这种语境可能涵盖政治、经济、文化等很多方面,虽然看似毫无关联,却能给作品构造出框架,体现作者的思想。因此,从本质上来看,小说翻译就是不同文化语境的碰撞与交流。因此,译者在小说翻译的过程中要在转换语言的同时对其文化语境展开深入分析,使用恰当的词语和表达方式,准确地翻译原文语境。例如:

It was Miss Murdstone who has arrived，and a gloomy looking lady she was；dark，like her brother，whom she greatly resembled in face and voice；and with very heavy eyebrows，nearly meeting over her large nose，as if，being disabled by the wrongs of her sex from wearing whiskers，she had carried them to that account. She brought with her two uncompromising hard black boxes，with her initials on the lids in hard brass nails. When she paid the coachman she took her money out of a hard steel purse，and she kept the purse in a very jail of a bag which hung upon her arm by heavy chains，and shut up like a bite. I had never，at that time，seen such a metallic lady altogether as Miss Murdstone was.

来的不是别人，正是梅德森小姐。只见这个妇人，满脸肃杀，发肤深色，和她兄弟一样，而且嗓音，也都和她兄弟非常像。两道眉毛非常浓，在大鼻子上面几乎都连到一块儿了，好像因为她是女性，受了冤屈，天生地不能长胡子，所以才把胡子这笔账，转到眉毛的账上了。她带来了两个棱角崚嶒、非常坚硬的大黑箱子，用非常坚硬的铜钉，把她那姓名的字头，在箱子的盖儿上钉出来。她发车钱的时候，她的钱是从一个非常坚硬的钢制钱包儿里拿出来的，而她这个钱包儿，又是装在一个和监狱似的手提包里，用一条粗链子挂在胳膊上，关上的时候像狠狠地咬了一口一样。我长到那个时候，还从来没见过别的妇人，有像梅德森小姐那样完全如钢似铁的。

(张谷若 译)

该例选自狄更斯的《大卫·科波菲尔》。这段文字描写了梅德森的姐姐兼管家刚到科波菲尔家时的场景。可以看出，作者对此人物是持否定态度的。根据作者的态度，译者在遣词造句时就要注意体现其观点，努力再现原文的情景。例如，将 gloomy looking 译为"满脸肃杀"，将 uncompromising 译为"棱角崚嶒"等。

第四节 生态学在文学翻译中的基本法则

一、生态链法则

生态系统中储存在有机物中的化学能,在生态系统中通过层层传导,让许多生物紧密地联系在一起,营养关系的生物序列被称为食物链,即"营养链"。通过食物链,各种生物之间形成了复杂的关系,所有生物都被包括在内,让它们直接或间接相互接触,产生相互作用和反应。复杂的食物网作为生态系统功能的基础,不仅能直观地描述生态系统的营养结构,而且可以保持生态系统的稳定。食物网更加复杂,生态系统抵抗外力干扰的能力随之增强;相反,食物网越简单,生态系统更容易发生不平衡和遭到破坏。在复杂的生态系统中,尽管有机体的丧失并不会导致整个生态系统的不平衡,但在不同程度上可以使生态系统的稳定性降低。

文学翻译是译者用一种不同于源语的语言对文学作品进行有效阐释与转写的主观能动性活动,就像自然生态系统一样,文学生态翻译系统主要由文学翻译无机环境和文学翻译群落构成。文学翻译无机环境是指源语文本以及作者、译者、读者和研究者所处的社会文化环境及历史制约条件。文学翻译生物群落是指与文学翻译有关的活动主体,包括生产者、消费者和分解者。

与自然生态系统不同,具有双重方向性的生产者的生态文学翻译系统不仅指作者,也指翻译者。作者创作原文,是文学生态翻译链的发动者;译者根据作者的原作进行文学翻译活动,从而创造译文,是文学翻译链的追随者,但是译者在整个文学生态翻译系统中占据核心地位。文学生态翻译系统中译文的读者在其中充当着消费者的角色,因为在文学翻译产品产出之后,读者进行消化与吸收,进而改变文化的载体,转化成为产品的价值。

在生态文学翻译中,译者在系统中具有举足轻重的地位。他们在这一生物链的循环当中,先是利用光合作用从无机环境中提炼养分,合成有机物,进而完成产品生产的过程,与此同时,译者还有可能在这一系统的循环中担任着消费者与分解者的角色。为了进一步提高其生产能力和生产水平,经过完整的生产过程,翻译人员对其翻译进行分析和总结,以便在未来的生产过程中可以提高光合作用的能力。

文学翻译的生态链需要翻译内部的规范环境,也需要良好的规章制度和学术气氛的支撑。好的译风必然带动好的学风,从而形成巨大的精神力量。只有建立起良好的规范和秩序,才能保证文学翻译工作的正常进行,也能够净化文学翻译系统的内部环境,保证文学翻译质量,这样才能在整体上产生巨大的功能效应。

二、生态位法则

生态系统中的一个种群,在空间、时间上所占据的位置与相关种群之间的作用与关系,是生态学的另一个主要术语——生态位,表示生态系统中每种生物生存所必需的生存环境的最小阈值。

生态位包括生态系统的生物作用和功能本身及其区域。在自然界中,每个具体位置都有不同种类的生物体,如生物活性的生物关系取决于其特殊行为、生理和结构,因此具有独特的生态位。

基本生态位由适应物种变异的能力、实际生态位的适应能力、重点与生物因素的相互作用决定,生态位在自然环境中是真实的。形成自身生态位的生物在过程中遵循的原则有开拓原则、趋适原则、平衡原则和竞争原则这四类原则。

在文学翻译活动中,根据文学翻译活动的客观要求,文学翻译主体或是由个人或是由团队组成的,文学翻译主体在文学生态翻译空间中占有特定的生态位,具有特殊的生态功能,因此也就呈现了独特的行为生态环境。

译者行为可以理解为人对外部刺激的外显性反应,也可理解成人类种种活动或动作有意义的组合。人类文学翻译行为活动不仅有着内容上的多样性,而且在文学翻译特定的领域中,每个人的行为方式也不尽相同,这也就会呈现出其文学翻译生物群体以及文学翻译过程动态系统的多样性。同时,各生物群体在文学翻译过程中经过不断的自然选择与互为适应,形成特定的文学翻译形态和文学翻译功能。在文学翻译自然生态系统中,只有文学生态翻译位重叠的文学生态翻译系统才会产生争夺生态位的竞争,争夺最适宜生存的生态区域。

文学翻译生物群体的生态位实际上是他们能够获得和利用的文学生态翻译资源空间,文学生态翻译位越宽,文学翻译生物群体的适应性就越强,可利用的资源就越多,竞争力就越强。因此,在文学翻译活动的自然生态中,文学翻译者应该准确地找到自己的生态定位,通过竞争找到最适宜生存的生态区域,力争获得和利用最大的生态资源空间,拓宽自己的生态位,提高自己的生态适应性,扩大自己的可利用资源,提高自己的生态竞争力。

第五节　生态视阈下文学翻译的质量

一、译者的素质

译者是翻译活动的主体,在翻译活动中起着重要的作用,通过对源语文化的再认识和再表达,促进不同民族间的文化交流。因此,译者的素质对整个翻译活动有着重要的影响作用。

(一)语言素质

对于译者的语言素养而言,英汉两种语言的词汇差异、句法差异、语篇差异都属于其需要掌握的语言基础知识内容。

1.英汉词汇差异

(1)书写形式差异。英汉两种语言属于不同的语系。具体来说,英语属于印欧语系,汉语属于汉藏语系。此外,英语由字母组成,汉语则采取方块字的基本形式。因此,二者在书写形式方面有着很多不同。具体来说,英语中的音节与单词都是由字母组成的,音节和单词之间没有分明的界限,因此英语在音韵层面属于"元辅音体系"。正因如此,英语单词与单词通常以空格来进行分离,音节则常写在一起。与此相反,汉语在音韵层面属于"调韵声体系"。虽然音节之间较为分明,然而音节与音节之间的组合却比较模糊,所以汉字之间没有间隙。例如:

Gloria loves singing very much.

格洛利娅非常喜爱歌唱。

(2)含义范围差异。英语词汇大都具有较多义项。然而,英语在描述事物通常比较形象、具体,这就使英语词汇具有相对狭窄的词义范围。这种现象具体体现在以下几个方面。

英语中的很多词汇都是外来词,这些外来词在描述现象或事物常常采取特指的方式,这大大提升了英语词汇的精细化程度。

英语中的很多词汇只对事物在某一个方面的特征进行描述,因此具有较差的概括性,并使英语中的事物分类更加精细。

科技的发展使社会发展脚步逐渐加快,新生事物不断涌现。在这样的情况下,一些多义词逐渐解体为若干单义词,有的甚至直接变为一个新的单词。例如:

urban(城市的)—urbane(有礼貌的)

travel(旅行)—travail(艰苦努力)

curtsey(女子的屈膝礼)—courtesy(礼貌)

虽然汉语词汇的义项没有英语词汇那么丰富,但从词义范围来看,汉语词汇远比英语词汇要广泛。由于汉语中的一个词可在不同语境下表示多个含义,这就使汉语词汇的概括性较为突出。例如:

bare 没有东西的

empty 里面没有实物的

hollow 空心的,中空的

vacant 目前没有被占用

上述各例都含有"空",且"空"在各个例子中的含义各不相同。与此形成鲜明对比的是,英语则分别使用四个词来与此相对应。

2.英汉句式差异

(1)构建方式差异。很多学者都认为,英汉两种语言在句法方面的差异集中体现为形合与意合的差异。

根据《美国传统词典》(*American Heritage Dictionary*),形合(hypotaxis)是指"The dependent or subordinate construction or relationship of clauses with connectives, for example, I shall despair if you don't come.",即语法手段是英语句子之间的主要连接方式。具体来说,以形显义是英语句法的重要特征。为了满足句意表达的需要,有时应将句子中的词语、短语、分句或从句进行连接,英语常采取一些语法手段,如关联词、引导词等,以此来从意义与结构两个方面实现句子的完整性。例如:

On campuses all across the United States, Americans who lectured and studied in China in the 1930s and 40s today are invigorating our own intellectual life—none of them with greater distinction than Professor John K Fairbank, who honors us by joining my traveling party.

今天在美国的各个大学里,曾经于 20 世纪 30 年代和 40 年代在中国讲学并做过研究的美国人正活跃着美国的学术生活。他们中间最有名望的是费正清教授,他这次同我们一起访华,使我们感到荣幸。

本例中,Americans are invigorating 是句子的主干结构。其中,主语是 Americans,谓语是 are invigorating。此外,本例中还

有两个定语从句,即用来修饰 Americans 的 who lectured and studied in China in the 1930s and 40s 及用来修饰 Professor John K Fairbank 的 who honors us by joining my traveling party。可见,例句不仅含有较多介词、代词与名词,还具有较为复杂的结构,但其内在的逻辑关系却十分清晰,这正是英语形合的典型特点。

根据《世界图书英语大词典》(*The Word Book Dictionary*),意合(parataxis)是指"The juxtaposition of clauses or phrases without the use of coordinating or subordinating conjunctions, for example:It was cold;the snows came.",即句间与句内的联系主要依靠意义之间的逻辑关系。

与英语中的以形显义形成鲜明对比的是,汉语往往呈现出形散神聚的特征。具体来说,顺序标志词、逻辑关系词等明显的连接形式在汉语中较少出现,句子的含义常常通过动词来表示,且读者往往需要进行积极思考才能将句子的内在逻辑关系梳理清楚。例如:

我从此便整天地站在柜台里,专管我的职务。虽然没有什么失职,但总觉得有些单调,有些无聊。掌柜是一副凶脸孔,主顾也没有好声气,教人活泼不得;只有孔乙己到店才可以笑几声,所以至今还记得。

(鲁迅《孔乙己》)

不难发现,本例中先后使用了"虽然""但""所以"等关联词。尽管如此,读者要想准确把握句间的内在含义就必须亲自体会与分析。

(2)重心位置差异。句子的长短具有伸缩性。但无论长短,英汉句子都有一个重心,即主要观点或重要信息,通常包括结果、结论、事实、假设等内容。需要特别说明的是,因为英汉两个民族具有不同的价值观念与思维习惯,句子重心在英汉两种语言中的位置往往存在明显差别。

3.英汉语篇差异

英汉两种语言在语篇层面有相同之处,也有不同之处。

(1)语篇衔接手段差异。英语语篇强调结构的完整性,句子多有形态变化,并借助丰富的衔接手段,使句子成分之间、句与句之间,甚至是段落与段落之间的时间和空间逻辑框架趋于严密。形合手段的缺失会直接导致语义的表达和连贯。因此,英语语篇多呈现为"葡萄型",即主干结构较短,外围或扩展成分可构成叠床架屋式的繁杂句式。此外,英语语篇中句子的主干或主谓结构是描述的焦点,主句中核心的谓语动词是信息的焦点,其他动词依次降级。具体来说,英语中的衔接手段主要包括两种。

汉语语篇表达流畅、节奏均匀,以词汇为手段进行的衔接较少,过多的衔接手段会使行为梗塞,影响语篇意义的连贯性。汉语有独特的行文和表意规则,总体上更注重以意合手段来表达时空和语义上的逻辑关系,因此汉语中多流水句、词组或小句堆叠的结构。汉语语篇的行文规则灵活,多呈现为"竹节型",句子以平面展开,按照自然的时间关系进行构句,断句频繁,且句式较短。

汉语并列结构中往往会省略并列连词,如"东西南北""中美关系"等。此外,汉语语篇句子之间的从属关系常常是隐性的,没有英语中的关系代词、关系副词、连接副词、连接代词等。

(2)语篇段落结构差异。英语语篇的段落通常只有一个中心话题,每个句子都围绕这个中心思想展开论述,并且段落中往往先陈述中心思想,而后分点论述,解释说明的同时为下文做铺垫;段落中的语句句义连贯,逻辑性较强。例如:

He was a gay, jolly little man, who took nothing very solemnly, and he was constantly laughing. He made her laugh too. He found life an amusing rather than a serious business, and he had charming smile. And when she was with him she felt happy and good tempered. And the deep affection which she saw in those merry blue eyes of his touched her.

汉语语篇的段落结构呈现为"竹节型",句子与句子之间没有明显的标记,分段并不严格,有很大的随意性,段落的长度也较短。例如:

凤凰镇自然资源丰富,山、水、洞风光无限。山形千姿百态,流瀑万丈垂纱。这里的山不高而秀丽,水不深而澄清,峰岭相摩、河溪萦回,碧绿的江水从古老的城墙下蜿蜒而过,翠绿的南华山麓倒映江心。江中渔舟游船数点,山间暮鼓晨钟兼鸣,河畔上的吊脚楼轻烟袅袅,可谓天人合一。

(二)审美素质

相关学者认为,一个成功的译者需要具备以下审美条件。

(1)审美主体的"情"。这指的是译者的感情,是译者能否获取原文美学信息的关键条件。

(2)审美主体的"知"。这指的是译者对原作的审美判断,由译者自身的见识、洞察力等来决定。

(3)审美主体的"才"。这指的是译者的能力、才能,如分析语言的能力、鉴赏艺术作品的能力、表达语言和运用修辞的能力等。

(4)审美主体的"志"。这主要是指译者的钻研翻译的毅力。

对于上述四个审美条件,"情"和"知"主要在于对原文美感的判断,"才"和"志"则影响译者能否将原作中的美感再次显现于译作中。翻译本身是一门艺术性、技术性比较强的学科,译者想要处理好原文中碰到的种种问题和难题,自身必须具有相当高的知识和较强的翻译能力。在翻译实践中,对原作进行结构的重组离不开译者的语言分析能力、表达能力和审美判断能力。

(三)文化素质

翻译是一项跨文化交际活动,称职的译者应是文化的中介者,其职责是"促进不同语言和文化的个人或群体之间的交流、理解和行动"。因此,译者的文化能力有时比其语言能力要重要得多。

文化能力不仅包括对源语文化的深刻理解和对译入语文化的准确掌握,更重要的是要能够使两种语言之间的人们能够成功、无障碍地沟通和交流。下面以一则例子来说明文化能力的重要性。

"我现在是和尚打伞,无发无天"。

I am a solitary monk walking in the rain with a tattered umbrella.

原文是毛泽东主席一次在回答美国记者斯诺提问的回答,他用了一句中国的歇后语"和尚打伞——无法(发)无天"来戏说自己在当时的中国拥有至高无上的地位。译者显然没有理解毛主席的意思,将其理解成了"孤独的和尚在雨中打着一把破旧的雨伞",令人啼笑皆非。

由此可以看出,译者的文化能力有时甚至能够影响着交流活动的成败,成功的翻译是离不开对文化的恰当处理的,而译者也应成为一个"真正意义上的文化人"。

要成为"真正意义上的文化人",就要关注读者的阅读感受。翻译是一项十分复杂的活动,涉及译者、源语文本、不同文化以及读者等因素,中西译论也大多围绕这几个方面来展开。

二、商业化背景下文学译本的质量

文学译本的销量与文学译本的质量是息息相关的,不过文学译本的艺术生命力与其商业价值却无必然联系。好作品未必受到文学市场欢迎,而暂时受到文学市场冷落的,也不一定是不好的作品。一时的商业价值与文学作品及其译本的内在审美价值并不是一回事,这两者之间常常发生背离。文学作品及其译本的商业价值与审美价值相统一是值得追求的。

人们艺术趣味的平均水平导致许多优秀作品的艺术追求往往高出作品而常常遭受冷落。随着时代审美趣味的变迁和读者艺术修养的提高,这种冷落只是暂时的,最终人们会发现真正优秀的作品的艺术价值，进而获得更为久远的艺术生命力。

在商品经济条件下，文学翻译质量优劣的评判具有相对复杂的特性。在市场经济条件下，一些新闻盲目地迎合读者的粗俗趣味，热衷于出版一些带来巨大利润的文学和翻译，使得一些译者及其译本为大众所熟知和推崇，显示出译本的较高市场价值。然而，商业社会赚钱动机极为强烈的译者，并不一定就不能生产出质量上乘的译作。在商业社会中，翻译者的创作既是追求真正的高质量译作，也是以赚钱为外在目的。此外，支配一个译者运思走笔的只能是文学翻译自身的审美规律或艺术规律，对于译者来说最为关键的是译者的生活体验、情感积累、审美修养和艺术技巧的深浅高低和优劣。

第七章　生态视阈下的文学翻译生态系统

生态翻译学是从生态学的视角研究翻译,解读翻译过程。从生态翻译学视角探讨文化翻译,就是运用生态翻译学理论来解释文学翻译的各个环节及对各环节有影响力的相关因素。在生态翻译学视角下,译者在尽量忠实源语语言与文化的基础上,适时变通,以求得生态翻译环境的和谐统一。本章就透过生态视角来了解文学翻译的生态系统,剖析文学翻译系统的生态环境,探讨文学翻译生态系统的主体构成,并对文学翻译生态系统的可持续发展提出一些有益的建议。

第一节　文学翻译生态系统的建造与构成

一、翻译文学系统的确立

翻译文化学派中操控学派对翻译文学进行了较多的论述,其代表人物有佐哈尔(Zohar)、安德烈·拉菲弗尔(Andre Lefevere)、赫曼斯(Hermans)等,他们都将文学视作复杂且多层次的动态综合体,对翻译文献进行了深入的探讨,从而使得翻译文学系统得以确立。

(1)1990年,佐哈尔先后发表两篇论文:《多元系统论》和《翻译文学在多元系统中的地位》,描述了翻译文学系统对目标语言文化的影响,揭示了文学翻译标准的限制。佐哈尔认为,文学作品不是静态的文本,而是动态、开放、复杂的系统,包含与文学有关的各种因素,关系体系中的各种因素以及与游戏环境变化之间的关系,从而引起整个系统的变革。多元文学系统存在于不同层次的子系统中,即不同的文学类型,如古典文学、非古典文学和翻译文学等。

同时,佐哈尔阐述了多系统的文学翻译文学和翻译文学在翻译策略和选择影响方面的地位。他认为,翻译文学在以下阶段或中央位置的条件下,成为主流文学的一部分。①在发展的早期阶段,没有文学形式,此时文学处于"青春"阶段。②某一文学依然处于"边缘"或"薄弱"阶段,或者两者兼而有之。③转型期的文学,危机或真空期的文学。而在一般情况下,当本土文学体系较强,文学类型多样,文学发展完整时,翻译文学在整个动态体系中出于领先地位的边缘。

(2)1992年,拉菲弗尔通过三本著作进一步描述了目标语言文化,文化习惯,市场,组织,文学翻译活动的文学观念,如意识形态、文学体系中的文学翻译如何影响规范的翻译、材料选择、翻译原则等。

在《翻译、历史与文化论集》中,拉菲弗尔尝试从赞助人、权力、诗学、意识形态和语域、文本类型、文化万象等文化角度对文学翻译作品进行细致研究。

在《翻译、改写以及对文学名声的操纵》中,拉菲弗尔在文学翻译的经济、政治和文化背景下,将"重写"引入这一重要概念,认为在文化过程中重写形式翻译,重写原文,并可以重写诗意形式和意识形态时期。社会是一个复杂的大型系统,由多个子系统组成,文学是子系统之一,基于相互限制的小系统的社会系统相互影响。拉菲弗尔围绕文学翻译的操纵,主要通过三个因素秘密操纵或限制来阐释翻译行为:思想、赞助和诗学,意识形态是其中的第一个因素。翻译文学作品要表达出来的译者的取向和价值观、文学作品要树立的形象等都和在目标语环境中占有关键地位的诗学和意识形态关系密切。

(3)赫尔曼总结了操纵学派对文学翻译研究的观点。首先,文学是一个灵活的系统。其次,案例研究和理论模式不断相互影响,文学翻译研究侧重于目标组织,系统和功能,是描述性的。最后,其是规范的,并接受限制及影响生产,特别是翻译的作用和地位与文学表达兴趣之间的文学翻译相互作用。

从上述关于翻译文学的操控学派论述中,我们将翻译文学作为目标语言文化、文学、多变量系统研究的复杂动态子系统。从选择翻译策略,战略的功能和位置到目标文化,文化多样性体系内外的各种规范和社会因素如文学、意识形态、文化、历史、社会和许多其他环境因素都对文学体系的翻译有影响。

二、翻译文学生态系统的架构与生态分析

现如今,从生态学的视角关注社会、文化、文学领域已经成为一种趋势,学术期刊、网络媒体上经常出现教育生态、金融生态、美学生态、法律生态、经济生态、文化生态、伦理生态、文学生态、行政生态、传播生态等"泛生态"的提法。通常来说,生态学的"隐喻"可以说成是人们提到的各种人文、社会或经济、政治生态系统,它是指作为一个生命体的人类在文化生活中的各种行为和社会环境二者彼此关联互动,构成一个个有机整体,各种因素都包含在内,如以社会内部主体构成、组织部分和构成生态系统的外部环境的经济、政治、文学等。

翻译文学是文学类型中比较特殊的一种,是整个文学生态系统中的一个子系统。翻译文学体系和其所处的环境之间是一种互动关系,它们相互作用,翻译文学系统内的主体都各自发挥其在系统中的功能,进而构成一个统一的整体。可见,构建一个翻译文学生态系统是完全可行且非常必要的。如果我们对翻译文学进行系统的研究,就必然要考察影响翻译文学的各种制约因素,如社会、文学、意识形态、诗学等。如果把翻译文学置于翻译文学生态系统中,就可以对已经发生过的翻译文学做系统的、历史的、功能的描写,也可对翻译系统中的各个关系进行生态系统分析。最为关键的一点是我们能够选择从生态学原理为基点,在翻译文学的主体性发挥、生态环境、主体间关系等方面发现规

律,为多元化和全球化世界中的翻译文学的发展提供有效的信息和指导。

第二节 文学翻译系统的生态环境

在生态翻译学视阈下,文学翻译是一个复杂的过程。和其他科学或艺术创作一样,文学翻译过程受其所处历史时期的各种客观因素的制约和影响,这些影响文学翻译主体生存和发展的一切主客观因素形成了一个生态翻译环境,文学翻译的过程实际上就是译者适应外部生态翻译环境的选择性活动。本节就对文学翻译系统的生态环境进行具体分析。

一、文学翻译的自然生态环境

任何一种文明的起源都依赖于地理环境。人的聚集、互动、生产直至文明的产生与发展都需要有一个相对温和宜人的地理环境。地理环境作为一种横向决定因素,在很大程度上影响着文化的发展方向和模式,奠定了文化的基础。

中西方文化体系在地理环境层面具有很大的差异性,这自然也会对翻译产生一定的影响。从地理上来说,英国为欧洲的典型岛国,在水路上一度居世界领先的地位。因此,在语言上有很多关于这种生活方式的表达。例如,to rest on one's oars(暂时歇一歇),to keep ones head above water(奋力图存),to be all at sea(不知所措)等。而中国处于亚欧大陆,是典型的农耕文明,人们对土地有特殊的感情。可见,受地理环境文化差异的影响,英汉两种语言的构成及表达也有所不同,生活在不同地域的人们观察事物、反映客观世界的角度和方式也不一致。下面就对文学翻译的自然生态环境进行具体剖析,并举例说明其对文学翻译的影响。

（一）中西方自然生态环境剖析

1.中国自然生态环境

我们所指的中国文化，主要是指以黄河中、下游流域以及长江流域为轴心发展起来的华夏文明。从这个角度来说，中华文明的发祥地是在黄土高原上孕育和发展起来的，然后在华北平原，再后是往长江以南发展，历史上保持着长期的连续性和稳定性。虽然也有来自南北方的蛮族的军事侵扰，但入侵的蛮族并没有真正可以同中原文化体系抗衡的文化力量，所以军事征服者反过来又被中原文化所征服。在这种文化体系下，中国人自古以来就产生出一种安逸无忧的社会心态。另外，中国东临大海，古代由于水上交通不发达，造船技术与人的体质有限，当面对海洋时，只能进行沿海邻近地区的活动，而无法穿越大洋。因此，对中国人来说，海路基本上是行不通的，这就导致中国人无法和大洋彼岸的人交往，对大洋彼岸的情况了解甚少。总之，古代的中国只能在这种几乎封闭起来的空间里发展自己。

虽然古代中国海路行不通，但是中国土地肥沃，很适合农耕，因此农业一向很发达。只要土地不流失，气候不恶劣，就可以长出庄稼来，就可以拥有较好的生存条件。因此，只要没有天灾人祸，耕种者就可以永远留在那个地方，安居乐业。正是因为人们久居某地，所以在他们深层心理结构中那种流动的感觉就不强烈，不习惯跑来跑去，他们渴望安宁，渴望天下太平。可以说，渴望天下太平的思想一直是古代中国的统治阶级和被统治阶级共同的主流思想。这种思想深深影响了中华文化的方方面面，包括人们的思维方式，最终形成一种独特的文化。

例如，从家庭层面来说，宜于安居乐业的环境孕育了特别发达的家庭形式，并孕育出"孝"这种极重要的维系家族乃至皇权的权威思想观念。究其原因，正是由于环境赐予了中国人安居乐业的这种生存状态，这种状态必然要孕育并强化"孝"的观念，且进一步催生出儒家"以孝治天下"的伦理纲领。在中国人看来,自然是美丽的,人性是美好的,人们崇尚和谐安定不仅是一种生活态度,也是一种社会心态。

2.西方自然生态环境

西方文化主要是指以爱琴海、地中海为中心兴起的古希腊文明、古罗马文明、古埃及文明。西方的地理环境和中国有很大区别,它也有农业生产,但土地很不肥沃,不适于农耕,尤其是地中海一带更为贫瘠。在这种土地资源条件下,西方人只能不断移动。另外,虽然西方土地长不好庄稼,但可以长草,大片的平原上长满了草,非常适合游牧,因此有远走的条件。此外,像地中海这种内海作为航路很方便,不需花费过多人力物力财力就能拥有大量的交通要道。地中海周围有很多国家,只要有船,彼此之间交往起来就很方便,可以进行海上贸易,因而商业也相对发达。

可见,西方的游牧业和商业都很发达,二者的流动性都很强,具有开放性的特点。游牧业和商业都面向大海,大海作为一种博大狂放的自然力的象征,能激起人们一种挑战的心理和启示:必须与大自然搏斗,征服大自然,否则无法与自然融合。在这种心态的影响下,西方人的生存感和竞争意识都很强,勇于战天斗地,与大自然进行斗争。同时,西方社会群体整体呈现流动性和开放性,这就使得他们强调独立,强调个人主义。自然环境造就了西方人坚忍乃至残忍的性格,也导致了西方各民族之间长期互相斗争不断。这种受自然环境制约的历史进程渐渐塑造了西方人的性格倾向:斗争,绝不后退。究其根本,这实际上是一种崇尚竞争取胜的社会心态,所以西方的发展迅速而有力,对于新事物的接受也比较容易,西方人对于文化的吸收不是批判而是学习,是学为我用以达到获胜。

(二)自然生态环境对文学翻译的影响

自然生态环境的差异最终形成了中国崇尚和谐安定的农耕

文化,西方崇尚竞争取胜的海洋文化,而这决定了中西不同文化体系中的很多内容。因此,在文学翻译过程中,译者首先必须了解相关的文化背景知识,如此才能向读者提供附加信息,帮助读者真正理解原文。例如:

In addition to his salary, Bernard receives a large monthly allowance from his Father—that is probably why he is able to spend money like water.

除了工资,伯纳德还每月从他父亲那里得到补贴——怪不得他挥金如土,毫不在乎。

根据前面的介绍可以看出,西方文化是一种海洋文化,因此英语中有很多语言表达都会和海洋因素有关,如海水、海难、海风、船、船上的工具、鱼等。而中国文化是一种农耕文化,因此在翻译时,应当进行相应的转化,使译文符合华夏农耕文明的特点。例如,源语中的 water 换成汉语译文中的"土"应该是非常合适的。

Shall I compare thee to a summer's day? Thou art lovelier and more temperate.

我可否将你比作夏日? 你比夏日更可爱更温柔。

在中国人心目中,夏天与酷暑炎热联系在一起,而英国的夏季则显得温暖明媚,是一年中最宜人的季节,如同中国的春天一样,给人一种美丽、温馨、可爱的感觉。如果了解这样的背景知识,在上例莎士比亚的这首十四行诗中,诗人将爱人比作夏天的心情,读者就不难想象了,但是如果译文读者缺乏对中西气候差异的认识,必然会一头雾水。

"You won't find," he would say to Miss Rhoda, "that splendour and rank to which you are accustomed at our humble mansion in Russell Square…"

他对萝达说:"亲爱的小姐,你一向看惯了伦敦西城贵族人家的势派,他们排场大,品级高,我们住在勒塞尔广场的人家寒酸得很,不能跟人家比……"

从地理上来看，英国伦敦分为西区和东区，西区叫 West End，是富人居住的繁华地区，而东区 East End，是穷人居住的地区。上例中的富家小姐 Miss Rhoda 住在西区，这种地域分区特点应在译文中有所反映，否则译文的意思便不完整。上例如果译成"你一向看惯了伦敦西城的那种排场和品级的派头……"那么句子的意思就很模糊，不能完全对应源语中所传递的信息。加上"贵族人家"这四个字，句子意思便豁然开朗。由此可见，根据生态环境相关的背景知识对译文进行变通处理是很重要的。

二、文学翻译的社会生态环境

文学翻译是人类社会发展到一定的阶段出现的交流活动，且随着人类社会的不断演变而不断发展、不断丰富。一篇译文的诞生，不仅受译者翻译水平和技巧的影响，同时与当时的社会环境密不可分。翻译工作者作为一名社会人也必然受到社会大环境的影响，社会生态环境对文学翻译的选择、接受和传播起着直接的影响作用。

（一）文学翻译与社会发展

翻译是社会的发展的要求，社会的进步和发展又推动着文学翻译向前发展。人类社会始终处于不断发展的状态之中，而人类社会越发展，越体现出一种开放与交流的精神。人类社会想要走出封闭的天地，求得发展，首先必须要与外界进行接触，以建立起交流，向着相互理解、共同发展的目标前进。而在这样一个过程中，文学翻译恰如一座桥梁，在不同文化之间的交流过程中扮演着至关重要、必不可少的角色。

不同社会发展阶段对文学翻译有着不同的选择和需要。从国内对西方文学的译介中可以看出，"五四"前后既是 20 世纪中国文学的一个重要转折点，又是中国的文学翻译的一个转折点。"五四"时期，大多数翻译家把文学翻译看成救国救民的一种手段，他们看重的不是文学本身的价值，而是文学所具有的功用价值。在这种观念的指导下,翻译选题的选择都是实用性优先,启发国民意识的西方小说在当时被大量译介过来。

新中国成立以后,人们越来越意识到,在世界发展逐渐趋于全球化、一体化的时代,中国再也不能孤芳自赏,再也不能继续与世隔绝,而是必须实行改革开放,解放思想,借鉴西方,以更好地充实自己,发展自己。在这种时代背景下,中国的翻译事业再一次进入发展的新高潮,这一高潮的规模之大、影响之广,是以往任何时候的翻译活动都无法比拟的。

(二)文学翻译与意识形态

意识形态的英文对应词是 ideology,其源自希腊文 idea(观念)和 logos(逻格斯)意为"观念的学说"。意识形态是特拉西(Destutt de Tracy)于 18 世纪末提出的概念,被用来表征以概念为研究对象的元科学。特拉西认为,"意识形态是关于社会的唯一的科学;或者,关于社会的科学只能是意识形态",①此后,它逐渐囊括了包括科学在内的整个文化领域,因而成为我们自己与世界之间的一个必不可少的中介。

在文学翻译过程中,译者不可避免地会受到他所处的社会环境及其自身文化因素的制约和影响,而译者自身的选择又会影响源语文化及目的语文化,使文学翻译变成是一种文化、思想、意识形态的话语在另一种文化、思想、意识形态的话语中的改写、变形或再创造。在这个意义上说,拉菲弗尔认为文学翻译自始至终都会受到意识形态和诗学的影响,其中"赞助人感兴趣的通常是文学的意识形态",而"文学家们关心的则是诗学"。拉菲弗尔还指出,作为一定意识形态代言人的赞助人会利用他们的话语权力直接干预文学翻译过程,而由文学家和文学翻译家等组成的专业人士相对只能在赞助人所允许的意识形态范围内,操纵他们有限的话语权力和诗学技巧,完成他们的诗学追求。总之,译者在跨文

---

① 转引自盛俐.生态翻译学视阈下的文学翻译研究[M].广州:暨南大学出版社,2014:62.

化交流中,意识形态和诗学会同时在他们的意识中起作用,影响其话语选择,决定文学翻译策略。

文学翻译作为一种跨语言、跨文化的交流,不可避免地会向本土文化意识形态输入异域文化的意识形态,这就意味着外来文化的渗透,甚至意味着外来文化对本土文化的破坏和颠覆。与此同时,本土文化意识形态代言人的赞助人必然会用自己的话语权力直接干预文学翻译过程,对外来文化异质进行挪用与改造。在这个过程中,由于源语文本的"缺场",译者便具有了直接和有效的话语解释权,将其掩盖得几乎不留痕迹。当然,无论意识形态对翻译的影响多么深远和广泛,从本质上看仍是相对的,不是绝对的。因为作为认识主体,译者有能力意识到自己在翻译过程中所受的内、外在因素的影响(包括意识形态的影响),而一旦他/她意识到了这种影响,他/她就有可能凭借一个译者的素养、道德和良心去克服或超越这种影响。

在这里,我们以梁启超的翻译实践活动具体探讨意识形态与文学翻译的关系。梁启超一贯以思想家和政治家的眼光来看待文学翻译,他首先重视文学作品的价值观,其次才是作品的文学艺术性。他关注文学翻译的宣传作用,并希望以此形成一种新的意识形态、新的国民性。可见,梁启超的翻译实践活动是放在政治学的背景下进行的,其译作明显地受其意识形态的影响,具有鲜明的时代特征。

梁启超最早翻译了英国诗人拜伦的《渣阿亚》和《端志安》两首诗。之所以要译拜伦的诗歌,是因为"拜伦最爱自由主义,兼以文学的精神,和希腊好像有夙缘一般。后来因为帮助希腊独立,竟自从军而死,真可称文界里头一位大豪杰。他这诗歌,正是用来激励希腊人而作。但我们今日听来,倒像有几分是为中国说法哩"。① 可见,拜伦正是梁启超要移植到中国的英雄形象,而拜伦的诗作则可以用来唤起中国人的觉悟。梁启超的观点对后来的

---

① 梁启超.新中国未来记[A].饮冰室合集:专集八十九[M].北京:中华书号,1989:44.

鲁迅有一定影响。鲁迅在一篇文章中曾经提到："那时 Byron 之所以比较的为中国人所知,还有另一原因,就是他的助希腊独立。时当清的末年,在一部分中国青年心中,革命思潮正盛,凡有叫复仇和反抗的,便容易惹起感应。"①

　　梁启超在翻译拜伦这首诗时,更多地注重诗歌的抒情与召唤的功能。他的译文用字典雅,气势磅礴,似进军号、战争曲,感人肺腑,催人奋发,表现了革新和求"解放"的精神。请看下例:

> Such is the aspect of this shore;
> This Greece, but living Greece no more!
> ...
> Clime of the unforgotten brave!
> Whose land, from plain to mountain cave
> Was Freedom home, or Glory grave!
> Shrine of the mighty! Can it be
> That this is all remains of thee?

葱葱猗,郁郁猗,海岸之景物猗!

呜呜,此希腊之山河猗! 呜呜,如锦如荼之希腊,今在何猗?

……

呜呜,此何地猗? 下自原野上岩峦猗,

皆古代自由空气所弥漫猗,

皆荣誉之墓门猗,

皆伟大人物之祭坛猗!

噫! 汝祖宗之光荣,竟仅留此区区在人间猗!

　　与梁启超同时代的学者中也有人翻译拜伦的诗歌,但他们力求在形式与意义上做到与原文对等,更多地考虑辞格韵律。梁启超的翻译则不然,上例正是他在《新中国未来论》第四回中翻译拜伦《渣阿亚》的数行原文。他大加改写,取全诗精彩部分,以自己熟悉的白话加文言,谱写了一篇激扬文字,一篇新民新文新诗的

---

① 鲁迅.杂忆[A].鲁迅全集:第一卷[M].北京:人民文学出版社,1981:220-221.

力作,具有极大的宣传力。

(三)文学翻译与社会价值观

不同社会发展阶段会产生不同的价值观,而不同的价值观有可能带来积极或消极的作用。此外,社会价值观也会给翻译带来影响。当今中国译坛近几年形成了一股名著复译热,如一部《红与黑》竟有二十多个版本,翻译的责任心下降,不少译者对翻译事业的严肃性认识不足,对原文一知半解或不求甚解,率尔操刀,急功近利,译文品质恶劣,在量的繁荣背后隐藏着质的危机。此外,在翻译市场上,剽窃、抄袭、假冒之作纷纷出笼,毫无顾忌地亮相。同时,外国的版权引进工作,特别是一些外国畅销文学作品的版权引进工作出现混乱无序与恶性竞争的态势,一批批没有借鉴价值的书被引进中国,造成了多方面的危害。

这些问题固然是多种原因造成的,但其中最主要的一条就是,在当今社会有些人的价值观发生了严重的倾斜,单纯追求利益之风不断滋长,渐渐造成了译风不正的现象。鉴于此,中国的文学译坛应当纯洁译风,提高文学翻译质量,首先必须提高对文学翻译事业的认识,端正价值观。

第三节　文学翻译生态系统的主体构成

文学翻译是人类一种复杂的实践活动,在翻译过程的不同阶段都由人作为实践活动和认识活动的承担者。同时,文学翻译生态系统是一种开放动态的系统,在特定的目标语文化和文学语境中,系统各主体之间相互制约、相互影响。本节具体论述文学翻译生态系统的主体构成。

一、文学翻译生态系统主体综述

随着翻译文化研究的深入,人们越来越认识到,文学翻译活动往往涉及各种综合文本外因素的操控,这种活动是一种社会实践活动,是由现实世界中的各种主体交互作用而产生的。作为涉及社会、文学、文化交流等方面的复杂活动,翻译是涉及创造、策动、翻译、阅读、评价、接受等在内的一套系统,存在多个主体,如作者、译者、读者,甚至包括赞助人。因此,无论主体的内涵的理解如何不同,翻译中的主体只能是参与翻译实践中的人,不包括原文文本和译语文本以及文本当中的人。

不过,在翻译文学实践中,对于文学主体的翻译究竟为何,人们仍有不同的观点。有些人认为,翻译是文学翻译的主体,文学写作的翻译和以翻译活动为中心的叙述。有些人认为,除了主体翻译之外,一些文学社会和机构也发挥了巨大的作用,应该给予同等的重视,应当特别介绍一些翻译或文学机构、社区活动的贡献。还有人认为,归属于文学史范畴的翻译文学史大致应该包括三个要素,即作品、事件和作家,作家不单单是指译者,同时也包括原文的作者。

实际上,存在于目标语的文化文学系统中的翻译文学是一个整体,它围绕着译本和原文本两个对象,从选择原文本、组织实施翻译活动到接受译本,整个系统应该有它完整的实践和创造主体,即原作者、译者、赞助人、评论者、普通读者等。同时,和自然生态系统一样,文学翻译生态系统也包含生产者、消费者、分解者等功能群体以维持系统的运转。从某种意义上说,这里的“生产者”指的就是翻译的发起赞助人与文本的创作者;“消费者”指的是译作的读者;“分解者”则是对译作进行评论的评论者。能量流、物质流、信息流、价值流在三大功能群之间联结和贯穿,彼此相互作用、相互关联、相互影响,从而促成整个系统功能的运行和演变,推动知识的再生产。①

综合来看,翻译文学系统功能的产生主要依赖系统中的主体来完成,这些主体包括创作主体、翻译主体、赞助主体、接受主体

---

① 许建忠.翻译生态学[M].北京:中国三峡出版社,2009:101.

和评论主体,他们在翻译文学一定的生态环境中互相作用、互相关联,形成主体间关系网络。

二、文学翻译生态系统主体的具体构成

(一)原作者

文学作品的原作者就是创作作品的人,即原文本的创作主体。毫无疑问,原作者是文学翻译生态系统的主体之一,其他所有主体都是围绕原作者的作品进行翻译活动的。但是对于原作者主体地位的认识,翻译学界大致经历了两个阶段:"文艺语言"阶段和"文化解构"阶段。

在"文艺语言"阶段,文艺语言学派把文本看成客观上的"主人",因此处于绝对的中心,原作者的作品所具有的艺术价值和艺术形象是借助优秀的译者——忠实的"仆人"再现的,在文学翻译中,成功的译者能与原作者心领神会或者忠实地传达作者的思想内涵。例如,郭沫若在翻译雪莱诗歌时所说的"我就是雪莱。雪莱就是我的爱人,我就要和雪莱结婚了"等就形象地体现了译者以原作者为目的,再现模仿作者的翻译作品的艺术价值。换句话说,译者在复制原作者的风格和语言特色,紧跟原作的权威,亦步亦趋。因此,在传统的文艺和语言学翻译研究范式中,原作者是权威,而译者是原作者的奴仆。原作者对原文本有自始至终的发言权,译者的任务就是实现对原本的忠实或对等。

长期以来,我国翻译理论都受这种作者中心论、原作本位论以及"以信为本"的理念束缚。实际上,译者由于受他所在语境的影响以及不同于原作者的社会文化规范的制约,是不可能完全复制出"原作者"的原文本的一切的。此后,由于翻译研究文化转向的影响,翻译研究的焦点也从原文作者、原文本转向了译语文化与读者,对原作者主体的认识也进入"文化解构"阶段。

（二）译者

译者虽然也是翻译活动的重要主体，但从文学翻译的发展来看，译者的定位经常引起争议，甚至长期处于文化边缘，地位极其尴尬。在相当长一段时间内，受原作本位论的影响，人们对译者的工作不以为然，认为译者所扮演的角色不过是"仆人"。这种对译者轻视性的看法实际上源自对翻译的简单化认识。随着人们对翻译活动的日益重视以及翻译研究的文化转向，译者的位置逐渐被摆正，生态翻译学更是提出了"译者中心论"的观点，从而使得译者被置于翻译交际动态过程的中心位置，起着源语语篇与目标语接收者之间的中介作用。

1. 译者主体性与"译者中心"

生态翻译学为现代翻译研究拓展了新的视角，其"译者中心"的核心理念强调译者在翻译过程中发挥主观能动性和创造性，这与翻译研究中强调译者主体性的彰显是一致的。在文学翻译尤其是诗词翻译中，这种翻译理念得到了充分的体现。

（1）译者主体性

翻译主体就是翻译活动的发出者、策划者，翻译活动的主体性就是翻译主体的主动性、能动性和创造性。译者是翻译活动的主要主体。"译者主体性是指作为翻译主体的译者在尊重翻译对象的前提下，为实现翻译目的而在翻译活动中表现出来的主观能动性，其基本特征是翻译主体自觉的文化意识、人文品格和文化、审美创造性。"[①]

在文学翻译活动中，译者同时是读者和作者。作为源语的读者，译者自身的学识和艺术鉴赏水平对原文的理解起着至关重要的作用，同时，译者需发挥主观能动性，最大限度地接近原文和作者。作为译文的作者，他必须尽力接近读者，且必须考虑读者的

---

① 查明建，田雨.论译者主体性——从译者文化地位的边缘化谈起[J].中国翻译，2003(1)：21-26.

需求以及译文在读者心中所产生的审美效应。译者作为文化的传承者,其主体性首先表现在翻译的目的上,翻译什么样的文本,又或为什么而译,翻译究竟为何,即体现"译有所为"。译者主体性还表现在翻译方法的选择上,不同的翻译目的决定着译者会采用不同的翻译策略和方法。此外,译者自身的素质如学识、艺术修养、翻译经验等都影响着译者主体性的发挥。

（2）"译者中心"

生态翻译学认为,译者在翻译过程中所起的作用和扮演的角色理应是翻译理论关注的焦点之一,任何描写和解释译者行为成为翻译理论研究的一项根本任务。生态翻译学关注译者在生态翻译环境中的作用和生存境遇,强调译者在翻译活动中所发挥的主观能动性。生态翻译学关照下的各个理论命题都与者紧密相关,如"生态翻译环境""翻译群落"中各构成要素之间如何"和谐共处""共生互动",译者与"生态翻译环境"怎样"选择适应"以及译者最终怎样获得"生存"等,这些都是译者遵循生态翻译这一客观环境的前提下发挥主观能动性作用的结果。译者问题既是翻译研究探讨的一个根本性问题,也是生态翻译学研究的一个核心议题。以"译者为中心"作为核心理念突出译者的地位和能动性,并运用"适者生存"的法则制约"译者中心论"的翻译行为等观点直指翻译实践,使得这种全新的研究视角区别于以往的各种翻译理论。

（3）"译者中心"思想在文学翻译中的体现

总之,译者主体性与"译者中心"把翻译研究的焦点从传统的研究视角中解脱出来,明确提出以译者为中心的翻译研究视点。译者主体性与"译者中心"在尊重生态翻译环境和源语语境的前提下,强调译者主观能动性的发挥,强调翻译过程中译者主体性的彰显。下面我们就以马致远《天净沙·秋思》的不同英译版本来探讨"译者中心"思想是如何在文学翻译实践中得以体现的。

《天净沙·秋思》堪称元代咏秋散曲的精品,作者马致远因此享有"秋思之祖"的美誉。文章情景交融,以物喻人,通过描写秋天的苍凉景象来烘托漂泊他乡的失意游子的思乡之情。原文短小精悍,仅用二十八个字就描绘出一幅秋天的美景。全文由一系列的意象组成:枯藤、老树、昏鸦、小桥、流水、人家、古道、西风、瘦马、夕阳、断肠人,这些意象动静结合,远近结当,给人以空间上的视觉美,整篇作品读起来抑扬顿挫,声乏和谐。从生态翻译学"译者中心"理念来分析这首小令的翻译可发现,译者的主观能动性得到了充分的发挥。这具体体现在对源语音韵美、视觉美的再现上,由于译者的生活经历、个人素养、审美情趣等不同,每位译者的处理都不一样,加之翻译目的和方法不同,最终呈现出风格迥异的译文。请看下面三个译作:[①]

译作一:

Tune to "Sand and Sky"—Autumn Thoughts

Dry vine, old tree, crows at dusk.

Low bridge, stream running, cottages.

Ancient road, west wind, lean nag.

he sun westering.

And one with broken heart at the sky's edge.

译作二:

Autumn

Crows hovering over rugged trees wreathed with rotten—vines—the day is about done.

Yonder is a tiny bridge over a sparkling stream, and on the far bank, a pretty little village.

But the traveler has to go on down this ancient road, the west wind moaning, his bony horse groaning, trudging towards the sinking sun, farther and farther away from home.

---

① 黄国文. 从《天净沙·秋思》的英译文看"形式对等"的重要性[J]. 中国翻译,2003(2):21-23.

译作三：

Tune：Tian Jing Sha

Withered vines hanging on old branches，
Returning crows croaking at dusk.
A few house hidden past a narrow bridge.
And below the bridge quiet creek running，
Down a worn path，in the west wind.
A lean horse comes plodding.
The sun dips down in the west，
And the lovesick traveler is still at the end of the world.

上述三个译作都出自名家之手，分别是 Schlepp 译本、翁显良译本和许渊冲译本，我们很难简单地对这些译文的质量进行高低优劣之分。

具体来说，Schlepp 的译文采用异化的翻译策略，运用直译的翻译方法，使译文形式尽量靠近原文，最大限度地做到译文与原文之间的"形式对等"。译文没有运用常规的英语句子结构，而是以英文的 9 个名词词组来译原文的 9 个名词词组，尽量保留原文的语言形式和结构。译者这样做的目的是要让目标语读者了解源语的文化，所以尽量将源语形式移植到目标语当中。

翁显良的译文采用与原文完全不同的句法形式，将原文翻译成散文体，可以说是一种"改译"。这体现了译者的译诗主张：保持"本色"。这种本色不在辞藻，不在典故，也不在形式，而在意象和节奏。

许渊冲的译文则采用"归化"的翻译策略，即进行创造性的意译的翻译方法。既采用流畅的英文句式，又创造性地再现汉语诗词的音韵，体现了译者"以诗译诗"的翻译主张。

总之，在翻译过程中，不同译者对同一文学语篇的理解和表达是不尽相同的。生态翻译学"译者中心"理念强调译者的主体性意识，关照译者主观能动性的发挥等思想对文学翻译实践具有重要参照作用。

2.译者活动的限制因素

在整个文学生态翻译系统中,译者是最为活跃且颇具创造性的一个主体,具有很大的自由度及活动空间。可以说,译作质量的高低与译者适应选择的程度成正比,而译者适应选择的程度与其主体性的发挥又存在密切的关系。正因如此,生态翻译学坚持"译者中心论",认为翻译是一种"以译者为中心"的智力活动。

尽管如此,我们必须认识到,译者的翻译活动并不是随意进行的,仍然受各种因素的制约。具体来说,可以分为翻译群落内部和翻译群落外部的制约。

首先,在某一特定的翻译群落内部,译者活动会受到很多限制因素的制约。文学翻译系统中,原文作者虽不是中心和权威,但原作者以其本人或作品中意识形态、写作习惯、审美追求等与译者进行对话,并留下了让人寻找新文本意义的痕迹。此外,翻译主体的审美情趣、知识总量、文化立场、价值取向、人生理想及生活态度等也限制着译者的行为。这些因素既会给译者带来积极的影响,如帮助译者理解和适应源语文化,准确把握作者思想内涵等,也会对译者产生消极影响,如不自觉地在译文中加入自己的文化理解与价值取向,从而造成译文对原文的"不忠"与"偏离"。不过,总体来说,在整个翻译活动中,限制因素对译者的消极影响大于其积极影响,其中任何一种限制因素都有可能影响译者适应的程度及主体选择的质量。所以,译者要客观准确地把握和认识各种限制因素,合理回避限制因素给翻译带来的消极影响。

其次,译者行为要受翻译群落外部因素的影响,也就是处于不同无机环境中译者的相互制约。由于不同翻译群落中的翻译主体所处的无机环境存在一定差异性,这就导致整个生态翻译系统中的不同译者之间产生分歧,进而产生竞争。译者在激烈的竞争中要面对"优胜劣汰,适者生存"法则的考验。所以,在当今世界文化日益多元化以及翻译研究飞速发展的今天,译者要想在世界生态翻译系统中占有一席之地,就要用包容的胸怀、负责的态度和科学的精神去客观对待异质文化,在充分尊重原作的基础上,合理发挥其主体性,从而客观、准确、有效地移植和介绍原作的文化精髓。此外,作为处于某一无机环境中的译者,在尊重源语文化的基础上,也要积极保持自己的"文化自我"与"文化认同",这样既有利于遏制翻译领域中的文化霸权主义和文化沙文主义,也有利于保护世界翻译系统的生态平衡。

(三)读者

在翻译文学系统中,读者作为接受主体,可以根据自己的喜好和审美需求阅读和阐释作品,能动地评判译作,同时读者的接受一定程度地参与了译作价值的创造。翻译文学的价值和作用正是在于读者的主体参与而延续了文学作品的第二次生命并赋予其特殊的文学价值。从某个角度来说,译作的价值由翻译文学读者的阅读活动决定,并且随着不同时代读者接受意识的不同,作家、译作的地位、作品是在不断变化的。译文读者主动参与阅读、想象、加工和创造性解读翻译文学作品的过程就体现了读者作为主体的主体性。译本成功与否,最终还是看读者的接受效果。读者在读者阅读需求方面的预期愿景中,首先具有翻译活动的主体性,其次,读者的主体性更多来自自己的经验,主观解读和翻译。

以我国来说,我国实行改革开放政策后,文学从国家服务更多地转向文学审美性的考虑,时代呼唤新的文学表达。由于原有的文学作品无论是在思想内容上还是在表达形式上都无法满足新形势的需要,因此人们亟须从世界的普遍经验中理解自身的处境以及感受这种处境,此时社会多元文化系统在短时期内出现的文学真空,为大量译介西方现当代作品开辟了最为广阔的空间,使翻译作品有可能在文学多元系统中占据主流中心的地位,对本土文学和文化的现代性产生了决定性的影响。广大读者迫切想了解当代国际形势和其他国家的生活现状和文学水平,中国文学和文化也需要借鉴新的异质元素作为参考和交流,在这种背景下,不少国家曾出现引起强烈反响的作品与不同流派的作品,如心理小说、意识流、黑色幽默、荒诞派戏剧、存在主义、新小说派、拉美魔幻现实主义等从 20 世纪 80 年代末开始陆续在文学翻译中出现。

随着社会转型给我们的思想和文化带来巨大的变化,多元化的社会需求、文学审美价值需求特征更加突出,文学翻译产生了许多新的元素,呈现出多元化的走向。而且,随着主流意识形态话语权得到更多的释放,文学标准更多地回归"人性""道德""社会"等多方位的思考,文学翻译的译介也更多是为了满足文化交流和文学审美需求。文学翻译的选材更为广泛自由,大量优秀的当代世界文学作品出现,读者能阅读到与以往期待视野和阅读经验所不同的故事题材、社会生活领域、思想价值观念以及新奇的结构情节、表现手法,从而增加了对英美社会、文化、生活习惯和风土人情的了解,提高了对世界丰富性和多元化的认识,同时改变了国内作家们对传统意义上的文学的认识,活跃了本土文学的创造思维。

(四)赞助人

"赞助人"也是文学翻译生态系统中不看忽视的主体之一。所谓"赞助人"是指"促进或阻碍文学阅读、写作或改写的各种力量"。[①] 赞助人既可以强有力地促进和推广作品,也可以审查、阻止甚至毁掉一部作品。个人、群体、宗教组织、政党、阶级、出版商或大众传媒都有可能成为赞助人。

赞助人系统包含基本元素:意识形态元素、经济元素和地位元素,三者之间相互影响。其中,意识形态元素控制翻译的主题,经济元素决定译者的收入,地位元素决定译者的社会地位。这三

---

① Lefevere, A. *Translation, Rewriting and the Manipulation of Literary Fame*[M]. Shanghai: Shanghai Foreign Language Education Press, 2004:14-15.

个部分可能掌握在同一个赞助人手中,也可能由多个赞助人各自控制不同的部分。在整个文学翻译生态系统的传播、接受和影响过程中,赞助人并不特指某一个给予具体"赞助"的个人,既包括政府或政党的有关行政部门或权力(如审查)机构,也包括杂志、报纸、出版社等。赞助人可谓是一只无形的手,即使没有官方、立法或者注册身份也可存在。不同层次的赞助人通过意识形态、经济、社会地位等赞助形式决定文学翻译文本的本源,制定适合的翻译规范,规定翻译的动机。也就是说,代表某一文化或社会的主流意识形态的赞助人确立一套具有决定性作用的意识形态价值参数与规范来指导译者等进行文学翻译,对文学系统内的翻译活动起操控作用。

拉菲弗尔认为,在文学翻译系统中,文学的意识形态通常是赞助人所感兴趣的,主流意识形态往往通过赞助人所代表和行使的权力体现出来。权力可以分为两种:一种是有形的权力,另一种是无形的权力。前者如政权机关、国家机器、法律条文等,后者如意识形态、伦理道德、文化传统度等。① 赞助人的意识形态方面的操控主要表现在:影响文章的选材,提供一些意识形态方面的评论,或当他们发现译者的意识形态或处理意识形态的方式与他们不一致时,会对译文进行意识形态方面的编辑。他们会限定读者群,抵制反对那些超过了主流意识形态或者他们不许可的翻译,即通过各种规范、限制以及经济物质、精神赞助等形式影响文学翻译的选材、文学翻译作品的主题、翻译策略以及文学翻译作品的解读和文本一样的建构。

总之,各级翻译出版机构从意识形态、经济保障、社会地位三个方面,以赞助人的身份,领导、管理并影响翻译活动的走向、选题的确定、译作的形式、译者的选择、译作的出版与译作的解读,对整个翻译文学系统的兴衰起着至关重要的作用。

---

① 孙会军.普遍与差异:后殖民视阈下的翻译研究[M].上海:上海译文出版社,2005:63-65.

第四节　文学翻译生态系统的可持续发展

可持续发展生态系统的演化是一个良性过程,它从不协调逐渐到协调,再到更高层次的协调,最后到协同共生。生态翻译学这门新兴的翻译研究范式正在蓬勃发展,引发了国际学术界的广泛兴趣。文学翻译生态系统作为文学或文化多元系统中的一个子系统,其主体之间、主体与环境之间相互关联、相互作用,在短时间内可以达成平衡和稳定,整个系统也能获得最优化的功能和整体效益。但是,当新的外界环境对翻译文学产生过多干扰,过去出于平衡状态的生态系统就会被打破,整体系统便不能发挥其最优功能。因此,维持文学翻译生态系统的平衡,促进其可持续发展,是如今翻译界讨论的重要课题。

一、本体功能与社会功能相结合

和自然生态系统一样,文学翻译系统作为一种文化生态系统,要想不断发挥和完善其自身的功能,既要有文学翻译系统本体的文学翻译作品文学审美性功能,同时要完成其他的社会功能,如意识形态宣传、文化交流等。文学翻译从一开始就承担着思想启蒙、民族救亡、精神文明建设等社会功能。在全球化生态环境下,随着文学翻译出版市场化的加剧,文学翻译作品作为文化消费品的消遣性、娱乐性功用远远盖过文学的本体价值和对读者人文素养的培育和人文精神的熏陶。文学的价值在于"明道""载道"与"思想启蒙"等社会作用,也在于文学的情感性、思想性和人文性。文学翻译,作为民族文学特殊的组成部分,其功能价值也是多样的,且文学价值应是主要的。

作为动态开放的系统,文学系统的遗传和变异的演替过程要求学形式库不断更新,也要求系统自身从文学翻译那里不断吸收新的优秀异质元素。同时,文学翻译的传播、翻译过程、译作接受受制于政治、社会、经济、文化环境等因素,有它特有的外在社会功能。可见,文学翻译生态系统发挥主要审美价值是建立在与其他各种社会功能的结合的基础上的,只有这样,文学翻译生态系统才会成为较完善的能够持续发展的系统。

以我国文学翻译系统为例,1949—1966 年,这一时期的文学翻译更加强调文学为国家服务。从生物系统生物多样性方面看,这一时期的文学翻译系统功能上是不完善的,系统本身的作品选择比较单一。20 世纪八九十年代的中国文学翻译则呈现了丰富性和多样性,不仅迅速完成转型,而且在解放思想方面起着某种先导作用,并为我国的改革开放提供了文化支持。

从长远来看,文学翻译作品要兼顾市场性,融合审美、娱乐、宣泄、认识、教育这五大功能,而且文学性本体价值应该是重心。优秀的文学翻译作品能为译入语文学系统提供可借鉴的异质元素和形式,有一定的价值规范。文学翻译生态系统的政治社会功能与文学的启蒙、审美艺术功能应该兼顾,作品的选材也应是开放的、多样的,如此才能避免文学翻译系统功能的单一和僵化。

二、激励译者的主体意识

文学翻译对目标语文化和文学的影响关键在于文学翻译异质因素,而文学翻译中的异质因素到底有多少能够进入文学系统中并产生作用,则受目标语文化和文学翻译生态环境的层层选择,也要看所有参与主体的主体身份和作用。主体之间和谐共生的关系将使得各种主体能最大限度地发挥各自的创造性,行使自己的主体作用和发挥主体意识,最终促使文学翻译系统产生理想的整体效益。

当今社会,全球化的进程不断加速,元化文化不断交融,新的强势文化霸权殖民主义会导致某种程度的文化趋同。译者在选择译介世界优秀文化的同时,应通过适当的翻译策略,拓宽和更新读者和大众的期待视野,促进文化平等交流与融合,同时要保护好自己的民族文化,进行多维度的适应与选择。译者在翻译过程中,原则上在翻译生态环境的不同层次、不同方面力求多维度地适应,继而做出适应性的选择转换。译者首先必须准确地理解原文,得体地衡量翻译生态环境,同时要兼顾其他主体,如作者、读者、资助者、出版者、委托者、译评者。作为协调者,译者的文化身份和主体性体现在环境的适应和策略的选择中。译者在文化立场上应明确自己的国家身份、民族身份和地域身份,在翻译策略上必须把对语言的字面转换拓展为对本土文化内涵的阐释,如此才能使本民族文化不断更新、与时俱进。

在全球化的文化传播过程中,韦努提(Venuti)主张采用异化策略,这实际上也是对译者主体意识的某种激发。所谓异化翻译策略是指在翻译的过程中,译者保留原文语言和文化的特色,保留原文的异国情调,迁就原文的内容,并吸收原文的表达方式向原文读者靠拢。在文化差异翻译中,运用这一策略有利于更好地传达原文的意向和文化内涵,也能让译文读者感受到异域风情,感受到其他文化的存在与独特魅力。同时,异化策略有助于丰富目标语语言及文化,较好地满足目标语读者对译文"陌生感"的需求。例如,"把权力关进制度的笼子里"采用异化策略即为 enclose power into the cage of systems and institutions,这种处理方式很好地展现了汉语文化的活力和清新,可以被称为翻译的佳作。再如:

"It is true that the enemy won the battle, but theirs is but a Pyrrhic victory", said the General.

将军说:"敌人确实赢得了战斗,但他们的胜利只是皮洛士的胜利,得不偿失。"

上述译文中采用了异化法,保存了原文的民族特色和文化背景知识,有效传递了原文信息,也有利于丰富目标语文化。

As the last straw breaks the laden camel's back, this piece of underground information crushed the sinking spirits of Mr. Dombey.

正如压垮负重骆驼脊梁的最后一根稻草,这则秘密的信息把董贝先生低沉的情绪压到了最低点。

上例将原文中的习语 the last straw breaks the laden camel's back 进行了文化异化翻译，汉语读者不仅完全能够理解，还可以了解英语中原来还有这样的表达方式。

总之，我们既需要保护好自己的文学与文化传统，同时为了自身文化的创新和发展，也要从文学翻译中借鉴和吸收异质文化与文学，最终保证自己文化和文学的差异性和文学的丰富性。可持续发展的文学翻译生态系统应该完善其系统的各种功能，并以文学审美价值作为本体功能。而在生态环境成形时，文学翻译系统的主体们应主动去选择和适应，使文学翻译朝着更有利的方向演化。①

三、鼓励合作翻译

合作翻译简单来说就是主张不同资源或个体配合才能更好地完成译作。著名汉学家费乐仁（Pfister）指出："翻译不只是翻译，也是一个学习的过程，一个合作的过程。"②法语翻译家唐家龙也指出了合作翻译的重要性："中国文学作品，如果没有外国改稿员的配合，我根本不敢译，我翻译好以后，都是让法国的改稿员看。"③

从历史的角度看，文本、思想、概念的传播从来不是简单地平行移动。产生于一个文化区域的文本、思想、概念在离开此岸的原生土壤进入另一个文化区域时，往往被那里的知识分子从原初的意义网络中分离出来，再重置于本土语境中加以消化、吸收，并产生影响。这样一个去脉络化——再脉络化的脉络性转换是文化交流的基本特征。随着时空坐标的不断变化，脉络性转换也一再进行，实现着意义的生长性。

具体到文学翻译，文本不存在一种不依赖于任何解释的意

---

①　Venuti, Lawrence. *The Translator's Invisibility* [M]. Shanghai: Shanghai Foreign Language Education Press, 2004: 162-163.

②　费乐仁, 可凡, 姚�玲. 费乐仁谈典籍翻译与中西文化交流 [J]. 国际汉学. 2012(1): 13.

③　转引自盛俐. 生态翻译学视阈下的文学翻译研究 [M]. 广州: 暨南大学出版社, 2014: 182.

义。处于不同语言框架、文化模态和历史处境中的解释主体,即译者对于源语信息具有不同于原作者的把握。如果认真翻阅一下理雅各、庞德、霍克斯等人翻译的《易经》《诗经》《红楼梦》的英译本,可以看出西方人的翻译具有不同于国人的译本的独特价值。《论自由》是英国思想家约翰·斯图亚特·穆勒创作的政治学著作,我国翻译家严复在 1903 年译成中文时,舍弃忠实准确的"论自由",而以《群己权界论》取而代之作为译作的书名,也是同样的道理。

译入和译出的特点与文学翻译史表明,合作翻译是提高翻译效果、助推一国文学图书走向世界的合理选择。此外,试图将原作的一切统统移植到译入语语境,这种想法既无实现的可能,也会将译本推离译文读者。合作翻译模式可以帮助源语文化系统和译入语文化系统最大限度地整合,有助于增强译本在译入语体系中的兼容性,从而维持文学翻译生态系统的平衡。进一步说,如果我们承认各语言之间存在事实上的话语不平等,需要努力寻求本国文化与异国读者接受习惯之间的契合点,那么我们会更加重视合作翻译的现实意义,从而更能促进文学翻译的可持续性发展。

四、平抑过多的商业化操控环境因素的干扰

特定时期的文学翻译会受到如意识形态、赞助人等因素的操控和改写。文学翻译的生存和发展是以译入语特定的文学和文化需要为基础的,与特定时期的文学、文化环境等息息相关,文学翻译的主题、来源、形态乃至翻译策略等总是受译入语文化和文学的影响。近年来,在经济全球化的推动下,整个世界正经历着一个新的翻译高潮——商业翻译这一最应时、最时尚、需求量大又要求快的产业正悄然兴起。由此,社会系统和文学系统中产生了新的操控因素,即商业与市场因素,文学翻译受市场因素的影响越来越突出。为了抢占文化消费品市场,许多出版社对于文学翻译都采取流水线的生产方式运作。文学翻译系统中的赞助人,

为了扩大译著的销量，最大限度地占领译入语文化市场，获取经济效益，对于文学翻译的作品选材的标准变成什么畅销译什么、什么赚钱出什么，导致功利性、实用性、生活类、休闲类的通俗文艺占据了主流。这一切都对精英类的文学翻译译介造成了不小的冲击，一些纯文学的文学翻译期刊甚至面临着生存的挑战。文学翻译如果仅作为文化消费品，一直靠市场和商业运作决定其译介、传播和接受，那意味着将有越来越多的有市场噱头的产品被译介，而很多优秀的译作由于种种原因却无法进入译入语系统。

可见，某一时期文学翻译如果受到过强环境因素的干扰，稳定状态将遭受一定程度的破坏，从而使系统受到改变、伤害，甚至崩溃，这必然会影响翻译活动和文学翻译整个情况。如果一味强化文学的商业与娱乐功能，强化以商业利益为单一标准，那么将会抑制审美趣味的多样性，使得文学翻译生态遭到一定程度的破坏，从而造成文学翻译的生态危机。因此，我们应理性看待当下商业化思潮的冲击，坚守社会责任感和艺术使命感，平抑过多的来自商业等环境的影响和干扰，努力维持文学翻译生态系统的平衡。

五、注重影视作品对文学作品及其译本的"反哺"

我国当代作家莫言 1987 年初出茅庐，创作出中篇小说《红高粱家族》，被张艺谋导演改编成电影《红高粱》，并获得柏林国际电影节金熊奖。张艺谋因此一跃成为国际著名导演与影坛名人，而作为《红高粱家族》小说的作者，莫言 25 年后才拿到了诺贝尔文学奖，在国际上声名鹊起的时间要比张艺谋导演晚了许多。从这一事例中可以看出，要让世界认识中国，影视产业似乎比文学作品来得快。正如莫言获诺贝尔文学奖后发表的感言，中国有很多非常优秀的作家，他们都具备获得诺贝尔文学奖的资格。中国文学具有重要的内涵和实力，也可为中国整体文化产品包括影视，提供丰富的素材，而影视作品能很好地反哺文学作品及其译本，让文学作品及其译本更具有市场价值。当前，对于准备以文化产业改变经济结构,努力通过文化软实力走向世界的中国来说,莫言的获奖不仅是一个重要的鼓舞,更是其文化发展模式的重要参照。我们应该看到影视作品对文学作品及其译本的反哺作用,以期更好地维持文学翻译的可持续性发展。

总之,在全球化背景下,文学翻译的地位和价值发生了一些变化,其商业化、娱乐化越来越明显。在文学翻译实践中,我们可以借鉴生态学中有关生态系统的原理,多管齐下,一方面营造良好的文化生态环境,容许翻译文学的多元性,继承文学多种价值功能;另一方面平抑过多的商业化操控环境因素的影响,并注意译者作为文化的传播主体对文化态度和翻译策略的选择,最终实现文学翻译生态系统的可持续发展。

第八章　生态视阈下的翻译批评研究

生态翻译批评体系依据根植于中国本土文化的生态翻译理论建构而成,具有根植于民族土壤的翻译话语特点。生态翻译批评体系构建要素的研究创新主要体现在理论应用创新和体系要素创新。生态翻译学理论较多地应用于文学翻译研究、应用翻译研究、译家研究、译学方法论研究、翻译伦理研究、翻译教学研究等,但在翻译批评研究领域还鲜有应用。本章重点研究生态视阈下的翻译批评研究。

第一节　生态翻译批评研究现状

顺应全球视野的生态思潮和译学研究的生态取向,生态翻译学应运而生。生态翻译学是一种基于生态学的翻译观,以适应选择论为基石,致力于从生态视角综观和描述翻译活动,关注文本生态、翻译生态和"翻译群落"生态及其相互作用、相互关系的跨学科整体性综观研究,呈现出"翻译即适应与选择"的生态范式。

翻译适应选择论是生态翻译学的基础构建理论,该理论以达尔文"适应/选择"学说的基本原理和思想为指导、以"翻译即适应与选择"的主题概念为基调、以"译者中心"的翻译理念为核心,并通过对翻译实质、翻译过程、翻译原则、翻译方法和译评标准等做出新解而建构了翻译本体体系。生态翻译学中的适应与选择、译者中心、翻译生态环境、翻译生态体系、整合适应选择度、翻译群落等观念和概念为翻译环境研究、翻译过程阐释、翻译质量评估、翻译主客体关系和人际管理研究、译者行为研究等提供新的视角和理论指导,也为以生态翻译学理论为指导系统开展翻译批评研究提供新的视角和理据,而翻译批评体系构建研究是生态翻译学理论应用于翻译批评研究中必须面对和重点解决的命题。

生态翻译学理论已经在较为广泛的不同翻译领域得到应用,包括文学翻译、应用翻译、翻译教学、翻译家研究、翻译史研究、译学方法论研究、翻译伦理研究等。通过检索中国知网的中国博士论文全文数据库,以生态翻译学理论为指导的博士文论就有多篇。

刘雅峰(2009)在著作《译者的适应与选择:外宣翻译过程研究》中提出,外宣翻译的实质是"译有所为",译者只有不断增强全球意识和主体意识、文化自觉意识、多元文化意识、翻译的功能目的意识、正确的读者意识、技能意识及素养意识,才能做到最佳适应和优化选择,真正实现外宣翻译的"译有所为";外宣翻译过程是以译者为中心的"适应"文化全球化等翻译生态环境与优化"选择"翻译方法产出"整合适应选择度"高译品的过程。

陆秀英(2010)的《中国当代翻译文学系统中主体间关系的生态分析——以〈世界文学〉为例》运用生态翻译学理论将翻译文学整体视为文学多元系统下的一个子文学生态系统,其外部环境主要包括本土文学的发展情况、意识形态、话语权力、诗学、审美需求等各种环境因子,系统内部则是由创作者、赞助人、译者、接受者、评论者等主体构成;其认为,在将来新的环境下翻译文学生态系统长远可持续发展在于保持较平衡稳定的外部环境及和谐共生的主体间关系。

郭兰英的论文《"适者生存":翻译的生态学视角研究》探讨了翻译主体的行为生态、口译生态环境的基本特征等,其认为口译的特殊性更符合翻译的自然环境及客观生态,"适者生存"体现了生态翻译学的主体功能。

陈圣白(2012)的《口译研究的生态学途径》论文以生态翻译学为理论框架展开口译研究,将口译与口译生态环境相关联,对口译过程中译员的多维适应与选择现象进行深入研究,探讨口译的过程、本质、标准及方法等赋予的生态内涵,提出口译生态学视角研究的四大模式(生态翻译学视角下口译过程模式、口译过程中译员主导模式、口译生态中模因传播模式、生态化口译教学模式)。

袁西玲(2014)的《延安时期的翻译活动及其影响研究》论文以翻译生态学理论为指导,基于延安时期翻译活动的社会需求,探讨延安时期翻译活动的社会历史语境、翻译活动的特征和影响,并对该时期的翻译现象、翻译类型、翻译机构、译者群体与翻译作品等进行历史的评价与跨文化解释。

杨乐(2014)的《生态翻译学视阈下多文本中〈伤寒论〉英译探讨》,将生态翻译学理论贯穿于《伤寒论》翻译研究的整个过程,其认为不同的翻译方法和策略的选择取决于译者的翻译目的,翻译应以译者为中心,在翻译多样性中求同存异;翻译《伤寒论》做到语言、文化、交际三维转换;译文应体现译者与所处的翻译生态环境中的各个因素的和谐统一。

然而,运用生态翻译学理论开展翻译批评研究的文献寥寥无几。刘爱华(2012)的博士论文《译者与翻译生态环境:文学译者批评的理论探索》将生态翻译学理论应用于翻译批评,作者运用"译者中心论"和"翻译生态环境"等翻译观和概念,勾勒出文学译者批评模式,将文学译者批评定义为对文学译者翻译活动进行分析和评价的研究活动,探讨了文学翻译批评的原则、方法、内容、标准、批评程序等,并以徐迟的翻译活动为例开展个案研究。

难能可贵的是,唐巧玉的硕士论文《生态批评角度之生态翻译学批判》对生态翻译学的三个立论基础提出质疑,其认为当前的生态翻译学的研究和发展并未真正做到从生态平衡和生态的整体利益出发,不符合生态整体观;生态联系观和生态科学观,也没有真正体现生态思想、消除生态危机、维护生态发展。

现今的生态翻译学建立在"人类中心主义"和"文化霸权主义"的基础之上,并非真正意义上的生态翻译。中国知网的中文核心期刊论文中还少有运用生态翻译学理论开展翻译批评的文章。

可见,运用生态翻译学理论开展翻译批评还是少有学者涉足的研究领域。生态翻译学视域的翻译批评既可以是该译学理论的自我构建批评,如运用对立论基础、理论视角、理论视点等开展具体批评,也可以是运用该译学理论为指导,主要是生态翻译学"十论",具体开展翻译生态、翻译文本、翻译主体、翻译行为、翻译过程、翻译环境等多元批评。随着生态翻译学的建构和完善,利用该翻译学理论进行翻译批评研究会引发诸多的研究命题,其中包括具有方法论意义的翻译批评体系构建研究。

第二节　生态翻译批评体系研究

一、研究目的

研究旨在以生态翻译理论为指导,构建具有指导翻译批评实践功用的、具有整体/关联、动态/开放特征的翻译批评体系,并通过批评实践检验该体系在指导具体批评操作中的功用。基于研究命题,研究目的有两个。

(1)构建生态翻译批评体系。

(2)检验生态翻译批评体系的功用。

构建生态翻译批评体系是为了解决现有批评体系存在的问题,寄望于完善现有的翻译批评体系。现有翻译批评体系存在的突出问题在于要素不够完备,并且要素包括的对象存在局限。现有翻译批评体系的要素包括批评主体、批评客体和批评参照系,批评客体局限于译论、译事、译作、译者和翻译过程,体现的是批评主体依据批评参照对客体开展批评的线性程序。这样的批评体系可以应用于译内批评或局部批评,但缺乏对翻译环境、译评等批评产品及译评读者或批评产品消费者的关照,无法应用于译外批评或整体批评,且线性的批评程序也不契合循环批评这种批评实践。之所以选择生态翻译学理论为构建翻译批评体系的指导理论,是因为该译学理论中的主要翻译观和核心概念能为构建翻译批评体系提供新的视角。

　　研究的第二个目的在于检验生态翻译批评体系的功用。功用之"功"即体系能够提供批评理据和批评纲要,从而为确定批评操作程序提供指导;功用之"用"即实用,指批评操作程序具有实用性。生态翻译批评体系是在生态翻译学理论指导下,通过对现有批评体系的改良和完善而构建的体系,在理论层面能够解决现有批评体系存在的一些问题和不足,但其应用效果如何就必须通过具体的批评实践进行检验。

二、研究内容

　　研究的核心内容在于以生态翻译学理论为指导建构具有指导翻译批评实践功用的翻译批评体系。研究思路是通过翻译批评体系研究的文献综述分析现有批评体系存在的问题和不足,提出构建新的批评体系这一研究问题,继而解决问题,即重新构建批评体系。就研究内容而言,本研究着力解决以下两个问题。

　　(1)生态翻译批评体系的构建。

　　(2)生态翻译批评体系的功用。

　　两个研究问题具有内在逻辑的层次性和关联性。生态翻译批评体系的构建是其功用得以检验的前提并为批评实践提供操作指导,而体系的运用实践可以反馈体系构建是否科学,从而有助于修正和完善该批评体系。构建生态翻译批评体系,首先需要厘定构建要素有哪些,其次需要分析要素之间的关系,最后还要勾勒体系的框架形态。本研究运用生态翻译学理论的相关翻译观和翻译生态环境等主要概念,借鉴翻译批评研究相关研究成果,立足于翻译批评发生、操作、结果等批评活动全程,结合翻译批评实践既有译内批评也有译外批评还有批评的批评等实际状况,来厘定批评体系的要素。在综述国内外翻译批评体系研究的基础上,探讨了构建理据、构建要件和体系特点。

　　具体而言,生态翻译批评体系的构建理据为生态翻译学理论,主要介绍生态翻译学的源起与发展和译学体系与主要翻译观,并简述译学理论在翻译批评研究方面的应用概况;生态翻译批评体系的构建要素包括了批评(生态)环境、批评主体、批评客体、批评参照系、批评产品、批评产品消费者等。在确定体系构建要素之后,要相应地分析要素之间的相互关系,即这些要素以什么样的关系来构成一个有机的整体。这样通过探讨不同构建要素之间的相互关系并较为全面地考察包括批评的批评在内的批评活动,勾勒出批评体系的具体形态。确定了构建要素并勾勒出体系形态,就基本完成了生态翻译翻译批评体系的构建。

三、研究方法

　　研究总体上采用定性的研究方法,并运用概念类比移植法、例证法、分析法、规定性和描写性相结合的方法开展研究。研究以定性研究为主。定性研究是研究者运用历史回顾、文献分析、访问、观察、参与经验等方法获得资料,用非量化的手段对其进行分析、获得研究结论的方法。任何科学研究都具有宏观和微观两种形态。翻译批评研究包括"翻译批评史、翻译批评理论研究(包括翻译批评的理论和翻译批评性理论)和翻译批评的实用批评(包括阐释和评价)"。

　　可见翻译批评研究的范畴非常宽泛,本研究无法囊括翻译批评的所有范畴,也无意解决翻译批评的所有问题。立足于研究命题,即生态翻译批评体系构建,研究旨在通过梳理不同翻译研究范式的翻译批评要素并以生态翻译学理论为指导构建一个翻译批评操作的总体框架。因此,研究总体上采用宏观定性的研究方法,探讨生态翻译批评体系要素及体系应用于批评实践的功用问题。

第三节　生态翻译批评体系构建要素

一、批评(生态)环境

环境(environment)是指相对于某一中心事物而言的周围所存在的条件。通常所说的环境是指围绕着人类的外部世界,包括自然环境和社会环境。自然环境是指未经过人的加工改造而天然存在的环境,按环境要素可分为大气环境、水环境、土壤环境、地质环境和生态环境等;社会环境是指由人与人之间的各种社会关系所形成的环境,包括政治制度、经济体制、文化传统等。

批评主体的批评实践与其身处的自然环境相关联。自然环境包括批评要素所处的小自然环境、气候条件、地理位置,以及环绕批评要素的宇宙空间内生态要素构成的大自然环境。时间、空间、批评媒介等都是具体批评环境的一部分。批评主体和批评客体都存在于一定的自然环境之中。就批评媒介而言,现代媒介和媒介环境都在一定程度上与翻译批评发生关联。媒介是介于传播者与受传者之间用以负载、传递、延伸特定符号和信息的物质实体,包括书籍、报纸、杂志、广播、电视、电影、网络等及其生产、传播机构。

互联网已经构建起一种全新的翻译环境和翻译批评环境,更加凸显译者群的参与度、翻译批评的便捷性和时效性等。就批评时空环境而言,批评实践可能是共时的,也可能是历时的,也可能是跨地域的。视翻译批评为批评群落成员之间的交际,少不了考虑交际时间和交际地点等环境因素。翻译批评涉及翻译中的语言转换,词汇的意义空间(配价关系)构成语言的空间形态,源语和译语词汇的配价关系并不完全重合;同时,语言不仅沿着空间序列彼此联系,还沿着时间序列发展和变化。因此,不同时空条件的翻译批评认知、批评理论和观念、批评原则和方法等,既有共通之处,也存在诸多的差异。

无视时空等自然环境因素的静态批评有时难以保证批评的科学性,正如学者所言:"译作的产生凝结了译者翻译当时当地的理解、表达和各种考虑,批评者作为后来的阐释者,自有另外一个当时当地的背景和批评目的,这种时空的差异自然会造成译者标准和批评标准不可能完全相同。"道安在 3 世纪提出了"五失本,三不易"(five deviations from the original and three difficulties in translation),今天的批评主体对此进行评论就必须关照与当时时空条件关联的历史背景,因为"五失本,三不易"是因时而说,而古今已易。同样,评价霍克斯英译《红楼梦》就不能不考察译者和读者群体所处的时空等历史环境。

在很多情况下,翻译批评可以视为作者、译者、译品消费者、批评者等批评群落成员之间跨越时空的对话和交流。翻译批评不能回避时空等自然环境因素,时空在一定程度上代表着批评主体、批评客体和批评参照系的历史性,因为不同的时空距离引致不同的陌生化程度、不同的批评视域、不同的批评参照等等;不同时空环境的批评主体及其时空判断表现出的价值评判会影响评论的视角或结果。

翻译批评在关照自然环境的同时,也必须关照社会环境。翻译批评依存于社会环境,批评环境中的社会环境是与翻译批评关联的各种社会关系所形成的环境,包括语言文化环境、政治环境、经济环境,乃至语言政策、翻译政策等等。批评主体在特定的社会环境中从事翻译批评实践,社会环境与翻译批评之间就存在着客观的紧密关联。

二、批评主体

翻译批评的主体是翻译批评的发起者和操作者,也是翻译批评研究的核心问题之一,有谁来开展翻译批评在很大程度上影响到批评的目的、过程和结果。批评主体表现出不依赖批评对象而存在的独立性及受到外界(包括批评客体)制约的受动性的双重属性。关于翻译批评主体问题,笔者认为一方面要尽可能科学细化并发挥不同主体的互补作用;另一方面要关注批评者的素养及其养成。

类比于生态翻译学中的"译者责任",生态翻译批评强调"批评主体责任"。生态翻译学强调"译者责任"的生态伦理原则而凸显译者在翻译过程中的中心地位和主导作用。批评主体在翻译批评实践中有责任协调批评环境、批评群落、批评客体和批评参照系之间的相互关系,有责任与批评群落的其他成员平等对话,有责任关注译评的接受和传播,有责任践行批评理性,有责任建设批评生态(批评群落在一定的自然环境和社会环境条件下生存和发展的状态)。翻译批评过程可以视为批评主体对批评资源的利用、分配、加工和再生的过程,批评主体在批评实践中能动性地适应或影响批评环境,据实确定批评参照,理性审视批评客体从而"批有所为"地生成批评产品。"批评主体责任"凸显批评主体在批评过程中的主导地位和能动作用。

类比生态翻译学中的"翻译群落",生态翻译批评中的"批评群落"指与翻译批评活动的发生、操作、结果等彼此影响相互作用的诸者集合,以批评者为代表,还包括翻译批评的委托者(因为并非所有的翻译批评都是自发行为)、批评产品消费者(如读者、出版者、教师)等。批评群落置身于批评环境,在适应环境的同时,其有意识、有目的的活动可以调节、促进、改造或重建批评环境。

将批评群落纳入生态翻译批评,彰显生态翻译批评对"人"的关照。人是一切社会关系的总和,以人为本作为关系概念,凸显人与人、人与社会及人与自然的关系。将批评群落纳入生态翻译批评,可以增加批评的维度并拓展批评的范畴。批评生态反映批评群落在一定的自然和社会条件下生存和发展,反映批评群落成员之间、批评主客体之间及与批评环境相互联系、相互作用的状态,其内涵之一就在于关照批评群落的生存和发展。

批评群落成员为达成共同目标,就必须开展平等对话和协商交流,就必须共同促成和维护动态平衡和谐的群落生态。这样,人们就可以从批评群落生态视角开展批评群落人际管理方面的研究和批评实践。

综上所述，生态翻译批评主体包括译者、专家学者和翻译产品消费者，构成批评主体系统。专家学者可以细分为翻译家、专业译评者、专业编辑、专业译审等，批评产品消费者可以细分为译评读者、客户（译评使用者）、教师等。不同批评主体的批评视角、批评重点等各不相同，如译者的批评（此处译者作为批评者）可能侧重于以经验为基础的过程分析和结果分析，专家学者的批评可能侧重于综合性的全面分析和较为深入的力量探讨，批评产品消费者的批评可能侧重于接受效果。翻译批评需要来自不同主体的不同声音，不同批评主体的作用是互补的。其实，翻译批评主体的位置是可以游移的，即批评主体可以站在不同的位置或以部分的身份角色，或站在读者位置，或站在译者位置，或站在委托人位置等，从不同角度审视批评客体。生态翻译批评强化批评主体责任，凸显批评主体在批评过程中的主导地位和能动作用。生态翻译批评关照批评群落，关照批评群落的生存和发展及批评群落生态。

三、批评客体

批评客体是批评的对象，具有不依赖批评主体意志而存在的独立性及与主体发生关系而表现出对主体的制约性。生态翻译批评客体可以依据翻译生态环境和翻译群落来界定。在生态翻译学中，翻译生态环境包括翻译生态和翻译环境，是原文、源语和译语所呈现的世界，即语言、文化、交际、社会及作者、读者、委托者等互联互动的整体，是影响翻译主体生存和发展的一切外界条件的总和，是文本、文化语境与"翻译群落"及精神和物质构成的集合。其中的翻译群落指翻译活动中涉及的以译者为代表的"诸者"，即人，包括作者、译者、读者、资助者、出版者、评论者等。

由此可见，批评客体就不仅局限于译者、译作、译事、译论和翻译过程，还应该包括作者、读者、资助者、出版者、评论者等翻译群落成员及翻译环境、翻译生态、翻译伦理等。翻译被视为翻译主客体共同参与、互联互动的系统,作为原作创作者的作者、决定译作接受效果的读者、出于经济利益或宣传等目的影响翻译的资助者、因为出版资金和政策等原因影响翻译的出版者,以及因为自身素养或评论视角等原因影响批评质量的评论者等都应该纳入批评的对象。同时,考虑到翻译批评实践中"翻译批评的批评"的客观存在,在特定的批评活动中,与翻译批评相关的批评群落、批评产品,批评参照系等也就成了再批评的对象。

生态翻译批评客体主要包括译作、译者、译论、译事、翻译过程,构成批评客体系统。翻译环境、翻译群落、批评群落、批评产品、批评参照系等也可以作为批评对象而成为批评客体,其中的批评产品和批评参照系的批评体现出批评实践中的"翻译批评的批评"。批评客体的多元性反映了批评路径的多元性,如环境批评路径、译者批评路径、翻译过程批评路径、译文批评路径、批评群落批评路径、批评产品批评路径等。

四、批评参照系

参照系指描述事物时用于比较的另一种事物或做出判断时作为基准的一个标尺。翻译批评参照系是翻译批评活动描写和评价的依据,涉及"依据什么批评"和"如何批评"的问题,包括批评理据、批评标准、批评目的和批评方法等。作为一种客观性描述和规定性评价活动,翻译批评就必须有参照,有依据。翻译批评没有参照,其描述和判断就难以服众;选择不同的参照系,其描述状况和判断结果也各不相同。

(一)批评理据

客观性和科学性是翻译批评提高说服力和有效性的实际需求,既反映对批评现象描述的真实又反映出评价的准确,批评理据正是实现翻译批评客观性和科学性的基础和重要保障。翻译批评立足于坚实的理论基础之上,加之批评目的明确、批评标准和批评方法适切,才有可能保证批评的理性化并达成有效批评。翻译批评理据主要包括翻译批评理论和翻译理论,也包括与翻译相关的其他学科理论。翻译理论是批评理据的主要来源。翻译批评与翻译理论紧密关联,科学的翻译批评促进翻译理论研究,作为批评理据的翻译理论凸显其在翻译批评中的重要指导作用和应用价值。强化翻译批评的理论意识,重要的一点就是强化科学的批评理据。

生态翻译学"十论"和主要翻译观及核心概念共同构成了一个整体性的理据系统,从而为开展批评实践提供批评理据。生态翻译批评理据主要包括译者追求的译有所为观等主要翻译观,以及该译学倡导的翻译生态理性和翻译伦理原则等。生态翻译批评理据能够较全面地为译论批评、译境批评、译者批评、文本批评、翻译过程批评、译作价值批评等提供理据和批评维度。

如果以"译者中心"为理据开展译者批评,可以考虑从翻译过程中的"译者适应与选择"行为、翻译伦理中的"译者责任",译者发展和翻译价值中的"译有所为"等不同维度开展批评。

如果以"翻译即文本移植"为理据开展文本批评,可以考虑从"多维转换"中的语言维、文化维、交际维等不同转换维度开展批评,也可以考虑从"文本生态移植"涉及的语言生态移植、文化生态移植、交际生态移植等维度开展批评。

以翻译生态的"平衡和谐"论为理据可以开展源语文本生态体系和译语生态体系比较批评,或开展翻译环境生态和文本生态及翻译群落生态的整体批评。

以译者追求的"译有所为"论可以开展译者翻译动因批评,或开展译本功能和价值批评。

以译学发展的"关联序链"论可以开展翻译转向批评,或就翻译史开展批评。

另外,对于一些批评客体,生态翻译学可以提供多元的批评理据,如以译者为批评对象,既可以以翻译主体的"译者责任"论为理据,又可以以翻译行为的"适应选择"论为理据;既可以以译者追求的"译有所为"论为理据,也可以以翻译群落生态为批评理据。

又如,以文本为批评对象,既可以以翻译文本的"文本移植"论为理据,又可以以翻译方法的"多维转换"论为理据;既可以以译者追求的"译有所为"论为理据,也可以以翻译标准的"多维整合"为理据,还可以以译品生命的"适者长存"论为理据。

(二)批评目的

翻译批评是目的性很强的实践活动。翻译批评的根本任务,即促使翻译在民族交流、文化传承、社会发展方面发挥应有的作用,促使翻译事业健康、理性地发展,保证翻译的价值得以实现,从而实现翻译批评自身的价值。基于翻译批评的根本任务,其最根本的目的是提高翻译质量,促使翻译事业在理论和实践两方面的健康发展。此目的可细分为首要目的和重要目的,首要目的是提高翻译质量,其次就是理论探讨。批评目的有宏观和具体之分。

1.批评的具体目的

具体的批评目的应该联系批评主体、批评客体及批评参照系的其他要素。就联系批评主体而言,专家学者和读者开展文本批评的目的可能各有侧重。例如,专家学者可能通过文本批评进行理论探讨,或剖析译者的翻译行为,或评价文本翻译质量;而读者可能侧重于译本的可读性或可接受性。就联系批评客体而言,理论批评有可能出于严谨的理论建构而争鸣或商榷,也可能仅是为了广告性的理论推介;环境批评有可能为了阐释某一特定历史时期或某一特定翻译活动的历史社会环境,也可能为了剖析翻译环境的生态;译者批评的目的可能在于评价某一译者的翻译思想或翻译观念,也可能为了某一作品的多个译者比较,也可能为了开展某一翻译流派的译者群研究;译作批评可能为了翻译教学示范,也可能为了探求译作的社会影响;过程批评可能为了厘定完成翻译任务的程序,也可能为了评价译者具体的适应与选择行为。

2.批评的宏观目的

生态翻译批评的宏观目的是整合具体批评目的概括而来的"批有所为"。生态翻译批评的"批有所为"主要体现在五个方面:为在监控(如监控译者工作、监控翻译生态等),为在示范(如翻译教学示范、批评实践示范等),为在优化(如优化翻译批评环境或翻译生态环境、优化翻译质量和译评质量、优化批评主体素质、优化翻译生态等),为在推动(如推动翻译批评研究发展、推动译学发展等),为在建构(如翻译理论和批评理论建构、社会建构等)。

(三)批评标准

翻译批评标准指的是批评者在翻译批评活动中所遵循的原则和标准。因此,批评标准具有两个层次:一是宏观层面的总体批评原则;二是批评操作层面的具体标准。批评标准具有抽象性和具体性/多元性和多维度、综合性、描写与规范相结合的特征。作为翻译批评者遵循的方法论规范,批评原则体现出批评标准的抽象性,是纲领性标准,需要具体标准予以补充。没有具体标准,批评原则就会泛化从而缺失实用性;没有批评原则,具体标准就无穷化从而导致标准全元化乃至批评无标准。翻译批评的规范性主要表现之一就在于以一定的标准对批评对象做出科学评价。从这种意义上讲,批评标准是批评参照系中不可或缺的重要元素。

国内学者关注批评标准的研究,提出了不同的见解。比如,实事求是,有棱角,有战斗力,同时也要有某种宽容;对事不对人,即批评是善意的,也是有建设性的;批评要属实,既反对溢美,也反对挟私攻击;批评是全面的、本质的、整体的;批评应该是辩证的,实事求是的;批评要客观、公正、全面、科学、深入;批评要与人为善、平等待人;批评要说理、热情,对事不对人,不攻击,也不徇私情,严格、宽容;批评要客观全面等。

　　生态翻译批评的总原则可以概括为科学性、整体性、建构性和开放性。科学性原则即指开展翻译批评必须以较为成熟的翻译理论、翻译批评理论或其他学科理论为依据和指导,既符合翻译自身具有的规定性又能保证批评的客观性;整体性原则意指翻译批评应该立足于不同视角和层面尽可能关照到与批评对象相关的要素,保证批评多元性和系统性的统一;建构性原则强调翻译批评的有效性,凸显其在译论研究、译学发展及社会建设等方面的实际功用和价值;开放性原则即翻译批评应该面向未来,积极吸纳现代社会发展的理论和技术等成果以保证批评的动态可持续创新性发展。作为翻译批评者遵循的方法论规范,翻译批评原则也涉及道德标准、行业规范及学术尺度等层面,总体上呈现出多元动态的表现形态。

　　生态翻译批评的具体标准因为批评目的、批评理据或批评客体等因素的不同而呈现出多元性。就批评客体而言,译论批评、译者批评、文本翻译质量批评或者翻译过程批评等,需要选定不同的批评理据,相应的具体标准也就不尽相同。例如,以译论为批评客体,以翻译生态理性为批评理据,可以以学理性、系统性和应用性作为批评标准。又如,以文本翻译质量评价为批评目的,以"翻译即适应选择"为批评理据,译评标准就是"整合适应选择度",即译者产生译文时,在语言维、文化维、交际维等选择性适应,并照顾到其他翻译生态环境因素的适应性选择程度的总和。译品"整合适应选择度"的三个参考指标包括多维转换程度、读者反馈和译者素质。

　　总体而言,生态翻译学的建构遵循生态原则,谋求多元一体,提出翻译标准的"多维整合"观,生态翻译学的译评标准是多维互补的,整合一体的。

(四)批评方法

　　翻译批评方法就是批评者在各种翻译批评实践中,为达到某种批评目的而采取的途径、手段和方式。它是连接批评主体与客体的中介环节，并在两者的辩证运动中获得经验材料。后来，这一定义得到补充，即翻译批评方法就是翻译批评者认识、理解和沟通对翻译活动看法的各种途径、媒介、方式的总和。这一定义包含了两个方面的内容：一方面翻译批评方法是连接批评主体与客体的中介环节，并在两者的辩证运动中获得经验材料；另一方面翻译批评方法自身还可作为一种独立存在的研究对象。

翻译批评方法的定位应该是以哲学层次上的方法为宏观指导，以逻辑学层次上的方法为思维工具，以具体学科层次上的方法为操作手段，三者相互联系、互相补充，以翻译自身的规定性作为调节机制来一以贯之。其实，批评方法既可以是批评的方法论原则，也可以指批评操作的具体方法，这体现出批评方法的层次性。

批评方法论原则指从事翻译批评时应当遵守的规范，它们对各种具体批评方法具有指导作用。在学术界较有影响的翻译批评方法论原则包括客观性原则、综合性原则、层次性原则、归纳—演绎结合的原则。翻译批评的具体方法是指批评主体在明确批评对象并确定批评理据和批评标准及批评目的之后开展具体批评操作所使用的方法，如原文—译文比较法、过程分析法等。翻译批评方法具有一定的特征。翻译批评方法在总体上呈开放性系统的特征，是多视向、多角度、多层次评价的辩证综合。

由于批评方法各自的局限性，对同一翻译现象的把握总是需要以某种方法为主的多种方法的交叉运用；同时，由于批评方法与批评参照系和批评对象之间互相制约的关系，某种批评方法可能对于某一翻译现象更具有解释力。笔者认同批评方法多元互补的观点，一方面尽可能运用多种不同的批评方法对同一批评客体进行多视角、多维度的考察；另一方面应依据不同批评客体等具体实际选择相应不同而适切的批评方法。

生态翻译学倡导"整体/关联""多样统一"等生态理性，在运用以上批评方法开展批评实践的过程中，批评主体应该注意不同方法的优化选择,参照主客观多方面因素确定适切的具体批评方法。

五、批评产品

批评产品可以简单地理解为译评,之所以使用"批评产品"是出于契合构建体系的指导理论。生态翻译学是从生态学视角整体综观翻译活动的研究范式。生态翻译学认为,翻译生态体系中的物质,能量和信息处于不断的流动和循环之中,翻译活动的实质就是译者对翻译生态资源的利用、评价、分配、储存、加工、支配和再生的过程,翻译生态群落由生产者、消费者、分解者所构成。因此,生态翻译学倾向于将翻译活动理解为译品的生产和消费活动。同时,翻译是跨语言、跨文化的交际活动,从经济学视角来看,语言自有经济属性,文化可供消费,以翻译为主业的翻译产业演进为语言服务业,翻译在本质上总是与生产和消费存在密切联系。与批评产品相联系,译评读者、用户等就相应地表述为"批评产品消费者"。

批评产品是翻译批评的结果和成果,是批评产品消费者的消费对象,以翻译观、文章、著作等不同形式呈现。批评产品是多极主体交往活动的对象化产物,向所有主体开放,具有多极主体指向性。

批评产品是重要的批评体系构建元素。生态翻译批评将批评产品纳入批评体系,使得体系的构建元素更为齐备,更重要的是批评产品作为中介将翻译批评过程和批评产品消费者联系起来,批评体系就可以客观而清晰地展现顺向完整的批评程序:批评主体依据参照系对批评客体进行评价,形成批评产品供消费者消费,批评产品消费者与批评主体之间是平等对话关系。另外,批评产品和批评产品消费者又可以构成批评消费系统。

六、批评产品消费者

批评产品消费者是直接或间接从批评产品获取信息和知识

的人员,这些人员与翻译批评的发生、批评产品的出版传播和消费等环节相联系,主要包括委托者、用户、批评者、读者、译者、专业编辑、教师等。委托者或用户驱动翻译批评,为批评主体的生存和发展提供了基础,其中的委托者提出的相关批评要求会对翻译批评活动产生直接影响,而用户则是批评产品的最终消费者。批评者具体实施翻译批评操作,自然也成为批评产品的第一位读者。

第四节　生态翻译批评体系架构

一、体系形态

在论述批评体系的构建理论和构建要素之后,生态翻译批评体系就初具框架雏形。生态翻译批评体系包括批评(生态)环境、批评主体、批评参照系、批评客体、批评产品和批评产品消费者六大要素,其框架图如图 8-1 所示。

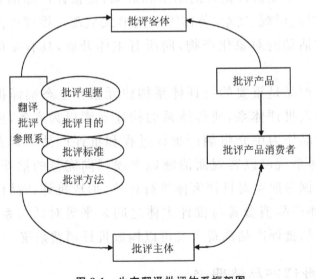

图 8-1　生态翻译批评体系框架图

(资料来源:岳中生、于增环,2016)

216

　　此框架的外围虚线圈定的是翻译批评环境,批评主体、批评参照系、批评客体、批评产品和批评产品消费者多身处环境之中。六大要素相互依存、相互作用而构成整体性的批评体系。

　　生态翻译批评体系是双向循环的体系,呈现出构建要素较为齐备的环状框架。该体系包括了原有批评体系的批评主体、批评客体和批评参照系,增加了批评环境、批评产品和批评产品消费者。将与批评活动关联的自然环境和现实社会环境纳入批评体系,关照批评环境,凸显环境因素在批评实践中的重要影响。将批评产品和批评产品消费者纳入批评体系,体现了批评结果,便于开展批评产品研究或批评产品消费者研究,也便于开展批评产品价值和消费者接受等方面的研究。因此,将批评环境、批评产品和批评产品消费者纳入批评体系,不但客观地、更为完整地展现出翻译批评的全貌,而且有助于将批评视野从译内批评引向译外批评,从而拓展批评实践范畴。

　　翻译关照译作的实际效果及其对译语读者乃至社会产生的影响,翻译批评也就相应地必须关照批评产品的实际效果及其对消费者乃至译语社会产生的影响,这也契合翻译批评从译论批评、译者批评、过程批评和译作批评拓展到文化批评和社会批评的发展态势。同时,与批评环境、批评产品和批评产品消费者相关联的还有生态问题,包括批评环境生态、批评产品生态、由批评产品消费者与批评主体共同组成的批评群落生态,以及此三种生态共同孕育的批评生态,都成为生态翻译批评研究的新命题。

　　系统构成体系,生态翻译批评体系可以根据构建要素分解为批评环境系统、批评群落系统(含批评主体系统、批评产品消费者系统)、批评客体系统、批评参照系统、批评消费系统(含批评产品系统、批评产品消费者系统)等,呈现出多层次特征。生态翻译批评体系的分支系统如图 8-2 所示。

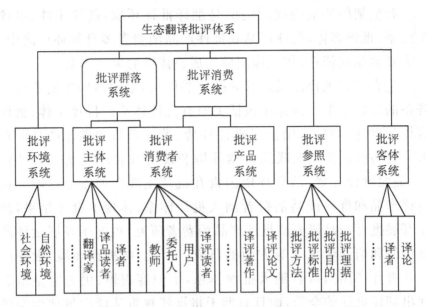

图 8-2　生态翻译批评体系分支系统

（资料来源：岳中生、于增环，2016）

　　将生态翻译批评体系设计为环状，启发来自未来的翻译批评也应是一种圆形的批评。圆形批评认为，任何翻译批评学派，任何翻译批评方法，都有自己特定的关注面，都是翻译批评历时发展和共时并存的圆圈上的一个点、一段弧。整个圆是连贯的、浑然的整体，呈现的是宽容的、互补的、多元的翻译批评。翻译批评的圆形性质可以体现于某个批评文本中间，可以体现于某一批评主体身上，也可以体现于一个时代、一个民族的翻译批评的整体。

　　圆形翻译批评将成为一种翻译批评观念、翻译批评思想和翻译批评原则，鼓励翻译批评的多样化，鼓励多种翻译批评之间的互补、互谐。可见，圆形批评正是契合翻译批评生态的批评，具有多元性的开放视野，民族性的传统意识和建构性的学术追求。将生态翻译批评体系设计为环状是为了体现生态翻译批评的生态理性，更重要的是立足于翻译批评实践活动的实际。

二、体系特征

生态翻译批评体系呈现的是双向循环的环状批评操作框架，具有双向循环、多元层次、规定性与描述性相结合、整体/关联，动态/开放的特征。

生态翻译批评体系是整体/关联、动态/开放的体系。生态翻译学关注翻译生态系统的整体、关联、动态、平衡与和谐，倡导"注重整体/关联""讲求动态/平衡""倡导多样统一"的生态理性，以生态翻译学理论为指导而构建的生态翻译批评体系涵括了与批评活动相关的多方因素，这些因素相互关联使得系统成为一个有机的整体，体现出对批评活动的整体综观。

系统内的因素各尽其责而由彼此关联互动，相辅相成而形成翻译批评的合力。不同因素中某一因素的变化将引起其他相关因素的变化继而引发该体系的整体变化效应。生态翻译批评体系是各构建因素关联而构成的聚合网络系统，其中的相关利益者之间存在内在的双向关联互动。体系的动态性来自翻译和翻译批评的动态性。

基于生态翻译学视角，翻译活动中的翻译生态、文本生态和翻译群落生态是动态变化的。既然翻译本身是动态的，以具体的翻译现象为客体的翻译批评也不可能是静止的。从翻译批评的发展观来看，不仅语言、意义观和审美观在变化，对翻译活动的认识、对翻译价值的理解、对翻译社会功用的要求处在不断的发展变化中，翻译批评标准也是处于不断修订、不断丰富、不断完善的动态发展过程。

为了适应批评环境的变化，为了保持批评环境生态、批评产品生态和批评群落生态的协调和动态平衡，批评体系中的相关要素也必须处于动态变化之中。相关要素的动态变化使得批评体系具有动态性特征。生态翻译批评体系虽然呈现的是环状结构，但并不是一个自闭体系。其开放性源自翻译研究的跨科际性，其开放性表现在批评要素的多元性和多层次性。

翻译研究是一种跨科际研究,跨科际的翻译批评就必须是开放的,因为开放性是跨科际研究的内在必然要求。开放性的翻译批评通过积极吸纳多学科、多领域的最新研究成果而得以充实和发展。基于生态翻译学研究的开放性和翻译批评研究的开放性,生态翻译批评体系就具有了开放性特征。该批评体系既向生态翻译学开放,也向语言学、文化学、人类社会学等相关学科开放。生态翻译学自身尚处于建构之中,生态翻译批评体系也必须具有开放性才能得以不断调整和完善。该体系不是一个自我封闭、自我循环的孤立系统,而是一个可以变化、追求优化的动态系统。

生态翻译批评体系的开放性体现于要素的多元性:批评环境因不断变化而呈现多样性,批评群落(含批评主体和批评产品消费者)包括译者、读者、委托者、专家学者、客户、专业编辑、专业译审、教师等多元人群,批评理据多元(生态译学的不同翻译观,如翻译即适应选择、翻译即文本移植、翻译即生态平衡等,皆可以作为批评理据)、批评目的多样、批评方法多样,批评客体多元(如译论、翻译环境、译者、读者、文本、过程、翻译群落等)。整体/关联、动态/开放的生态翻译批评体系顺应了现代翻译批评动态发展的研究理念。

生态翻译批评体系是具有多元层次的体系。批评体系的多层次性也是翻译批评多层次发展的应有之义。生态翻译批评体系的层次性体现在四个方面:多元系统、整体批评与局部批评、译内批评与译外批评、浅层批评与深层批评。体系由系统构成,生态翻译批评体系可以根据批评要素分解为批评群落系统、批评客体系统、批评参照系统和批评消费系统。

生态翻译批评体系具有整体/关联的特征,能够对批评活动进行整体综观。不管是"批评主体—批评参照系—批评客体—批评产品—批评产品消费者—批评主体"的顺向循环批评链还是"批评产品消费者—批评产品—批评客体—批评参照系—批评主体—批评产品消费者"的逆向循环批评链,都体现出对批评前、批评中和批评后不同阶段、不同环节的关照,是一种整体批评。与整体批评对应的是局部批评,如"批评主体—批评参照系—批评客体"体现的译内批评,可以用于开展译论批评、译者批评、翻译过程批评、文本批评、译作读者批评等,而"批评产品—批评产品消费者"是接续译内批评链的,将译内批评延伸到译外批评。生态翻译批评体系显性反映了译内批评和译外批评,译内批评和译外批评都属于局部批评。同时,译内批评和译外批评又是并列的两个层次,译内批评和译外批评相结合的翻译批评就成了整体批评。该体系还有隐性的两个层次,即浅层批评与深层批评。翻译批评大体可以分为表层或浅层批评和深层次批评者两种类型,前者一般指的是技巧性批评,后者是理论性批评。

生态翻译批评体系可用于文本翻译对错之类的技巧性批评,也可用于理论批评或通过文本批评开展理论性探索,因此就体现出浅层批评和深层批评的不同层次。其实,生态翻译批评体系中的一些要素本身就具有层次性,如在批评参照系中探讨的批评标准和批评方法。批评标准既有抽象性的纲领性批评原则,也有多元性的具体批评标准;批评方法的两个层次:其一是指导性的批评方法论原则;其二是具体的批评方法。生态翻译批评体系的层次性反映出该体系应用的范畴:可应用于浅层批评或深层批评,也可应用于译内批评或译外批评或整体批评。这样,基于译论、基于译者、基于文本、基于过程、基于读者、基于环境和基于综合因素的多类翻译批评各得其所。

生态翻译批评体系是规定性和描述性相结合的体系。翻译批评是一种评价活动,自有其学科意义上的规定性。翻译批评从规定性转向描写性是当前翻译批评三大转向表现之一。描述/阐释和评价可以看作翻译批评的两大职能要素。描述活动是指向客体的,描述的对象是客观存在的事实。评价活动需要言之有据,则必须以描述活动为基础。严肃的翻译批评可以用描述性方法进行分析,用规定性方法进行判断。作为体系构建指导理论的生态翻译学本体理论自身也具有描述性,描述和阐释了"何为译"(翻译即生态平衡、翻译即文本移植、翻译即适应/选择)、"谁在译"(译者中心、译者责任)、"如何译"(多维转换方法、整合适应选择度的译评标准)、"为何译"(译有所为)等翻译理论的基本问题。生态翻译批评体系包括了翻译批评(生态)环境、批评主体、批评参照系、批评客体、批评产品和批评产品消费者六大要素,可以分别描述和分析"批评环境如何""谁来批评""据何批评"(批评理据)、"为何批评"(批评目的)、"如何批评"(批评方法)、"据何评价"(批评标准)、"批评什么"(批评客体)、"批评结果如何"(批评产品和批评产品消费者)等一系列与翻译批评活动密切相关的基本问题。该体系的描述性为批评实践中的描述活动提供了基础。能够明示批评体系要素的批评纲要就是生态翻译批评实践中描述方法的具体运用。

　　生态翻译批评体系的构建扩大了批评视域,基于体系的开放性和生态翻译学的"关联序链",既可以从生态学视域研究翻译批评,也可以从语言学、文化学、人类/社会学等视域研究翻译批评,这体现出整体综观、互动关联、多元互补、动态开放、平衡和谐的翻译批评观念。总而言之,生态翻译批评体系呈现的是双向循环的环状批评操作框架,具有双向循环、多元层次、规定性与描述性相结合、整体/关联,动态/开放的特征。

第五节　生态翻译批评体系应用实践

一、变译过程批评

　　翻译是源语和目的语转换的交际过程,翻译过程历来是翻译批评的主要对象。传统意义上的翻译过程大体包括源语理解和目的语产出两大阶段。西方译论中较有代表性的翻译过程观包括奈达的翻译过程模式、翻译过程的阐释学模式、场景—框架语义学翻译过程模式、霍姆斯的文本翻译过程模式、贝尔的翻译流程模式、目的学派的环形翻译模式等。笔者认为,应该以生态翻译学中的"翻译即适应选择"和"翻译即文本移植"的翻译观为批评理据，以评价变译过程为批评目的，以变译过程的可解释性为批评标准，用定性论证的方法开展批评。之所以选择变译过程作为批评客体，一是因为虽然变译理论解释了变译的宏观过程和微观过程，但缺少对变译过程明确的阐释性描述；二是因为生态翻译学理论和变译理论都是 21 世纪本土翻译理论，通过批评可以审视两个理论中的翻译过程阐释有无通解之处。基于这一考虑，这里的批评标准就是基于生态翻译学理论视角的变译过程可解释性。

生态翻译学理论从译者行为和文本两个不同视角阐释翻译过程。基于译者行为视角，翻译过程是译者适应与译者选择的交替循环过程，译者适应与译者选择交融，适应中有选择，即适用性选择，选择中有适应，即选择性适应。具体而言，翻译过程中的翻译行为以译者为主导，翻译过程是译者对以原文为典型要件的翻译生态环境的适应和以译者为典型要件的翻译生态环境对译文的选择。这一认知从适应和选择角度并结合翻译生态环境来考察翻译过程，不仅将翻译过程研究从原文理解和译文生成的翻译过程阶段观中解放出来，而且因为"人、环境、文本"的关联而反映出翻译过程整体性和复杂性的客观属性。这一视角体现的是"翻译即适应选择"的翻译观。

二、翻译群落人际关系批评

翻译群落是以译者为代表，包括原文作者、译文读者、译品评论者、译著出版者、译事资助者或委托者等，与翻译活动相关的相互作用的"诸者"的集合。翻译群落生态是生态翻译学的重要研究对象之一，而群落成员的人际关系则是群落生态的重要内涵。

人际关系是人与人之间在社会生活实践过程中发生、发展并确立下来的一种心理倾向及其相应的行为关系。翻译是源语和目的语之间跨语言文化的交际活动。语言交际的两个主要目的："一是传递信息或施事，即传递特定的涉事信息或以言施事；二是管理人际关系。"因此,人际关系研究是翻译研究中的一个重要方面。翻译群落批评涉及较多层面,本节仅仅是在借鉴翻译主体间性研究和翻译伦理研究成果的基础上探求生态翻译学视域的翻译群落人际关系。

批评纲要即以翻译群落生态为批评理据,以建构群落人际关系为批评目的,以整体互动/动态平衡的生态理性和共生和谐的伦理原则为批评标准,以定性分析的方法探求生态翻译学视域的群落人际关系。翻译群落人际关系建构即群落成员之间的人际关系建立和维护问题。

翻译群落包括了翻译主体,与翻译主体人际关系研究相关的翻译主体间性研究和翻译伦理研究成果能够为建构翻译群落人际关系提供借鉴。在翻译主体间性研究方面,主体间性主张主体之间是一种亦此亦彼、你中有我、我中有你的共存关系。

生态翻译学倡导整体互动/动态平衡的生态理念和共生和谐的伦理原则,翻译群落生态谋求相关利益集体之间和个体之间平等对话,协调共进和动态平衡和谐。翻译群落是与翻译活动关联的所有成员组成的集合,是一个整体,所有成员都存在共同的利益,所有成员都致力于完成翻译任务并实现翻译目标,所有成员都有义务为此群落生态的动态稳定和平衡。群落成员个体因为翻译理念、翻译实践经验、教育背景、思维方式、审美需求、社会文化环境等主客观因素的多元化而具有具体的个体特征、个体诉求和个体利益,这些个体差异,冲突乃至于矛盾需要通过差异之间的互动交流进行协调和平衡。

翻译本身就体现了翻译群落成员之间、翻译主客体之间、翻译主客体与翻译环境之间的互动协调。成员之间的有效互动才能维护群落成为一个有合力的整体。同时,翻译群落的态性不是静止的,而是动态平衡的。翻译群落生态注重群落成员的生存和发展,成员的生存和发展需要和谐的人际关系和和谐的环境。生态翻译学倡导的整体互动/动态平衡的生态理念和共生和谐伦理原则对于翻译群落人际关系构建具有指导作用。

　　翻译主体间性研究和翻译伦理研究成果中涉及的协调、妥协、互动、对话、沟通、交流等都是群落人际关系建构的手段。翻译群落中的翻译生产者集团和消费者集团的利益需要协调，群落成员个体之间的利益需要协调、群落整体利益和影响群落生态的外部利益需要协调，这些都需要群落成员之间通过平等对话、互动交流、多向沟通、彼此妥协来进行协调。

　　翻译群落人际关系建构重在群落成员之间人际关系的建立和维护，旨在形成共生和谐的人际关系，或者说，翻译群落人际关系建构以共生和谐为目标。翻译主体间性研究体现出了语言的多元共生、文化的多元共生和主体的多元共生的互惠伦理。

第九章　生态视阈下翻译研究的发展

本章将进一步阐述生态翻译学话语体系"三位一体化"的发展格局,列述生态翻译学的学术追求和学术发展,揭示生态翻译学发展取向的启示和意义,并对全球化视阈下生态翻译学的国际化发展做出预测和展望。

第一节　生态翻译学的发展取向

作为从生态学视角对翻译进行综观的整体性研究,生态翻译学在 21 世纪初期探索性地贯通了"译学""译论""译本"三个层面,初步形成了生态翻译学宏观译学架构、中观译论体系、微观文本转换的"三位一体化"的研究发展格局。

一、宏观、中观、微观——"三层次"研究格局

(一)"译学"层次研究

宏观上,生态翻译学关注的是整体视野,讲求的是生态理性,致力于翻译生态系统的整体、关联、平衡、和谐。

作为整体的翻译生态系统,其中的大多数元素形成了互利共存共生的关系,形成了一种互动共进、平衡稳定、富有活力的和谐整体。

从生态翻译学的视角观察,整体的翻译生态体系由"4+1"的主要生态子系统构成:翻译管理生态系统、翻译市场生态系统、翻译教育生态系统、翻译本体生态系统,并融入外围的生态环境之中。

　　在整体的翻译生态体系中,翻译本体生态系统是整体翻译生态体系得以维持或发展的核心;翻译教育生态系统是翻译生态体系得以维持或发展的基础;翻译市场生态系统是翻译生态体系得以维持或发展的平台;翻译管理生态系统则是翻译生态体系得以维持或发展的保障;而每个单一的生态系统,又都无一例外地成括在外围的生态环境之中。如果从翻译本质和文化价值层面分析,除外围的翻译生态环境系统外,其余的线性排序则由低到高为:翻译管理生态系统—翻译市场生态系统—翻译教育生态系统—翻译本体生态系统。这个"4＋1"的生态子系统相互作用、相互影响、综融一体,构成了翻译生态的有机整体。

　　另外,从"翻译↔语言↔文化↔人类/社会↔自然界"的"关联序链"(胡庚申,2004)可以看出翻译活动与生物自然界之间的互联关系,以及自然生态系统与人类社会系统互动互补的特征。同时,也体现了人类认知视野扩展和理性进步的基本路径。以"关联序链"为线索,"按图索骥"地展开相关研究;并通过分项研究和相互照应,便有可能采用生态翻译学的研究路径对翻译本体生态系统,乃至对整体的翻译学研究进行综观与整合。

　　因此,从宏观角度看,生态翻译学是一个综观透视和整合一体的翻译研究范式。鉴于翻译生态是一个复杂的体系,为了保障和促进整个翻译生态体系的健康平稳协调发展,生态翻译学关注各个子生态系统的协调与整合,以实现翻译生态资源的最大价值,促进翻译生态资源的优势互补,发挥翻译生态资源整体功效。

　　总之,生态翻译学的宏观研究侧重综观整体视野。视野源于高度,高度导致层级;层级形成系统,系统构成整体。生态翻译学理论体系的宏观生态理性特征,贯穿于生态翻译学理论体系的"上层""中层"和"下层"的运作,统领生态翻译学的宏观研究、中观研究和微观研究。因此,对于生态翻译学的中观和微观研究而言,其宏观定位就是旗帜和标志,也是生态翻译学学理的重要依据。

(二)"译论"层次研究

中观上,生态翻译学研究的侧重点在于本体认知,即翻译本体的系统理论。

生态翻译学将翻译活动视为一个由"译境＋译本＋译者"构成的翻译生态"共同体"。针对这个"共同体",与之对应的翻译理论取向为"翻译即生态平衡""翻译即文本移植""翻译即适应/选择"。

翻译被定义为:以译者为主导、以文本为依托、以跨文化信息转换为宗旨,翻译是译者适应翻译生态环境而对文本进行移植的选择活动。

翻译过程被理解为:译者适应翻译生态环境和译者选择最终文本的交替循环过程;而翻译过程又是以译者为中心主导的。同时,译者和译品也回归到了"适者生存""强者长存",特别是"译有所为"的原始动机。所有这些表明,生态翻译学的中观研究建基于并进一步完善了翻译适应选择论的本体认知。

生态翻译学是一个自成体系的翻译学说。它在生态整体主义指导下,隐喻人类普遍接受的"适者生存""优胜劣汰"的基本原理,又以中国古代哲学中的"天人合一""道法自然""以人为本""适中尚和"的经典智慧为依归,构建了整体的翻译生态体系,揭示了翻译生态理性,提出了生态翻译伦理;在此基础上,回答了翻译本体研究中关于"何为译"(what)——翻译是译者适应翻译生态环境而对文本进行移植的选择活动;"谁在译"(who)——"译者中心""译者责任";"怎样译"(how)——"汰弱留强/求存择优""选择性适应/适应性选择";"为何译"(why)——"译有所为"等翻译学的根本问题。同时,生态翻译学还从生态理性视角对翻译原理、翻译过程、翻译标准、翻译策略、翻译方法和其他翻译现象以及整体翻译生态体系等做出了新的综观和阐述。

总之,从功能角度来看,中观研究既侧重在生态翻译学对翻译本体的认识,它是对翻译行为的理性描述;同时承上启下,它是沟通宏观研究与微观研究的纽带。对于生态翻译学的整体研究而言,中观研究以翻译适应选择论为其核心,以此形成生态翻译学的"中坚"。

(三)"译本"层次研究

微观上,生态翻译学侧重在生态翻译学的基本理念对翻译文本的形成和译事实践的影响。翻译实践能够折射出翻译理念。译者选择什么样的翻译策略,采用什么样的翻译方法,也能反映出他/她对翻译本质和翻译标准的认识和理解。因此,通过对微观文本转换的研究,通过对生态翻译操作行为的解析,也有助于对生态翻译学理论功能的认识和理解。

生态翻译学的微观研究重在文本操作,既有翻译原则,又有翻译方法,还有译评标准,它是翻译理论的具体实施和翻译体现。因此,从翻译理论的适用性和可操作性的角度来看,微观研究的文本转换和译事实施也可以说是生态翻译学生存和发展的"根基"。

综上所述,如果说,宏观在于交际、社会、体系问题;中观在于文化、跨学科、理论问题;那么,在微观层面,生态翻译学则在于语言转换和生态翻译策略与实践,即所谓:宏观生态理念,中观适应选择,微观文本转换。三个层次关联互动,三位一体和谐共生。

该"三层次"研究可以概括如图 9-1 所示。

"三层次"研究表明:生态翻译学的宏观译学、中观译论、微观译本的"三位一体化"的发展格局已形成。缺失宏观研究,生态翻译学就缺失了整体的体系架构,可谓有失其"学";消解中观研究,生态翻译学就消解了本体的系统理论,可谓有失其"论";而脱离微观操作,生态翻译学就脱离了译论的根基依托,可谓有失其"本"。

以上所勾勒的生态翻译学的"三层次"研究架构,不仅能显示出其"三层次"研究的逻辑关系和内在联系,而且也能有助于进一步了解生态翻译学研究的整体及其发展,并奠定了系统构建生态翻译学话语体系的基础。

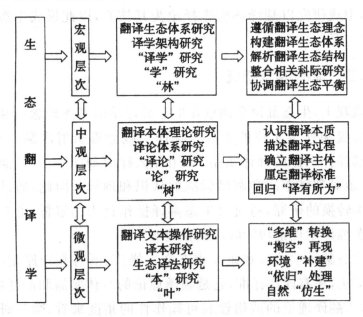

图 9-1　生态翻译学的"三层次"研究

（资料来源：胡庚申，2013）

二、中西、古今、文理——"三大"学术追求

"中西合璧""古今贯通""文理交汇"可以说是任何领域的研究者们都致力追求的目标和境界，当然也是生态翻译学研究的学术追求。事实上，在翻译适应选择论基础上发展的生态翻译学，一直力求和坚持具有"中西合璧""古今贯通""文理交汇"的理论特征，致力于使之显现为"文化转向"之后翻译学研究的一个新的研究范式。

（一）"中西合璧"的学术追求

"中西合璧"是中西文化交融的产物。中西交流的密切和相互渗透同化的结果，使得"我中有你"和"你中有我"成为一种必然。这种情形在越来越全球化和国际化的今天更是如此。在这样的情势之下，就学术研究而言，一方面，各领域研究中纯粹西方的或纯粹中国的已很难严格区分;另一方面,许多领域研究中也越来越提倡和推崇中西兼容的研究视角和研究结果。例如,翻译理论研究就是这样。北京大学辜正坤教授(2001)在评述翻译理论著作时,曾将"以民族性为立足点的中西合璧性"列为翻译理论至少必须具备的"三大特征"之一(另外两个特征是"高度理论性"和"有机系统性"),并认为"当务之急是要发挥中西译论优势互补的原则"。

在生态翻译学研究的过程中,"中西合璧"可以说是其始终如一的学术追求。这一学术追求和研究特征明显地体现在以下几个方面。

一方面,生态翻译学的命题是由中国学者首先提出的,生态翻译学也是首先使用中国话语的叙事方式书写的,因此可以说,生态翻译学显示了浓重的"中国情结"。显而易见,尽管理论的抽象性和普遍性使得理论本身不具备明显的国别特征和特定的文化指向,然而,理论家们却有着他们各自的国籍和成长的文化环境。如同不少人文社科理论("后殖民主义""女性主义"等)都会不同程度地折射出各自文化背景和研究者主观印记的情形一样,由中国学者创导的生态翻译学也必然会打上中国文化的烙印,并体现着"中国话语"和思维方式。

另一方面,尽管生态翻译学显示了浓重的"中国情结",但这并不表明她忽视或排斥西方学术思想和翻译理论。事实上,生态翻译学不仅借鉴和吸收了西方现代翻译理论研究的精神和方法,而且该理论另外两个重要的哲学基础——当代生态学的理论基础,特别是生态整体主义——都是来自西方的科学思想。因此,生态翻译学研究在理论基础、研究方法等方面的"中外互见"和"东西交融"便显得很自然了。

此外,生态翻译学的奠基性研究翻译适应选择论起始发端于中国香港,而香港是"中西交汇"之地;生态翻译学全面展开于中国澳门,而澳门又是"华洋融合"之城。这些并非巧合的现实,无疑又为生态翻译学的产生和发展徒增了地理环境、人文氛围、哲学渊源等方面的浓厚色彩和隐形支撑。

从上述几个方面可以看出,生态翻译学的提出和构建在一定意义上体现了"中西合璧"的特征。

(二)"古今贯通"的学术追求

生态翻译学的产生和发展不是孤立的,其将中国传统生态智慧置于当代翻译理论研究的时空坐标中,追求传统哲学文化思想与现代翻译理念的联结。这种联结有着多方面的体现。

其一,生态翻译学研究体现了"现代性",因为其是"一种后现代语境下的翻译理论形态,生态翻译学既是一种跨学科的、多学科交叉的产物,又是当代翻译学理论研究的延伸与转型,反映了翻译学由传统单一学科视阈转向当代跨学科整合一体的发展趋势"。与此同时,生态翻译学又具有一定的"传统性",因为"华夏传统文化是生态翻译学的理论支点和思想依归。以'天人合一''中庸之道''以人为本''整体综合'为特征的'中国文化元素',表明中国传统文化中的生态智慧与生态翻译学理念间的继承性和因果关系"(胡庚申,2008)。

其二,中国传统翻译中的"适应"思想与当代翻译适应选择论中"适应""选择"理念一脉相承。研究表明,翻译讲求适应,自古有之。例如,道安(314—385年)公元382年在《摩诃钵罗若波罗蜜经钞序》中指出:"然《般若经》,三达之心,复面所演,圣必因时,时俗有易;而删雅古,以适今时,一不易也。"这说明,"圣人"本是按照当时的习俗来说法的,而今时代不同,所以要改古以适今。不仅汉晋至隋唐的佛经翻译讲求"适应",明清时期传教士的"适应"策略更显流行(刘莉美,2006)。这种策略既影响到了科技翻译,更推动了西方科技在中国的传播。到了近代,马建忠(1844—1900年)也有"译成之文适如其所译而止"之说。严复的翻译,更是体现了适应与选择的思想。他适应当时当地的翻译生态环境,在此基础上的翻译过程中运用了与翻译生态环境相适应的变通策略。所有这些论述和研究表明,中国自古以来翻译中的"适应"

与"选择"与生态翻译学的奠基性研究——翻译适应选择论——"翻译即适应与选择"的基本理念并无抵牾,可以说是一脉相承的。

其三,生态翻译学与西方古代的生态整体思想也颇为一致。在"翻译适应选择论"基础上发展起来的生态翻译学是从生态学视角对翻译进行的综观整合性研究。换句话说,生态翻译学所关注和强调的是翻译生态系统的整体性。而这种生态整体观,古已有之。古希腊的"万物是一""存在的东西整个连续不断"等可谓生态整体主义的最早发端。① 即使近现代学者,有关整体、关联的研究和论述也从未间断,如法国著名科学家拉普拉斯(P. C. Laplace)指出:"天地间万事万物都有关联,自然界里的普遍规律好像一条长链,将貌似无关的现象联系在一起。"美国生态学家巴里·康芒纳还提出了四条"生态学法则"。

可以看出,古今中外关于适应、选择、生命、生态、生态系统等基本概念和思想具有一致性和继承性,体现了包括翻译学者在内的当代学人对"古今贯通"的学术追求。

(三)"文理交汇"的学术追求

众所周知,翻译学属于是人文学科。生态翻译学是从生态学视角研究翻译的,因此,尽管她具有交叉研究或跨学科研究的性质,但总体上属于人文科学研究。这里重点来谈谈生态翻译学研究中"理"的特征。总括地说,生态翻译学研究中"理"的特征颇为明显。

首先,生态翻译学的奠基性研究—翻译适应选择论,是借用和转意达尔文的"适应/选择"学说。达尔文认为生物进化的原因是生物与环境之间的适应性的演进,因而,他被称为"生态学的创导者""生态学的祖师爷";他的传世之作《物种起源》也被认为是"生态学的先驱著作"。而"翻译适应选择论"便是借用人类普遍

---

① 王诺.儒家生态思想与西方生态整体主义[A].跨文化对话[C].乐戴云(中)、李比雄(法).上海:上海文化出版社,2005;(15);88-96.

接受的、"适者生存"的基本原理,以《物种起源》中的相关论述为例证,以生态翻译学的叙事方式,对翻译的本质、过程、标准、原则和方法,以及翻译现象等做出新的描述和解释。

其次,归属于自然科学范畴的生态学又是生态翻译学的理论基础之一。生态学是奠基于整体主义的科学,其研究方法强调相互关联、相互作用的整体性。由于在翻译过程中各种元素关联的重要性、各种知识交集的多样性,以及多元相度思维的整体性,因此可以依据整体、关联、平衡的生态学原理和机制,考察翻译系统内部不同结构与周围翻译环境的相互关系。

事实上,几乎每个时代都有占有主导地位的自然科学理论观念作为新的方法论支配着普遍的社会思维方式。在当代,"生态科学"正是这样一门对社会产生广泛影响的学科,也是一门对人类生存发展具有终极意义的学科。从这个意义上说,生态翻译学研究有着扎实的哲学基础和广阔的发展前景。

最后,上述自然科学的理念和方法又决定了生态翻译学研究中必然具有某种程度"理"的思维方式、研究方法及其语言描述。

三、实践性、开放性、普适性——"三性"范式特征

作为一项从生态视角对翻译进行综观审视的整合性研究,生态翻译学已初显其实践性、开放性和普适性的基本范式特征。

生态翻译学在学术上追求理论与实践相结合,因此生态翻译学具有鲜明的实践性。从它的前身——翻译适应选择论在中国的扩散传播视角来看,也表明实践性是它的精华所在。自21世纪初以来,它所宣扬的生态视角的翻译观、翻译生态环境的界定、翻译即适应与选择的理念、选择性适应与适应性选择的翻译方法,以及整合适应选择度的翻译批评标准等,正在得到越来越多的认同和接受,正受到翻译界学人的关注和应用,正在逐渐扩展到不同的翻译领域和研究课题,并正在取得越来越多的应用研究成果,也正在体验着理论应用的喜悦。生态翻译学的吸引力和生命力,不仅在于它的生态理念的先进,而且在于它的实践应用的

效力。它不单单是宏观的理论学说，而是从理论走向实践，逐渐渗透到翻译研究的各个领域，成为越来越多的翻译学人的研究方向和研究选题。生态翻译学理论发展的方向，在于强化它的实践性的特点，不断加强它的实践应用，并在实践应用中推动生态翻译理论的不断发展和完善。

我们构建的是一种开放性的、整合性的生态翻译学。所谓"开放"，是指事物的"我方"与"他方"，两方进行物质、能量、信息交换，以不断地壮大自己。这是生存规律，也是生态原则。将这个原则用于生态翻译学研究时，是指生态翻译学虽然有自己的范式，但这个范式不是固定的，而是开放的，在吸收和包容外来文化和"他者"翻译理论过程中不断完善自己的范式。

西方各种翻译理论派别的理论有许多精彩和合理的方面，是时代的新的理论创造，新的理论成果；但是由于受时空、地域、文化、视野的限制，也都有它的不足或不能整体适用的方面。因此，在阐释生态翻译学的基本理论时，我们一直把握吸收与扬弃、整合与超越、传承与发展的基本原则作为构建生态翻译话语体系的指导原则。我们努力吸各个翻译流派合理的内核，扬弃其失之偏颇部分；整合生态翻译学的理论共识，力求超越不同流派的局限；传承中西译学传统的智慧，把翻译研究作为发展生态翻译学的出发点和归宿。这是一种进行各种学派的理论整合、建构自己多元统一的理论范式。由于生态学是"元"科学，生态取向是一种综合学科取向，生态学作为一种方法论支配着普遍的社会思维方式，它既是一门对社会产生广泛影响的学科，也是一门对人类生存发展具有终极意义的学科；同时，由于生态视角的翻译研究是生态理性关照下的翻译研究，或者说是运用生态哲学进行的翻译研究（如整体平衡原理、共生共存法则、多样统一规律等），它是一种具有哲学意义上的和方法论意义上的翻译研究；而作为从生态视角审视翻译的普通理论，生态翻译学又是一个涉及"译学""译论""译本"的整合性研究，因此它的普适性将会越来越明显地呈现出来。

四、立论、倡学、创派——"三阶段"发展历程

生态翻译学在 21 世纪之初应运而生,至今已逾十年。从总体研究发展的视角来看,生态翻译学探索研究的"三阶段"发展历程日渐清晰。

第一阶段(2001—2004 年)可谓之探索"立论"阶段,以 2001 年在"第三届国际译联亚洲翻译家论坛"上发表翻译适应选择论初探论文和 2004 年正式出版专著《翻译适应选择论》为标志。该阶段界定为一种构建生态翻译学的"中观"及"微观"研究。

第二阶段(2005—2009 年)可谓之整合"倡学"阶段,以 2006 年在"翻译全球文化:走向跨学科理论构建"国际会议上诠释生态翻译学和 2008 年发表"生态翻译学解读"专题论文为标志。该阶段的前期界定为一种生态视角的翻译途径研究;后期又试图展开翻译学的分支学科研究。

第三阶段(自 2010 年至今)可谓之拓展"创派"阶段,以 2010 年创立"国际生态翻译学研究会"、2011 年创办《生态翻译学学刊》,连年召开"国际生态翻译学研讨会",以及 2013 年专著《生态翻译学——建构与诠释》问世为标志。该阶段在经历了生态视角的翻译途径研究和翻译学的分支学科研究之间徘徊之后,界定为一种生态翻译研究范式,或曰翻译研究的生态范式,抑或曰生态范式的译学研究。

界说或定义的演变最能代表一个理论学说的发展进程。但无论如何界定和演变,作为一个新兴的系统的翻译理论话语体系,生态翻译学研究必将进一步深入和拓展,生态翻译学也必将继续循序渐进、踏实前行。

第二节　生态翻译学研究的趋势

由于生态翻译学定义强调"环境(译境)—文本(译本)—翻译

群落(译者)"的有机整体,主张翻译生态系统的互动、平衡与和谐,追求生态美学和多样统一,因此生态翻译学的发展将有助于促动、并引导翻译学研究多方面的嬗变。换句话说,由于生态翻译学遵循生态理性,即体现在注重整体/关联、讲求动态/平衡、体现生态美学、观照"翻译群落"、昭示翻译伦理和倡导多样/统一等基本特征,因此翻译研究在以下几个方面的发展演变或将成为一种趋势。

一、演变哲学理据

哲学是"关于世界观、价值观、方法论的学说",是人们对自然知识和社会知识的概括和总结。它是在具体各门科学知识的基础上形成的,具有抽象性、反思性、普遍性的特点。

译论研究的历史表明,翻译理论总是构建在哲学思潮的基础之上的;译论的发展也总是贯穿着哲学思想的影响和渗透。由于翻译哲学"是从哲学的角度研究翻译的一般性质和状态";[①]"是用哲学思想研究人类翻译活动本质属性的翻译学高层理论",[②]因此从哲学理据的视角解读翻译理论的嬗变和发展应该是一个有意义的"切入点"。

我们知道,整个 20 世纪哲学都得益于"语言学转向",这种"转向"为我们从总体上把握西方哲学,在新的层次上实现东西方哲学对话与融合提供了富有意义的思路。[③] 翻译理论的研究和发展与哲学的"语言学转向"关系十分密切。

20 世纪中叶以来,国际翻译界产生了基于语文学、结构主义、解构主义、文化人类学,以及生态整体主义的译论研究和译论体系。换句话说,在译论研究和译论体系的各个发展阶段背后,都

---

① 汪榕培.文学翻译呼吁哲学的思考——代序[A].文学翻译的艺术哲学[M].蔡新乐.开封:河南大学出版社,2001:2.

② 杨自俭.对几个译学理论问题的认识[A].翻译与跨文化交流:整合与创新[C].胡庚申.上海:上海外语教育出版社,2009:8.

③ 陈嘉映.语言哲学[M].北京:北京大学出版社,2003:3.

会有对译学理论研究具有认识论和方法论意义的哲学思想和理论基础。

当代翻译理论的哲学基础与译论取向可如表 9-1 所示。

表 9-1　当代翻译理论的哲学基础与译论取向比较

译论性质	哲学理据	译论取向
语言学	语言学、语义学	取向于语义等值
文艺学	文学、美学、语文学	取向于美学价值
文化学	文学、文化学、政治学	取向于接受文化
交际学	交际学、信息论	取向于交际效果
解构主义	解构主义、后现代性	原文取决于译文
多元系统	功能主义、系统论、形式主义	取向于文学系统
行动目的	行动目的论、功能主义、交际理论	取向于行动目的
生态翻译学	生态整体主义、东方生态智慧	取向于整体的翻译生态

（资料来源：胡庚申，2013）

由表 9-1 可以看出，从语言学到文艺学、文化学，再到信息论、文化人类学、生态整体主义等，翻译理论的哲学基础不断丰厚，哲学理据的概念外延逐步增大，已由局部适用向普遍适用扩展。

二、衍展研究视阈

关于翻译研究趋向的变化，尤其是关于翻译研究视阈的展阔，大体上可以体现在"温故"和"知新"两个方向上。所谓"温故"，是说以译论发展史为依据看现在；所谓"知新"，是说以"关联序链"为线索看未来。

对于"温故"，译界已有基本共识，即从"翻译自转"到"语言转向"，再从"语言转向"到"文化转向"。对于"知新"，即以"关联序链"为线索看未来，这或许是人们所较为关注的。译论发展史已经证明了"翻译→语言→文化"视角转向，而"翻译升语言→文化→社会/人类→自然界（自然生态）"这样一个人类认知视野递进衍展的逻辑序列，也有可能预测其发展走向。依照"关联序链"

所揭示的路径推演,译学研究视野衍展的"生态转向"将是一种可能的选择(孟凡君,2009)。而翻译研究实践也表明,"每一次转向都为我们全面理解翻译、认识翻译提供了一种新的可能"。[①]

总之,基于"关联序链"上各个组成部分的交叉涵盖、关联互动、递进衍展的相互关系,需要强调指出的是,研究视阈的每一次新的拓展,与原来的视阈应当是一种"蕴涵"和"超越"的关系,而不是割裂与抛离,更"不是颠覆和取代"(谢天振,2007)。这一点对于翻译研究的"转向"之说而言,尤为重要。

由于生态学是奠基于整体主义的科学,对其他各学科具有包容、统领的意义,是"元学科";同时,生态取向又是一种综合学科取向,其研究方法强调相互作用的整体性;因此,从研究视阈的角度来看,译论研究的视野与人类认知视野衍展的路径总体上是一致的,生态翻译学研究的视阈超越了单一维度与工具理性,正在经历着由单一学科向跨学科的整合一体衍展。

三、转变研究范式

研究范式(paradigm)与理论体系的关系密不可分,但前者概念的外延要大于后者。

鉴于"翻译研究将从一个更为一体化的话语中大大获益,要使所有研究人员都认为,这个话语即使不是自己研究的中心,也是密切相关的",近年来,国内外翻译界已在"更为一体化的话语"方面做出努力。不少学者的研究涉及翻译研究"多学科性""多元性""综合性""整体性"。这些研究将不同模式、不同理论整合在一起,为翻译理论工作者提供了很好的理论参照系。

在中国,长期以来学术界提倡的是百花齐放、百家争鸣,强调的是中西合璧、古今贯通,追求的是多样统一、整合一体。"综合比较百家之长,乃能自出新意,自创新派"(蒋孔阳,1993)。"多样"体现了理论的个性和差别;"统一"体现了理论的共性和整体

---

① 许钧.生命之轻与翻译之重[M].北京:文艺出版社,2007:232-233.

联系。有了这样的认识和理念,在这种"多样统一"的传统文化思想指导下所形成的世界观、价值观和方法论,必然会影响到中国的翻译理论研究。而不同译论理念在形成和发展过程中的相互借鉴、嫁接、适应、渗透、交锋、替代、演变,经过古今中外的比较与综合,又必然会向"各具特色的趋同"方向发展,并最终从"大同小异"走向"整合一体","最终达到'天下大同'"(孟凡君,2002)。正可谓"自潜存一元引发潜在多元之发展,并将多元多样融化为实际和谐与完美之一元"(成中英,2005)。

事实上,实现译学理论的汇通与整合,也正在成为中国译界学者的思考与实践。

作为"翻译适应选择论"的继续和发展,"生态翻译学"就是一项从生态学视角对翻译进行综观整合的研究范式。该生态翻译范式对翻译研究进行的综观与"整合",可以说就是一种"多元一体式"的整合。生态翻译学提出了从翻译学、语言学、文化学、人类学和生态学等不同学科视角展开相关研究,指出了不同学科视角的"科际整合",并最终融入它们所共同依托的生态系统,从而构成翻译生态系统的有机整体。此外,曾利沙(2008)也进行了关于翻译理论体系的系统整合性研究。他认为,从国内外应用翻译理论现状看,须从多角度进行系统整合性研究,而系统整合性研究的关键在于建构出宏观—中观—微观层次上下贯通的应用逻辑范畴。王克非(2009)则提出,翻译是跨语言、跨文化的整合,是内在、外在因素的整合,是宏观、中观、微观思维的整合,是原文、译者、译文的整合。

中外译论研究的发展表明,译论研究在从语言学圈内的"自转"向跨学科"他者"的"公转"流变之后,正从纵向的自成体系走向横向的拓展融汇,并出现"分化"与"综合"并存互进的态势。而从研究范式转型的角度来看,翻译研究在经历了"直觉主义"和"结构主义"之后,目前正处于"多元主义"的发展阶段,并通过"整体主义"理念的传播与实践,最终向"多元一体"演变。生态翻译学作为一种译学研究的生态范式,正在践行和引领着这一发展趋势。

四、跨越学科界线

人类 20 世纪最杰出的科学家艾伯特·爱因斯坦（Albert Einstein）曾指出：“只是在产生问题的架构内部进行思考，问题则不能得以解决。”（Problems cannot be solved by thinking within the framework in which they were created.）科学哲人的告诫，对于自然科学研究和人文社会科学研究都是适用的。

事实上，在“后现代”之后的学术研究中，自然科学与人文社会科学沟通一致的趋势已成为当代科学研究的重要特征之一。因为人文精神与科学精神是统一不可分割的，是辩证法的相互作用的。且不说牛顿（Isaac Newton）的 HDV 式［Hypothesis（假设），Deduction（演绎/推论），Verification（论证）］；惠威（William Whewel）的 ACV 式［Analysis（分析），Colligation（综合），Verification（论证）］；以及爱因斯坦的 $E=mc^2$ 等自然科学的方法论已成为引领现代文明的学术范式，单是运用自然科学的思想、方法、成果来思考和解决人文社会科学的学术研究就已相当流行。科学的变革揭示了事物之间的普遍联系，打破了各学科之间“人为的”壁垒分明的界限，为社会科学与自然科学更加紧密地联盟创造了条件。

这一发展动向在翻译研究领域里亦然。仅以中国学者最近几年的相关研究为例。

范守义（2003）从数学领域内借用 Meta 理论分析翻译学中的问题，提出了自己的翻译学设想。

“张力”（tension）这一概念来自物理学，指受到牵拉的物体中任一接口两侧存在的相互作用的拉力。李运兴（2009）提出了现代翻译研究中的“张力”问题。

用“非线性”（nonlinearity）思想看待事物发展的复杂性，同样是自然科学和人文社会科学正在兴起的研究范式。基于此，宋志平（2009）论述了翻译选择过程的非线性问题。

孟凡君(2009)指出,西方文化时代的分野、文化思潮的勃兴、乃至翻译研究的转向,都与物理学的发展阶段存在着奇妙的对应。首先,传统物理学研究时期"不可再分的物质实体"的原子观,既与实体主义的文化思潮相贯,也与"就译论译"的翻译本体论研究相通。其次,现代物理学研究时期的亚原子理论和统一场理论,既与结构主义的文化思潮相契,也与语言学转向后的翻译研究相合。最后,当代物理学研究时期的非统一场理论,既与解构主义的文化思潮相应,也与文化转向后的翻译研究相关。可见,翻译研究理路的转向,既是科学认知倾向在翻译研究领域中的必然反映,也是文化思潮的波荡在译道流变中的必然显现。

即使在文学翻译批评中,综合人文科学与自然科学各种方法的综合性批评研究也是很常见的。在具体的翻译评论中,任何一种方法都不可能单独地有效地使用,而是必然体现为人文科学研究方法与自然科学研究方法的某种形态或程度的结合。

上述发展表明,从科际研究的趋势来看,翻译研究正跨越人文社会科学与自然科学刻板的疆界,走向人文社会科学与自然科学的沟通、科学与艺术的融汇。因为人文的和自然的划分和界定,本来就是人为的。翻译活动是跨学科的,是各种人文的和自然的因素的"综合"。因此,翻译研究尤其需要打破学科的界线,才能真正回归于翻译学研究和发展的"原貌"。这种发展也正如美国科学主义与人文主义相结合的先驱——著名科学史家 G. 萨顿所说:"只有自然科学与社会科学、科学精神与人文精神相互协调才具有普遍意义。"这也恰如科学理论家布迪厄(Budiar)所言:"哪里突破学科的界限,哪里就有科学的发展。"

五、催生译学流派

自古罗马的西赛罗(Cicero)、贺拉斯(Horatius)以来,翻译研究经历了漫长的发展过程,出现了林林总总的理论学说和研究途径。随着西方翻译理论研究的长足发展,翻译研究不再仅仅被视为语言学的分支,而是逐渐被当作一门独立的学科来对待。同时,翻译活动的本质及其复杂性促使翻译研究呈现出多元化、跨学科的特征,不同模式、不同理论之间相互借鉴、交流、交锋、渗透,为翻译学科地位的确立与发展奠定了基础,为翻译理论研究的深入拓展了新的视野,提供了新的途径。

实践表明,翻译研究的深入与翻译学科的发展必须依赖于理论与实践的互动,依赖于继承与创新的结合。这既是学科发展的必经之路,也是由翻译研究的自身特性所决定的。在互动与结合的基础上,新的理论模式与新的研究途径不断酝酿、产生和发展,既丰富了翻译研究的内涵,促使翻译研究迈向新的高度,也为学术交流与学术争鸣提供了新空间、新动力,推进翻译学向更系统、更深入、更开放的层次发展。

近年来,中国的翻译理论界也呈现出"百家争鸣"的态势,生态翻译学研究即可谓是异军突起。已有翻译界学者指出,翻译研究生态范式的形成与发展为中国乃至国际译学理论研究开创了新视角,是对国际翻译理论研究的丰富、创新与超越,它所体现出的理论探索与开拓精神将对翻译学更加科学与深入的发展具有激励与导向作用。

生态翻译学派日渐成型,其间既有国际翻译学派的"激发",又有中国翻译学派的研发,还有生态翻译学派的"自发"。

多年来,经过自由发展阶段——市场适应阶段——目的促进阶段的发展,逐步聚集了一批有志于生态翻译学研究的志同道合者,其中既有创导该研究领域的学术领军人物,又有年富力强、硕果累累的学术骨干队伍,而且还有了一整套系统的生态翻译学的理论观点、研究模式和理论话语体系,并通过各种形式的合作与交流,集结在国际生态翻译学研究会的旗帜下,连年召开国际学术研究会,连续出版期刊、专著、论文并开通官方网站,逐渐形成一个具有一致的信念和观点、共同的思维方式和研究方法的"学科共同体"。应当说,生态翻译学派既是一个日渐成型的事实,也是一个正在发生的过程。一个富有活力的生态翻译学派正在一步一步地走向成熟。

第三节　生态翻译学的国际化进展

一、话语权回归

　　肇始于中国的生态翻译学研究,正在为中国翻译学发展赢得翻译理论的话语权。从一定意义上讲,这是一种话语权的回归。

　　这种话语权回归的意义在于,以生态视角来综观与整合翻译研究,翻译研究的"叙事"角度和书写方式均将不同于以往的研究。正是这种相关"科际"整合的内在逻辑和终极关怀即生态视野,不仅有望为翻译学发展打开更广阔的理论思维和学术视野,进一步丰富翻译研究的理论话语和表达方式,或许会使翻译学研究进入一个新的阶段:人们可以不再依赖单一的学科来观照译学,而开始了向着一个功能更强、效率更高的解释系统进军了。

　　翻译是人类文明发展的产物。在中国,从东汉兴起到唐朝达到高峰的佛经翻译、明末清初后的西方社会科学和科技翻译、五四运动后的马列著作翻译,直到改革开放以来的多门类翻译,历史绵延 2000 余年。翻译工作成为沟通中华文明与世界文明、促进人类文化和社会进步的桥梁。中华民族的伟大复兴,必须要有也必然会有当代中国学人自己的原创性理论在中华大地开花结果、成长壮大。从这个意义上说,与 21 世纪齐步的生态翻译学研究,作为翻译研究的一个新的、有活力的"生长点"和"拓展点",或可能逐步发展成为全球化视阈下中国翻译研究的一个走向。

　　也正是在这个意义上,我们可以讲,生态翻译学的研究与发展终于使中国翻译理论完成了从"照着说"到"接着说"再到"领着说"的嬗变与脉动。

　　生态翻译学中的"生态""环境""生命""转向"可以为东西方学界的平等对话提供平等对话的"话题"和创作"条件"。这是因为我们现在有了一个东西方学者有着共同语言的"话题",就有可能为平等的对话、讨论乃至论辩打开一扇窗口,提供一个平台。

事实上,长期以来,东方人、亚洲人,大都是西方翻译理论的"追随者""译介者""求证者""实践者"等。"亚洲的翻译研究总是在西方规范的操纵之下发展的"(孔慧怡、杨承淑,2000)。面对这样的状况,依托东方哲学理念和生态智慧发展起来的生态翻译学,将有望对上述状况有所改变;它的国际化发展将有利于终结这种翻译理论生态"失衡"的局面。同时,也有利于提出和构建东西方翻译理论真正平等对话的"话题"和平台。自 2010 年以来,在中国翻译界学者发起举办的序列性的国际学术研讨会上,已有越来越多的西方学者宣读生态翻译研究方面的学术论文、研讨生态翻译学的理论与实践,这些发展便是一个很好的证明。

二、国际化进展

近年来,国际上一些学者如丹麦哥本哈根大学翻译中心主任克伊·道勒拉普、美国麻省阿姆赫斯特大学翻译中心主任埃德温·根茨勒、英国伦敦密德西斯大学翻译中心主任克斯坦·玛姆吉娅等国际知名学者陆续应邀来到中国,与中国学者共同深入地探讨和交流生态翻译学的研究和发展问题。2010 年 4 月,生态翻译学研究者们发起成立了"国际生态翻译学研究会"。由国际生态翻译学研究会主办的"首届国际生态翻译学研讨会"也于 2010 年 11 月在中国澳门召开,来自世界各地 50 余位专家学者参加了会议。

继 2010 年 11 月首届国际生态翻译学研讨会在澳门举行之后,由国际生态翻译学研究会主办的第二届研讨会于 2011 年 11 月 11—14 日在上海海事大学召开;第三届研讨会于 2012 年 11 月 23—25 日又在重庆西南大学召开。来自世界各地的 150 余位专家学者出席了上述两届研讨会。

国际生态翻译学研究会顾问、国际翻译家联盟主席玛丽昂·鲍尔斯(Marion Boers)对生态翻译学的创立和发展在学术上给予了充分肯定,她指出:"生态翻译学这门新兴的翻译研究范式正在蓬勃发展,发扬光大,引起了国际学术界越来越广泛的兴趣";并确信生态翻译学"这株嫩芽必将长成硕果累累的参天大树"。国际译联副主席、中国译协副会长、中国外文局副局长黄友义肯定了生态翻译学在理论上的创新,并被中国生态翻译学创导者的理论创新勇气和执着进取精神所感动。他认为,国际生态翻译学研究会的成立和国际生态翻译学研讨会的召开就是对中国学者多年来理论研究的最好回报。国际生态翻译学研究会顾问、《视角:翻译学研究》(*Perspectives: Studies in Translatology*)杂志原主编、丹麦哥本哈根大学翻译研究中心主任道勒拉普教授指出,生态翻译学这一基于中国"天人合一"和谐思想的翻译理论是一种思维创新,是中国学者在国际翻译理论界发出的最强音。德国达姆施塔特应用科技大学的哈德冈底斯·斯朵茨(Radegundis Stolze)博士,代表欧洲翻译研究学会(European Society for Translation)对国际生态翻译学研讨会的召开表示热烈祝贺,她说:"生态翻译学源自东方,可以有效地补充、丰富西方传统翻译理论。今天的中国不仅对全球政治和经济越来越有影响,对文化的影响也日益增强。相信生态翻译学这个新的翻译理念亦可使西方传统理论获益良多,拓宽眼界,在欧洲传统翻译理论中心和东方新影响之间架起桥梁。"

令人可喜的是,在序列举办的国际生态翻译学研讨会中,外国学者显示了对生态翻译研究的兴趣和参与,并提出不少独到的见解。丹麦的道勒拉普教授提交了题为 Eco-Translatology in Translation Theory Contexts(翻译理论语境下的生态翻译学)的论文,他首先分析了欧洲不断出现翻译理论的社会、文化、历史原因,在此基础上,他认为生态翻译学是成长于欧洲语境之外的第一个真正具有"原创"意义的翻译理论。美国波兰籍语言专家安霞(Joanna Radwanska-Williams)教授的论文探讨了生态人文主义(Eco-humanism)与翻译研究的关系,并提出生态翻译学作为一种生态学的翻译研究范式与库恩提出的"范式"(paradigm)之间的关系问题。

　　由此可以看出，尽管生态翻译学肇始于中国，但已开始受到越来越多的国际翻译界人士的关注，已开始有翻译学者不同程度地跟随和参与。这在一定程度上表明了生态翻译学的生机、活力和魅力，也预示着生态翻译学未来的国际化发展趋势。

参考文献

[1][荷兰]艾布拉姆·德·斯旺.世界上的语言——全球语言系统[M].广州:广东省出版集团,花城出版社,2008.

[2][印]克里希那穆提.自然与生态[M].上海:学林出版社,2007.

[3]白雅,岳夕茜.语言与语言学研究[M].昆明:云南大学出版社,2010.

[4]陈嘉映.语言哲学[M].北京:北京大学出版社,2003.

[5]陈原.社会语言学[M].上海:学林出版社,1983.

[6]成中英.从中西互释中挺立中国哲学与中国文化的新定位[M].北京:中国人民大学出版社,2005.

[7]戴庆厦.语言和民族[M].北京:中央民族大学出版社,1994.

[8]冯广艺.语言生态学引论[M].北京:人民出版社,2013.

[9]高远.对比分析与错误分析[M].北京:北京航空航天大学出版社,2002.

[10]辜正坤.中西诗比较鉴赏与翻译理论[M].北京:清华大学出版社,2003.

[11]郭建中.当代美国翻译理论[M].武汉:湖北教育出版社,2000.

[12]何江波.英语翻译理论与实践教程[M].长沙:湖南大学出版社,2010.

[13]何俊芳.人类语言学教程[M].北京:中央民族大学出版社,2005.

[14]胡庚申.生态翻译学:建构与诠释[M].北京:商务出版社,2013.

[15]贾延玲,于一鸣,王树杰.生态翻译学与文学翻译研究[M].长春:吉林大学出版社,2017.

[16]蒋孔阳.美学新论[M].北京:人民文学出版社,1993.

[17]孔慧怡,杨承淑.亚洲翻译传统与现代动向[M].北京:北京大学出版社,2000.

[18]廖七一.当代英国翻译理论[M].武汉:湖北教育出版社,2001.

[19]刘思,李宗宏,张水云,等.生态语言学背景下的东乡语语用研究[M].兰州:兰州大学出版社,2015.

[20]刘雅峰.外宣翻译过程研究:译者的适应与选择[M].北京:人民出版社,2010.

[21]马红军.从文学翻译到文学翻译:许渊冲的译学理论与实践[M].上海:上海译文出版社,2006.

[22]马林诺夫斯基著.文化论[M].费孝通,译.北京:华夏出版社,2002.

[23]牟宗三.中国哲学十九讲[M].上海:上海古籍出版社,1997.

[24]钱津.生存的选择[M].北京:中国社会科学出版社,2001.

[25]冉永平.语用学:现象与分析[M].北京:北京大学出版社,2006.

[26]盛俐.生态翻译学视阈下的文学翻译研究[M].广州:暨南大学出版社,2014.

[27]苏姗·布莱克摩尔著.谜米机器[M].高申春、吴友军、许波,译.长春:吉林人民出版社,2001.

[28]孙会军.普遍与差异:后殖民视阈下的翻译研究[M].上海:上海译文出版社,2005.

[29]威廉·冯·洪堡特著.洪堡特语言哲学文集[M].姚小平,译.长沙:湖南教育出版社,2001.

[30]卫志强.当代跨学科语言学[M].北京:北京语言学院出版社,1992.

[31]谢天振.译介学导论[M].北京:北京大学出版社,2007.

[32]徐善伟.东学西渐与西方文化的复兴[M].上海:上海人民出版社,2002.

[33]许建忠.翻译生态学[M].北京:中国三峡出版社,2009.

[34]许钧.生命之轻与翻译之重[M].北京:文艺出版社,2007.

[35]岳中生,于增环.生态翻译批评体系建构研究[M].北京:科学出版社,2016.

[36]张保红.文学翻译[M].北京:外语教学与研究出版社,2010.

[37]张全.全球化语境下的跨文化翻译研究[M].昆明:云南大学出版社,2010.

[38]中国社会科学院语言研究所词典编辑室.现代汉语词典[M].5版.北京:商务印书馆,2006.

[39]查明建,田雨.论译者主体性——从译者文化地位的边缘化谈起[J].中国翻译,2003(1).

[40]程丽霞.语言接触、类推与形态化[J].外语与外语教学,2004(8).

[41]范守义.理论构建与论文写作——关于翻译研究的Meta理论思考[J].中国翻译,2003(2).

[42]方造.文化移植中的若干问题[J].外语学刊,1996(1).

[43]费乐仁,可凡,姚器玲.费乐仁谈典籍翻译与中西文化交流[J].国际汉学,2012(1).

[44]辜正坤.当代翻译学建构理路略论《文学翻译学》序[J].中国翻译,2001(1).

[45]胡安江.从翻译美学的角度论小说翻译中人物语言的审美再现[J].西南政法大学学报,2005(2).

[46]胡庚申.从译文看译论[J].外语教学,2006(4).

[47]胡庚申.从译者"主体"到译者"中心"[J].中国翻译,2004(3).

[48]胡庚申.傅雷翻译思想的生态翻译学诠释[J].外国语,2009(2).

[49]胡庚申.生态翻译学解读[J].中国翻译,2008(6).

[50]黄国文.从《天净沙·秋思》的英译文看"形式对等"的重要性[J].中国翻译,2003(2).

[51]黄国文.生态语言学的兴起与发展[J].中国外语,2016(1).

[52]柯飞.译史研究,以人为本[J].中国翻译,2002(3).

[53]李玉田.试谈社会因素对语言发展的影响[J].安徽大学学报,1985(3).

[54]李宗宏.词汇语用学与语言歧义性探索[J].宁夏大学学报(人文社会科学版),2006(6).

[55]刘莉美."适应策略"在十六、十七世纪译作中的应用及影响[J].外国语文研究翻译专刊:全球化浪潮中的华语文翻译(台北),2006(1).

[56]马爱香.英汉翻译中的文化移植[J].兰州医学院学报,1999(4).

[57]孟凡君.中国文化架构的演变对中国译学思想发展的影响[J].中国翻译,2002(2).

[58]谭海玲.翻译中的文化移植——妥协与补偿[J].中南工业大学学报(社会科学版),2001(1).

[59]徐艳丽.接受美学视角下的文学作品翻译[J].短篇小说(原创版),2015(5).

[60]于庆龙.现代语言学发展简史与历史地位[J].黑龙江教育学院学报,2008(2).

[61]曾利沙.从旅游文本翻译理论建构看应用翻译理论范畴化拓展——翻译学理论系统整合性研究之四[J].上海翻译,2008(3).

[62]张景华.全球化语境下的译者文化身份与汉英翻译[J].四川外语学院学报,2003(4).

[63]郑丽君.跨文化翻译中的文化移植[J].科技信息,2010(26).

[64]朱宏达,吴洁敏.朱生豪翻译活动大纪事[J].中国翻译,1988,(6).

[65]方梦之.从核心术语看生态翻译学的建构[P].首届国际生态翻译学研讨会宣读论文,2010-11-9/10.澳门.

[66]方重.翻译漫忆[A].当代文学翻译百家谈[C].王寿兰.北京:北京大学出版社,1989.

[67]李运兴.论翻译研究中的语境张力[A].翻译与跨文化:整合与创新[C].胡庚申.上海:上海外语教育出版社,2009.

[68]梁启超.新中国未来记[A].饮冰室合集:专集八十九[M].北京:中华书号,1989.

[69]鲁迅.杂忆[A].鲁迅全集:第一卷[M].北京:人民文学出版社,1981.

[70]孟凡君.后现代之后的翻译研究新转向略论[A].翻译与跨文化:整合与创新[C].胡庚申.上海:上海外语教育出版社,2009.

[71]宋志平.论翻译选择过程的非线性[A].翻译与跨文化:整合与创新[C].胡庚申.上海:上海外语教育出版社,2009.

[72]汪榕培.文学翻译呼吁哲学的思考——代序[A].文学翻译的艺术哲学[M].蔡新乐.开封:河南大学出版社,2001.

[73]王克非.论翻译的整合性[A].翻译与跨文化:整合与创新[C].胡庚申.上海:上海外语教育出版社,2009.

[74]王诺.儒家生态思想与西方生态整体主义[A].跨文化对话[C].乐戴云(中),李比雄(法).上海:上海文化出版社,2005:(15).

[75]杨苡.一枚酸果:漫谈四十年译事[A].当代文学翻译百家谈[C].王寿兰.北京:北京大学出版社,1989.

[76]杨自俭.对几个译学理论问题的认识[A].翻译与跨文化交流:整合与创新[C].胡庚申.上海:上海外语教育出版社,2009.

[77]周兆祥.译评:理论与实践[A].翻译评赏[C].黎翠珍.香港:商务印书馆,1996.

[78]Bassnett,Susan & Andre Lefevere. *Constructing Cul-*

tures: *Essays on Literary Translation* [M]. Shanghai: Shanghai Foreign Language Educaction Press, 2001.

[79]Catford, J. C. *A Linguistic Theory of Translation*[M]. London: Oxford University Press, 1965.

[80]Garner, M. *Language: An Ecological View* [M]. Oxford: Peter Lang, 2004.

[81]Gentzler, E. *Contemporary Translation Theories* [M]. New York: Routledge Inc. , 1993.

[82]Gorlee, L. *Semiotics and the Problem of Translation: With Special Reference to the Semiotics of Charles S. Peirce* [M]. Amsterdam/Atlanta: Editions Rodopi B. V. , 1994.

[83]Jan de Waard & Eugene Nida. *From One Language to Another: Functional Equivalence in Bible Translating* [M]. Scotland: Thomas Nelson, 1986.

[84]Katan, David. *Translating Cultures* [M]. Manchester: St. Jerome Publishing, 1999.

[85]Lakoff George & Mark Johnson. *Philosophy in Flesh: The Embodied Mind and Its Challenge to Western Thought* [M]. New York: Basic Books, 1999.

[86]Lance, H. & M. Jacky. *Redefining Translation : The Variational Approach* [M]. London and New York: Routledge, 1991.

[87]Lefevere, A. *Translation, Rewriting and the Manipulation of Literary Fame* [M]. Shanghai: Shanghai Foreign Language Education Press, 2004.

[88]Levefere, A. *Translating , Rewriting and the Manipulation of Literary Fame*[M]. London/New York: Routledge, 1992.

[89] Muhlhausler, P. *Linguistics Ecology: Linguistic Change and Language Imperialism in the Pacific Region*[M]. London: Routledge, 1996.

[90] Nida, E. & C. Taber. *The Theory and Practice of*

Translation[M]. Leiden:E. J. Grill,1969.

[91]Venuti, Lawrence. *The Translator's Invisibility*[M]. Shanghai:Shanghai Foreign Language Education Press,2004.

[92]Blutner,R. Lexical pragmatics[J]. *Journal of Semantics*,1998(15).

[93]Hodges,B. Ecological pragmatics:Values,dialogical arrays,complexity and caring[J]. *Pragmatics & Cognition*,2009(17).

[94]Phillipson,Robert. Book Review[J]. *Language Policy*,2006(5).

[95]Bassnett, S. & A. Lefevere. *Translation, History and Culture*[C]. London and New York:Pinter,1990.

[96]Grice,H. P. Logic and Conversation[A]. *Syntax and Semantics*[C]. P. Cole & J. Morgan(eds.). New York:Academic Press,1975.

[97]Jakobson,R. On Linguistic Aspects of Translation[A]. *On Translation*[C]. R. A. Brower. Boston:Harvard University Press. 1959.

[98] Lawendowski, Boguslaw. On Semiotic Aspects of Translation[A]. *Sight, Sound and Sense*[C]. Thomas A. Sebeok. Bloomington:Indiana University Press,1978.

[99]Warren,R. *The Art of Translation:Voices from the Field*[C]. Boston:Northeastern University Press,1989.